| 누구나 쉽게 기억하는 |

민법 연상 암기법

한국두뇌개발교육원
한국기억술연구원 손 동 조 지음

Foreign Copyright:
Joonwon Lee
Address: 127, Yanghwa-ro, Mapo-gu, Chomdan Building 6th floor,
　　　　　Seoul, Korea
Telephone: 82-70-4345-9818
E-mail: jwlee@cyber.co.kr

누구나 쉽게 기억하는
민법 연상 암기법

2016. 8. 3. 1판 1쇄 인쇄
2016. 8. 10. 1판 1쇄 발행

지은이 | 손동조
펴낸이 | 이종춘
펴낸곳 | BM 주식회사 성안당
주소 | 04032 서울시 마포구 양화로 127 첨단빌딩 5층(출판기획 R&D 센터)
　　　 10881 경기도 파주시 문발로 112(제작 및 물류)
전화 | 02) 3142-0036
　　　 031) 950-6300
팩스 | 031) 955-0510
등록 | 1973. 2. 1. 제406-2005-000046호
출판사 홈페이지 | www.cyber.co.kr
ISBN | 978-89-315-7958-1 (13360)
정가 | 18,000원

이 책을 만든 사람들
기획 | 최옥현
진행 | 정지현
교정·교열 | 안혜희
본문 디자인 | 김인환
표지 디자인 | 박원석
홍보 | 박연주
국제부 | 이선민, 조혜란, 김해영, 김필호
마케팅 | 구본철, 차정욱, 나진호, 이동후, 강호묵
제작 | 김유석

이 책의 어느 부분도 저작권자나 BM 주식회사 성안당 발행인의 승인 문서 없이 일부 또는 전부를 사진 복사나 디스크 복사 및 기타 정보 재생 시스템을 비롯하여 현재 알려지거나 향후 발명될 어떤 전기적, 기계적 또는 다른 수단을 통해 복사하거나 재생하거나 이용할 수 없음.

※ 잘못된 책은 바꾸어 드립니다.

머리말

이 책은 대한민국 민법 제1조부터 제1118조까지의 방대한 민법을 최대한 부담 없이, 비교적 쉽게 암기하는 방법을 연구 및 개발하여 만든 〈민법 연상 암기법〉 교재입니다.

공무원시험 등 다양한 자격시험을 준비하는 제자들로부터 법조문 암기의 어려움에 대해 종종 듣곤 합니다. 각종 국가 자격시험에는 법조문에 대한 직접적인 문제가 나오지 않더라도 기본적으로 이해하고 있어야 풀 수 있는 문제가 매우 많습니다. 그래서 실제로 많은 수험생들이 법조문을 암기하는 데 생각보다 많은 시간과 노력을 들이고 있으며, 그것에 대해 큰 부담을 느끼고 있습니다. 이런 수험생들에게 조금이나마 도움을 주기 위하여 글자 공식을 활용하여 민법 조문을 연상 기억할 수 있게 도와주는 〈민법 연상 암기법〉의 집필을 시작하게 되었습니다. 또한 대한민국 국민이라면 누구나 전문 지식이 없어도 국민의 한 사람으로서 민법을 쉽게 공부하고 이해할 수 있도록 일반상식 교재처럼 만들어야 한다는 점에 착안하여 이 책을 편찬하게 되었습니다.

민법은 개인의 권리에 관한 법률로, 보통 개인생활에서 발생하는 재산문제와 신분문제에 관한 분쟁을 해결하기 위한 법입니다. 민법은 크게 재산문제에 관한 법규범인 '재산법(財産法)'과 신분문제에 관한 법규범인 '신분법(身分法)'으로 구성됩니다. 여기서 재산법은 다시 특정한 사람과 사람 사이의 권리분쟁의 내용에 관한 '채권법(債權法)'과 사람이 물건에 대해서 가지는 권리의 내용에 관한 '물권법(物權法)'으로 나뉩니다. 그리고 신분법은 일정한 사람 사이에서 친족이 될 수 있는 범위와 그들 사이에서 발생하는 권리에 관한 '친족법(親族法)'과 상속인으로부터 재산을 상속받는 권리에 대한 '상속법(相續法)'으로 나뉩니다. 여기에 재산법과 신분법의 공통적인 내용을 규정한 총칙(總則)까지 더해져서 민법은 '총칙', '물권법', '채권법', '친족법', '상속법'으로 구성되어 있습니다.

이 책은 각 조항의 키워드만 알면 몇 조에 어떤 내용이 있는지 금방 떠올리게 하면서 그 조항의 내용과 함께 법조문을 연상할 수 있도록 구성하였습니다.

법을 공부하는 법대생이나 각종 국가 자격증을 취득할 때 필요한 민법을 공부하는 수험생은 이 책에서 설명하는 기억법의 방법으로 이해하면 공부에 많은 도움이 되리라 믿습니다. 민법 공부를 통하여 모든 분이 자신이 원하는 목적에 도달하여 꿈을 이루기를 기원하겠습니다.

한국기억술연구원 **손동조** 원장

차례

Part 1 글자공식에 의한 민법 조문 핵심 키워드

제1편 총칙

제1장 통칙 · 14
제2장 인(人) · 14
제3장 법인 · 16
제4장 물건 · 20
제5장 법률행위 · 20
제6장 기간 · 24
제7장 소멸시효 · 24

제2편 물권

제1장 총칙 · 26
제2장 점유권 · 26
제3장 소유권 · 27
제4장 지상권 · 31
제5장 지역권 · 32
제6장 전세권 · 33
제7장 유치권 · 34
제8장 질권 · 35
제9장 저당권 · 36

제3편　채권

　제1장 총칙 ··· 38
　제2장 계약 ··· 48
　제3장 사무관리 ·· 61
　제4장 부당이득 ·· 62
　제5장 불법행위 ·· 62

제4편　친족

　제1장 총칙 ··· 64
　제2장 가족의 범위와 자의 성과 본 ························· 64
　제3장 혼인 ··· 66
　제4장 부모와 자 ··· 69
　제5장 후견 ··· 76
　제6장 삭제 ··· 80
　제7장 부양 ··· 81
　제8장 삭제 ··· 81

제5편　상속

　제1장 상속 ··· 83
　제2장 유언 ··· 87
　제3장 유류분 ·· 90

차례

Part 2 글자공식에 의한 민법 조문 연상 암기법

제1편 총칙

제1장 통칙 〈제1조~제2조〉·················96
제2장 인(人) ·····························96
  제1절 능력 〈제3조~제17조〉················96
  제2절 주소 〈제18조~제21조〉················99
  제3절 부재와 실종 〈제22조~30조〉·············100
제3장 법인 ····························102
  제1절 총칙 〈제31조~제39조〉················102
  제2절 설립 〈제40조~제56조〉················103
  제3절 기관 〈제57조~제76조〉················106
  제4절 해산 〈제77조~제96조〉················109
  제5절 벌칙 〈제97조〉····················112
제4장 물건 〈제98조~제102조〉··················112
제5장 법률행위 ···························113
  제1절 총칙 〈제103조~제106조〉···············113
  제2절 의사표시 〈제107조~제113조〉·············114
  제3절 대리 〈제114조~제136조〉···············115
  제4절 무효와 취소 〈제137조~제146조〉············118
  제5절 조건과 기한 〈제147조~제154조〉············120
제6장 기간 〈제155조~제161조〉··················121
제7장 소멸시효 〈제162조~제184조〉················122

제2편 물권

제1장 총칙 〈제185조~제191조〉··················128
제2장 점유권 〈제192조~제210조〉·················129

제3장 소유권 ···132
제1절 소유권의 한계 〈제211조~제244조〉 ·················132
제2절 소유권의 취득 〈제245조~제261조〉 ·················137
제3절 공동소유 〈제262조~제278조〉 ·························140
제4장 지상권 〈제279조~제290조〉 ····································142
제5장 지역권 〈제291조~제302조〉 ····································145
제6장 전세권 〈제303조~제319조〉 ····································146
제7장 유치권 〈제320조~제328조〉 ····································150
제8장 질권 ···151
제1절 동산질권 〈제329조~제344조〉 ·························151
제2절 권리질권 〈제345조~제355조〉 ·························153
제9장 저당권 〈제356조~제372조〉 ····································155

제3편 채권

제1장 총칙 ···160
제1절 채권의 목적 〈제373조~제386조〉 ·····················160
제2절 채권의 효력 〈제387조~제407조〉 ·····················162
제3절 수인의 채권자 및 채무자 〈제408조~제448조〉 ·····165
제4절 채권의 양도 〈제449조~제452조〉 ·····················173
제5절 채무의 인수 〈제453조~제459조〉 ·····················173
제6절 채권의 소멸 〈제460조~제507조〉 ·····················175
제7절 지시채권 〈제508조~제522조〉 ·························182
제8절 무기명채권 〈제523조~제526조〉 ·······················184
제2장 계약 ···185
제1절 총칙 〈제527조~제553조〉 ·······························185
제2절 증여 〈제554조~제562조〉 ·······························189
제3절 매매 〈제563조~제595조〉 ·······························191
제4절 교환 〈제596조~제597조〉 ·······························196
제5절 소비대차 〈제598조~제608조〉 ·························196

차례

제6절 사용대차 〈제609조~제617조〉··································198
제7절 임대차 〈제618조~제654조〉··································199
제8절 고용 〈제655조~제663조〉····································205
제9절 도급 〈제664조~제674조〉····································206
제10절 현상광고 〈제675조~제679조〉·······························210
제11절 위임 〈제680조~제692조〉···································211
제12절 임치 〈제693조~제702조〉···································213
제13절 조합 〈제703조~제724조〉···································214
제14절 종신정기금 〈제725조~제730조〉·····························217
제15절 화해 〈제731조~제733조〉···································218
제3장 사무관리 〈제734조~제740조〉·····································219
제4장 부당이득 〈제741조~제749조〉·····································220
제5장 불법행위 〈제750조~제766조〉·····································221

제4편 친족

제1장 총칙 〈제767조~제777조〉··226
제2장 가족의 범위와 자의 성과 본 〈제778조~제799조〉···························227
제3장 혼인···230
　제1절 약혼 〈제800조~제806조〉···230
　제2절 혼인의 성립 〈제807조~제814조〉··································231
　제3절 혼인의 무효와 취소 〈제815조~제825조〉····························232
　제4절 혼인의 효력 〈제826조~제833조〉··································234
　제5절 이혼 〈제834조~제843조〉···236
제4장 부모와 자··239
　제1절 친생자 〈제844조~제865조〉·······································239
　제2절 양자 〈제866조~제908조〉···243
　제3절 친권 〈제909조~제927조〉···252

제5장 후견 · 257
    제1절 미성년후견과 성년후견 〈제928조~제959조〉 · · · · · · · · · · · · · · · · · · ·257
    제2절 한정후견과 특정후견 〈제959조의2~제959조의13〉 · · · · · · · · · · · · · · 265
    제3절 후견계약 〈제959조의14~제959조의20〉 · 268
제6장 삭제 〈제960조~제973조〉 · 269
제7장 부양 〈제974조~제979조〉 · 271
제8장 삭제 〈제980조~제996조〉 · 272

제5편 상속

제1장 상속 · 276
    제1절 총칙 〈제997조~제999조〉 · 276
    제2절 상속인 〈제1000조~제1004조〉 · 276
    제3절 상속의 효력 〈제1005조~제1018조〉 · 277
    제4절 상속의 승인 및 포기 〈제1019조~제1044조〉 · · · · · · · · · · · · · · · · · · · 280
    제5절 재산의 분리 〈제1045조~제1052조〉 · 285
    제6절 상속인의 부존재 〈제1053조~제1059조〉 · 286
제2장 유언 · 288
    제1절 총칙 〈제1060조~1064조〉 · 288
    제2절 유언의 방식 〈제1065조~제1072조〉 · 288
    제3절 유언의 효력 〈제1073조~제1090조〉 · 290
    제4절 유언의 집행 〈제1091조~제1107조〉 · 292
    제5절 유언의 철회 〈제1108조~제1111조〉 · 295
제3장 유류분 〈제1112조~제1118조〉 · 296

부칙 · 297

한글 숫자공식에 대한 해설

〈민법 연상 암기법〉은 글자 공식이 의해 각 조항의 키워드를 기억할 수 있다. '가나다 한글 숫자 기본공식'으로 낱말을 만들어서 기억하게 되므로 기본적으로 글자낱말을 숫자로 변환하여 풀면 각 조항을 알 수 있게 된다.

우선 **십 단위 글자**를 기억한다.
가 나 다, 10 20 30 / **하 마 바**, 40 50 60 / **사 아 자**, 70 80 90까지 숫자를 기억한다.
그리고 **일 단위 자음**을 기억한다.
숫자 1 2 3, ㄱ ㄴ ㄷ / 4 5 6, ㄹ(ㅎ) ㅁ ㅂ / 7 8 9, ㅅ ㅇ ㅈ / 0, ㅊ으로 기억한다.

더욱 쉽게 기억하려면 다음과 같이 이해한다.
십 단위 앞부분 10, 20, 30은 가, 나, 다로 기억하고, 중간에 40, 50, 60은 동물원에 **하마를 봐~ (바)**로 기억하며, 나머지 70, 80, 90을 '사자'를 길게 발음하여 **사~ 아~ 자**로 기억한다.
일 단위 앞부분 1, 2, 3, 4는 ㄱ, ㄴ, ㄷ, ㄹ로 기억하고, 중간의 5, 6, 7, 8은 ㅁ, ㅂ, ㅅ, ㅇ 숫자와 자음을 연상 결합하여 기억하면 쉽다.
5와 ㅁ은 네모 안에 숫자 5가 들어있다고 기억하고, 6자는 ㅂ자를 흘려서 쓴다고 기억하며, 숫자 7도 흘려서 쓰면 ㅅ으로 변한다고 기억한다. 8은 ㅇ자를 상하로 올려놓으면 8자 모양이 되므로 쉽게 기억할 수 있고, 마지막 9, 0은 ㅈ, ㅊ이 비슷하므로 그냥 기억할 수 있다.

이 방법을 이용해서 모두 기억했으면, 십 단위와 일 단위 숫자로 연결된 한글 낱말의 숫자는 자동으로 기억할 수 있고, 각 조항의 낱말에 해당되는 키워드를 연상 결합하면 모두 기억할 수 있다. 먼저 해당 조항의 내용을 이해한 후 키워드 낱말을 떠올리면 각 조항의 내용을 이해하면서 모두 기억할 수 있게 될 것이다.

가나다 한글 숫자 기본 공식표

숫자를 글자로 만들기

[십 단위 숫자] 가~자까지 기억하기

10	20	30	40	50	60	70	80	90
가	나	다	하	마	바	사	아	자

[일 단위 숫자] ㄱ~ㅊ까지 기억하기

1	2	3	4	5	6	7	8	9	0
ㄱ	ㄴ	ㄷ	ㄹ	ㅁ	ㅂ	ㅅ	ㅇ	ㅈ	ㅊ
ㅋ		ㅌ		ㅎ	ㅍ				

[공동으로 사용하는 숫자의 자음]
1 : ㄱ, ㄲ, ㅋ   3 : ㄷ, ㄸ, ㅌ   4 : ㄹ, ㅎ   6 : ㅂ, ㅃ, ㅍ   7 : ㅅ, ㅆ
을 같은 숫자로 사용한다.

[숫자 십 단위 합성된 글자의 예]

15 = 감   26 = 납   32 = 돈   42 = 혼   51 = 먹
66 = 법   79 = 사자   84 = 알   94 = 자라   98 = 정

[숫자 백 단위 합성된 글자의 예]

127 = 군수   256 = 냄비   345 = 다리미   473 = 하수도   574 = 무술
588 = 모양   687 = 병사   727 = 선수   872 = 우산   920 = 전차

누구나 쉽게 기억하는 **민법 연상 암기법**

글자공식에 의한
민법 조문 핵심 키워드

제1편 총칙

제2편 물권

제3편 채권

제4편 친족

제5편 상속

제1편 총칙

제1장 통칙
제1조 (ㄱ – 일가친척의 가정) : 법원(法源)

제2조 (ㄴ – 이 나이) : 신의성실

제2장 인(人)
[제1절 능력]
제3조 (ㄷ – 삼다도) : 권리능력의 존속기간

제4조 (ㅎ – 사하라) : 성년

제5조 (ㅁ – 오마니(어머니)) : 미성년자의 능력

제6조 (ㅂ – 비육) : 처분을 허락한 재산

제7조 (ㅅ – 치사) : 동의와 허락의 취소

제8조 (ㅇ – 팔아) : 영업의 허락

제9조 (ㅈ – 구좌 자고) : 성년후견개시의 심판

제10조 (ㄱㅊ – 기차) : 피성년후견인의 행위와 취소

제11조 (ㄱㄱ – 객관) : 성년후견종료의 심판

제12조 (ㄱㄴ – 간) : 한정후견개시의 심판

제13조 (ㄱㄷ – 기도) : 피한정후견인의 행위와 동의

글자공식에 의한 민법 조문 핵심 키워드 [제14조~제27조]

제14조 (ㄱㄹ – 가려내어) : 한정후견종료의 심판

제14조의2 (ㄱㄹ – 가려내어) : 특정후견의 심판

제14조의3 (ㄱㄹ – 가려내어) : 심판 사이의 관계

제15조 (ㄱㅁ – 금하다) : 제한능력자의 상대방의 확답을 촉구할 권리

제16조 (ㄱㅂ – 겁 없이) : 제한능력자의 상대방의 철회권과 거절권

제17조 (ㄱㅅ – 갓) : 제한능력자의 속임수

[제2절 주소]
제18조 (ㄱㅇ – 강) : 주소

제19조 (ㄱㅈ – 거주) : 거소

제20조 (ㄴㅊ – 나체) : 거소

제21조 (ㄴㄱ – 낙도) : 가주소

[제3절 부재와 실종]
제22조 (ㄴㄴ – 논개) : 부재자의 재산의 관리

제23조 (ㄴㄷ – 나도록) : 관리인의 개임

제24조 (ㄴㄹ – 나라) : 관리인의 직무

제25조 (ㄴㅁ – 넘다) : 관리인의 권한

제26조 (ㄴㅂ – 납부) : 관리인의 담보제공, 보수

제27조 (ㄴㅅ – 나서다) : 실종의 선고

글자공식에 의한 민법 조문 핵심 키워드 [제28조~제42조]

제28조 (ㄴㅇ – 낭군) : 실종선고의 효과

제29조 (ㄴㅈ – 늦게) : 실종선고의 취소

제30조 (ㄷㅊ – 다치다) : 동시사망

제3장 법인

[제1절 총칙]

제31조 (ㄷㄱ – 독립) : 법인성립의 준칙

제32조 (ㄷㄴ – 돈) : 비영리법인의 설립과 허가

제33조 (ㄷㄷ – 도다리) : 법인설립의 등기

제34조 (ㄷㄹ – 따라) : 법인의 권리능력

제35조 (ㄷㅁ – 땀) : 법인의 불법행위능력

제36조 (ㄷㅂ – 탑) : 법인의 주소

제37조 (ㄷㅅ – 대사) : 법인의 사무의 검사, 감독

제38조 (ㄷㅇ – 땡) : 법인의 설립허가의 취소

제39조 (ㄷㅈ – 따지다) : 영리법인

[제2절 설립]

제40조 (ㅎㅊ – 화초) : 사단법인의 정관

제41조 (ㅎㄱ – 학교) : 이사의 대표권에 대한 제한

제42조 (ㅎㄴ – 한계) : 사단법인의 정관의 변경

글자공식에 의한 민법 조문 핵심 키워드 [제43조~제58조]

제43조 (ㅎㄷ - 하도록) : 재단법인의 정관

제44조 (ㅎㄹ - 할 수 있도록) : 재단법인의 정관의 보충

제45조 (ㅎㅁ - 함부로) : 재단법인의 정관변경

제46조 (ㅎㅂ - 흡족) : 재단법인의 목적 기타의 변경

제47조 (ㅎㅅ - 하사품) : 증여, 유증에 관한 규정의 준용

제48조 (ㅎㅇ - 행여나) : 출연재산의 귀속시기

제49조 (ㅎㅈ - 호주) : 법인의 등기사항

제50조 (ㅁㅊ - 마치) : 분사무소설치의 등기

제51조 (ㅁㄱ - 막다) : 사무소이전의 등기

제52조 (ㅁㄴ - 문) : 변경등기

제52조의2 (ㅁㄴ·ㄴ - 만들어) : 직무집행정지 등 가처분의 등기

제53조 (ㅁㄷ - 모두) : 등기기간의 기산

제54조 (ㅁㄹ - 말로) : 설립등기 이외의 등기의 효력과 등기사항의 공고

제55조 (ㅁㅁ - 몸소) : 재산목록과 사원명부

제56조 (ㅁㅂ - 마비) : 사원권의 양도, 상속금지

[제3절 기관]
제57조 (ㅁㅅ - 무사) : 이사

제58조 (ㅁㅇ - 뭉치) : 이사의 사무집행

글자공식에 의한 민법 조문 핵심 키워드 [제59조~제74조]

제59조 (ㅁㅈ – 모자) : 이사의 대표권

제60조 (ㅂㅊ – 부채) : 이사의 대표권에 대한 제한의 대항요건

제60조의2 (ㅂㅊㄴ – 부친) : 직무대행자의 권한

제61조 (ㅂㄱ – 밖) : 이사의 주의의무

제62조 (ㅂㄴ – 본) : 이사의 대리인 선임

제63조 (ㅂㄷ – 부도) : 임시이사의 선임

제64조 (ㅂㄹ – 별 따기) : 특별대리인의 선임

제65조 (ㅂㅁ – 밤사이) : 이사의 임무해태

제66조 (ㅂㅂ – 법) : 감사

제67조 (ㅂㅅ – 보수) : 감사의 직무

제68조 (ㅂㅇ – 방대) : 총회의 권한

제69조 (ㅂㅈ – 바지) : 통상총회

제70조 (ㅅㅊ – 수치) : 임시총회

제71조 (ㅅㄱ – 속다) : 총회의 소집

제72조 (ㅅㄴ – 사내) : 총회의 결의사항

제73조 (ㅅㄷ – 수다 떤) : 사원의 결의권

제74조 (ㅅㄹ – 쓸만한) : 사원이 결의권없는 경우

글자공식에 의한 민법 조문 핵심 키워드 [제75조~제91조]

제75조 (ㅅㅁ - 수마) : 총회의 결의방법

제76조 (ㅅㅂ - 소비) : 총회의 의사록

[제4절 해산]
제77조 (ㅅㅅ - 스스로) : 해산사유

제78조 (ㅅㅇ - 상하다) : 사단법인의 해산결의

제79조 (ㅅㅈ - 사자) : 파산신청

제80조 (ㅇㅊ - 우체국) : 잔여재산의 귀속

제81조 (ㅇㄱ - 악인) : 청산법인

제82조 (ㅇㄴ - 안경) : 청산인

제83조 (ㅇㄷ - 우두머리) : 법원에 의한 청산인의 선임

제84조 (ㅇㄹ - 울다) : 법원에 의한 청산인의 해임

제85조 (ㅇㅁ - 엄하게) : 해산등기

제86조 (ㅇㅂ - 압력) : 해산신고

제87조 (ㅇㅅ - 아씨) : 청산인의 직무

제88조 (ㅇㅇ - 옹고집) : 채권신고의 공고

제89조 (ㅇㅈ - 아저씨) : 채권신고의 최고

제90조 (ㅈㅊ - 자치) : 채권신고기간내의 변제금지

제91조 (ㅈㄱ - 죽은) : 채권변제의 특례

글자공식에 의한 민법 조문 핵심 키워드 [제92조~제105조]

제92조 (ㅈㄴ - 잔여 부분) : 청산으로부터 제외된 채권

제93조 (ㅈㄷ - 자두) : 청산중의 파산

제94조 (ㅈㄹ - 절) : 청산종결의 등기와 신고

제95조 (ㅈㅁ - 잠자다) : 해산, 청산의 검사, 감독

제96조 (ㅈㅂ - 잡아두다) : 준용규정
　　　　　　　　(제58조제2항, 제59조 내지 제62조, 제64조, 제65조, 제70조 준용)

[제5절 벌칙]
제97조 (ㅈㅅ - 조사) : 벌칙

제4장 물건

제98조 (ㅈㅇ - 종류) : 물건의 정의

제99조 (ㅈㅈ - 지주) : 부동산, 동산

제100조 (유음 - 백조의 호수) : 주물, 종물

제101조 (유음 - 백일) : 천연과실, 법정과실

제102조 (유음 - 빽이 좋아) : 과실의 취득

제5장 법률행위

[제1절 총칙]
제103조 (유음 - 백삼) : 반사회질서의 법률행위

제104조 (유음 - 백사) : 불공정한 법률행위

제105조 (유음 - 백오) : 임의규정

 **글자공식에 의한 민법 조문 핵심 키워드 [제106조~제121조]**

제106조 (유음 - 백여우) : 사실인 관습

[제2절 의사표시]
제107조 (유음 - 백지) : 진의 아닌 의사표시

제108조 (유음 - 백팔번뇌) : 통정한 허위의 의사표시

제109조 (유음 - 백구) : 착오로 인한 의사표시

제110조 (ㄱㄱㅊ - 객차) : 사기, 강박에 의한 의사표시

제111조 (ㄱㄱㄱ - 객관적) : 의사표시의 효력발생시기

제112조 (ㄱㄱㄴ - 기관) : 제한능력자에 대한 의사표시의 효력

제113조 (ㄱㄱㄷ - 극도로) : 의사표시의 공시송달

[제3절 대리]
제114조 (ㄱㄱㄹ - 각료) : 대리행위의 효력

제115조 (ㄱㄱㅁ - 교감) : 본인을 위한 것임을 표시하지 아니한 행위

제116조 (ㄱㄱㅂ - 고급) : 대리행위의 하자

제117조 (ㄱㄱㅅ - 각시) : 대리인의 행위능력

제118조 (ㄱㄱㅇ - 기강) : 대리권의 범위

제119조 (ㄱㄱㅈ - 각자) : 각자대리

제120조 (ㄱㄴㅊ - 간청) : 임의대리인의 복임권

제121조 (ㄱㄴㄱ - 권고) : 임의대리인의 복대리인선임의 책임

글자공식에 의한 민법 조문 핵심 키워드 [제122조~제138조]

제122조 (ㄱㄴㄴ - 가난) : 법정대리인의 복임권과 그 책임

제123조 (ㄱㄴㄷ - 꼰대) : 복대리인의 권한

제124조 (ㄱㄴㄹ - 그날) : 자기계약, 쌍방대리

제125조 (ㄱㄴㅁ - 군마) : 대리권수여의 표시에 의한 표현대리

제126조 (ㄱㄴㅂ - 군비) : 권한을 넘는 표현대리

제127조 (ㄱㄴㅅ - 간 사람) : 대리권의 소멸사유

제128조 (ㄱㄴㅇ - 그냥) : 임의대리의 종료

제129조 (ㄱㄴㅈ - 군자) : 대리권소멸후의 표현대리

제130조 (ㄱㄷㅊ - 곧 추인) : 무권대리

제131조 (ㄱㄷㄱ - 고독) : 상대방의 최고권

제132조 (ㄱㄷㄴ - 고된) : 추인, 거절의 상대방

제133조 (ㄱㄷㄷ - 깨닫다) : 추인의 효력

제134조 (ㄱㄷㄹ - 고달프다) : 상대방의 철회건

제135조 (ㄱㄷㅁ - 가담) : 상대방에 대한 무권대리인의 책임

제136조 (ㄱㄷㅂ - 거듭) : 단독행위와 무권대리

[제4절 무효와 취소]
제137조 (ㄱㄷㅅ - 구두쇠) : 법률행위의 일부무효

제138조 (ㄱㄷㅇ - 가당치도) : 무효행위의 전환

 **글자공식에 의한 민법 조문 핵심 키워드 [제139조~제154조]**

제139조 (ㄱㄷㅈ - 거두자) : 무효행위의 추인

제140조 (ㄱㄹㅊ - 골치) : 법률행위의 취소권자

제141조 (ㄱㄹㄱ - 걸고) : 취소의 효과

제142조 (ㄱㄹㄴ - 기린) : 취소의 상대방

제143조 (ㄱㄹㄷ - 갈등) : 추인의 방법, 효과

제144조 (ㄱㄹㄹ - 골라) : 추인의 요건

제145조 (ㄱㄹㅁ - 가름) : 법정추인

제146조 (ㄱㄹㅂ - 갈비) : 취소권의 소멸

[제5절 조건과 기한]

제147조 (ㄱㄹㅅ - 가로수) : 조건성취의 효과

제148조 (ㄱㄹㅇ - 가랑비) : 조건부권리의 침해금지

제149조 (ㄱㄹㅈ - 골자) : 조건부권리의 처분 등

제150조 (ㄱㅁㅊ - 감추는) : 조건성취, 불성취에 대한 반신의행위

제151조 (ㄱㅁㄱ - 기막혀) : 불법조건, 기성조건

제152조 (ㄱㅁㄴ - 가만히) : 기한도래의 효과

제153조 (ㄱㄷ - 검도) : 기한의 이익과 그 포기

제154조 (ㄱㅁㄹ - 거물) : 기한부권리와 준용규정

 **글자공식에 의한 민법 조문 핵심 키워드** [제155조~제169조]

제6장 기간

제155조 (ㄱㅁㅁ – 금마) : 본장의 적용범위

제156조 (ㄱㅁㅂ – 금빛) : 기간의 기산점

제157조 (ㄱㅁㅅ – 그 멋) : 기간의 기산점

제158조 (ㄱㅁㅇ – 꼬맹이 나이) : 연령의 기산점

제159조 (ㄱㅁㅈ – 금주) : 기간의 만료점

제160조 (ㄱㅂㅊ – 겹쳐진) : 역에 의한 계산

제161조 (ㄱㅂㄱ – 거북) : 공휴일 등과 기간의 만료점

제7장 소멸시효

제162조 (ㄱㅂㄴ – 기본) : 채권, 재산권의 소멸시효

제163조 (ㄱㅂㄷ – 갚다) : 3년의 단기소멸시효

제164조 (ㄱㅂㄹ – 가불) : 1년의 단기소멸시효

제165조 (ㄱㅂㅁ – 규범) : 판결 등에 의하여 확정된 채권의 소멸시효

제166조 (ㄱㅂㅂ – 고법) : 소멸시효의 기산점

제167조 (ㄱㅂㅅ – 값) : 소멸시효의 소급효

제168조 (ㄱㅂㅇ – 가방) : 소멸시효의 중단사유

제169조 (ㄱㅂㅈ – 갑자 생) : 시효중단의 효력

글자공식에 의한 민법 조문 핵심 키워드 [제170조~제184조]

제170조 (ㄱㅅㅊ – 가스 차) : 재판상의 청구와 시효중단

제171조 (ㄱㅅㄱ – 고속) : 파산절차참가와 시효중단

제172조 (ㄱㅅㄴ – 가산금) : 지급명령과 시효중단

제173조 (ㄱㅅㄷ – 콧대) : 화해를 위한 소환, 임의출석과 시효중단

제174조 (ㄱㅅㄹ – 구슬) : 최고와 시효중단

제175조 (ㄱㅅㅁ – 가슴) : 압류, 가압류, 가처분과 시효중단

제176조 (ㄱㅅㅂ – 기습) : 압류, 가압류, 가처분과 시효중단

제177조 (ㄱㅅㅅ – 갓 쓰고) : 승인과 시효중단

제178조 (ㄱㅅㅇ – 기생) : 중단후에 시효진행

제179조 (ㄱㅅㅈ – 개소주) : 제한능력자의 시효정지

제180조 (ㄱㅇㅊ – 공처가) : 재산관리자에 대한 제한능력자의 권리, 부부 사이의 권리와 시효정지

제181조 (ㄱㅇㄱ – 가옥) : 상속재산에 관한 권리와 시효정지

제182조 (ㄱㅇㄴ – 강내) : 천재 기타 사변과 시효정지

제183조 (ㄱㅇㄷ – 공대) : 종속된 권리에 대한 소멸시효의 효력

제184조 (ㄱㅇㄹ – 강화) : 시효의 이익의 포기 기타

제2편 물권

제1장 총칙

제185조 (ㄱㅇㅁ – 강매, 공매, 경매) : 물권의 종류

제186조 (ㄱㅇㅂ – 공부) : 부동산물권변동의 효력

제187조 (ㄱㅇㅅ – 공시) : 등기를 요하지 아니하는 부동산물권취득

제188조 (ㄱㅇㅇ – 강아지) : 동산물권양도의 효력, 간이인도

제189조 (ㄱㅇㅈ – 강제) : 점유개정

제190조 (ㄱㅈㅊ – 구조차) : 목적물반환청구권의 양도

제191조 (ㄱㅈㄱ – 개죽) : 혼동으로 인한 물권의 소멸

제2장 점유권

제192조 (ㄱㅈㄴ – 기존) : 점유권의 취득과 소멸

제193조 (ㄱㅈㄷ – 고지대) : 상속으로 인한 점유권의 이전

제194조 (ㄱㅈㄹ – 기절) : 간접점유

제195조 (ㄱㅈㅁ – 개점) : 점유보조자

제196조 (ㄱㅈㅂ – 개집) : 점유권의 양도

제197조 (ㄱㅈㅅ – 거짓) : 점유의 태양

# 글자공식에 의한 민법 조문 핵심 키워드 [제198조~제213조]

제198조 (ㄱㅈㅇ - 기정) : 점유계속의 추정

제199조 (ㄱㅈㅈ - 거주자) : 점유의 승계의 주장과 그 효과

제200조 (ㄴㅊㅊ - 나치체제) : 권리의 적법의 추정

제201조 (ㄴㅊㄱ - 내 처가) : 점유자와 과실

제202조 (ㄴㅊㄴ - 노처녀) : 점유자의 회복자에 대한 책임

제203조 (ㄴㅊㄷ - 내치다) : 점유자의 상환청구권

제204조 (ㄴㅊㄹ - 내차로) : 점유의 회수

제205조 (ㄴㅊㅁ - 나침판) : 점유의 보유

제206조 (ㄴㅊㅂ - 내 칩) : 점유의 보전

제207조 (ㄴㅊㅅ - 내 처사) : 간접점유의 보호

제208조 (ㄴㅊㅇ - 내 청) : 점유의 소와 본권의 소와의 관계

제209조 (ㄴㅊㅈ - 내 처자) : 자력구제

제210조 (ㄴㄱㅊ - 녹초) : 준점유

제3장 소유권

[제1절 소유권의 한계]

제211조 (ㄴㄱㄱ - 내각) : 소유권의 내용

제212조 (ㄴㄱㄴ - 내관) : 토지소유권의 범위

제213조 (ㄴㄱㄷ - 내 구두) : 소유물반환청구권

글자공식에 의한 민법 조문 핵심 키워드 [제214조~제230조]

제214조 (ㄴㄱㄹ - 노골적) : 소유물방해제거, 방해예방청구권

제215조 (ㄴㄱㅁ - 낙마) : 건물의 구분소유

제216조 (ㄴㄱㅂ - 누가 봐) : 인지사용청구권

제217조 (ㄴㄱㅅ - 녹수) : 매연 등에 의한 인지에 대한 방해금지

제218조 (ㄴㄱㅇ - 내공) : 수도 등 시설권

제219조 (ㄴㄱㅈ - 녹지) : 주위토지통행권

제220조 (ㄴㄴㅊ - 난처하다) : 분할, 일부양도와 주위통행권

제221조 (ㄴㄴㄱ - 논가) : 자연유수의 승수의무와 권리

제222조 (ㄴㄴㄴ - 내 논) : 소통공사권

제223조 (ㄴㄴㄷ - 논 두둑) : 저수, 배수, 인수를 위한 공작물에 대한 공사청구권

제224조 (ㄴㄴㄹ - 나눌) : 관습에 의한 비용부담

제225조 (ㄴㄴㅁ - 난무) : 처마물에 대한 시설의무

제226조 (ㄴㄴㅂ - 눈비) : 여수소통권

제227조 (ㄴㄴㅅ - 난시) : 유수용공작물의 사용권

제228조 (ㄴㄴㅇ - 논 위에서 아래로) : 여수급여청구권

제229조 (ㄴㄴㅈ - 난지도) : 수류의 변경

제230조 (ㄴㄷㅊ - 노터치) : 언의 설치, 이용권

글자공식에 의한 민법 조문 핵심 키워드 [제231조~제247조]

제231조 (ㄴㄷㄱ - 내 둑) : 공유하천용수권

제232조 (ㄴㄷㄴ - 내던) : 하류 연안의 용수권보호

제233조 (ㄴㄷㄷ - 놔두다) : 용수권의 승계

제234조 (ㄴㄷㄹ - 나들목) : 용수권에 관한 다른 관습

제235조 (ㄴㄷㅁ - 내 담장) : 공용수의 용수권

제236조 (ㄴㄷㅂ - 내다버린) : 용수장해의 공사와 손해배상, 원상회복

제237조 (ㄴㄷㅅ - 내 탓) : 경계표, 담의 설치권

제238조 (ㄴㄷㅇ - 내 땅) : 담의 특수시설권

제239조 (ㄴㄷㅈ - 나대지) : 경계표 등의 공유추정

제240조 (ㄴㄹㅊ - 날치기) : 수지, 목근의 제거권

제241조 (ㄴㄹㄱ - 날개) : 토지의 심굴금지

제242조 (ㄴㄹㄴ - 나란히) : 경계선부근의 건축

제243조 (ㄴㄹㄷ - 놀 때) : 차면시설의무

제244조 (ㄴㄹㄹ - 날라) : 지하시설 등에 대한 제한

[제2절 소유권의 취득]
제245조 (ㄴㄹㅁ - 노름) : 점유로 인한 부동산소유권의 취득기간

제246조 (ㄴㄹㅂ - 날벼락) : 점유로 인한 동산소유권의 취득기간

제247조 (ㄴㄹㅅ - 날 새다) : 소유권취득의 소급효, 중단사유

글자공식에 의한 민법 조문 핵심 키워드 [제248조~제264조]

제248조 (ㄴㅎㅇ - 내 흥) : 소유권 이외의 재산권의 취득시효

제249조 (ㄴㄹㅈ - 날짜) : 선의취득

제250조 (ㄴㅁㅊ - 넘치다) : 도품, 유실물에 대한 특례

제251조 (ㄴㅁㄱ - 남기다) : 도품, 유실물에 대한 특례

제252조 (ㄴㅁㄴ - 나만이) : 무주물의 귀속

제253조 (ㄴㅁㄷ - 넘도록) : 유실물의 소유권취득

제254조 (ㄴㅁㄹ - 뇌물) : 매장물의 소유권취득

제255조 (ㄴㅁㅁ - 내 몸) : 문화재의 국유

제256조 (ㄴㅁㅂ - 냄비) : 부동산에의 부합

제257조 (ㄴㅁㅅ - 내 멋) : 동산간의 부합

제258조 (ㄴㅁㅇ - 노망) : 혼화

제259조 (ㄴㅁㅈ - 남자) : 가공

제260조 (ㄴㅂㅊ - 납처럼) : 첨부의 효과

제261조 (ㄴㅂㄱ - 내복) : 첨부로 인한 구상권

[제3절 공동소유]
제262조 (ㄴㅂㄴ - 네반, 내반) : 물건의 공유

제263조 (ㄴㅂㄷ - 나보다 더) : 공유지분의 처분과 공유물의 사용, 수익

제264조 (ㄴㅂㄹ - 내 발로) : 공유물의 처분, 변경

 **글자공식에 의한 민법 조문 핵심 키워드 [제265조~제280조]**

제265조 (ㄴㅂㅁ - 내 부모) : 공유물의 관리, 보존

제266조 (ㄴㅂㅂ - 내 밥) : 공유물의 부담

제267조 (ㄴㅂㅅ - 내 벗) : 지분포기 등의 경우의 귀속

제268조 (ㄴㅂㅇ - 내 방) : 공유물의 분할청구

제269조 (ㄴㅂㅈ - 내 바지) : 분할의 방법

제270조 (ㄴㅅㅊ - 낫처럼) : 분할로 인한 담보책임

제271조 (ㄴㅅㄱ - 내 속) : 물건의 합유

제272조 (ㄴㅅㄴ - 내 손으로) : 합유물의 처분, 변경과 보존

제273조 (ㄴㅅㄷ - 내 솥에) : 합유지분의 처분과 합유물의 분할금지

제274조 (ㄴㅅㄹ - 내실) : 합유의 종료

제275조 (ㄴㅅㅁ - 내심) : 물건의 총유

제276조 (ㄴㅅㅂ - 내 삽) : 총유물의 관리, 처분과 사용, 수익

제277조 (ㄴㅅㅅ - 내 스스로) : 총유물에 관한 권리의무의 득상

제278조 (ㄴㅅㅇ - 노송) : 준공동소유

제4장 지상권

제279조 (ㄴㅅㅈ - 낫자루) : 지상권의 내용

제280조 (ㄴㅇㅊ - 농촌) : 존속기간을 약정한 지상권

글자공식에 의한 민법 조문 핵심 키워드 [제281조~제294조]

제281조 (ㄴㅇㄱ - 농가) : 존속기간을 약정하지 아니한 지상권

제282조 (ㄴㅇㄴ - 내 안) : 지상권의 양도, 임대

제283조 (ㄴㅇㄷ - 농대) : 지상권자의 갱신청구권, 매수청구권

제284조 (ㄴㅇㄹ - 능라도) : 갱신과 존속기간

제285조 (ㄴㅇㅁ - 넝마) : 수거의무, 매수청구권

제286조 (ㄴㅇㅂ - 농부) : 지료증감청구권

제287조 (ㄴㅇㅅ - 농사) : 지상권소멸청구권

제288조 (ㄴㅇㅇ - 내용) : 지상권소멸청구와 저당권자에 대한 통지

제289조 (ㄴㅇㅈ - 농지) : 강행규정 (제280조 내지 제287조)

제289조의2 (ㄴㅇㅊ - 농지) : 구분지상권

제290조 (ㄴㅈㅊ - 낮 추위) : 준용규정
　　　　① 제213조, 제214조, 제216조 내지 제244조 준용
　　　　② 제289조 내지 제289조의1 준용

제5장 지역권

제291조 (ㄴㅈㄱ - 니죽고 내죽기) : 지역권의 내용

제292조 (ㄴㅈㄴ - 내전) : 부종성

제293조 (ㄴㅈㄷ - 늦도록) : 공유관계, 일부양도와 불가분성

제294조 (ㄴㅈㄹ - 나졸) : 지역권취득기간

글자공식에 의한 민법 조문 핵심 키워드 [제295조~제310조]

제295조 (ㄴㅈㅁ - 노점) : 취득과 불가분성

제296조 (ㄴㅈㅂ - 내 집) : 소멸시효의 중단, 정지와 불가분성

제297조 (ㄴㅈㅅ - 내 주소) : 용수지역권

제298조 (ㄴㅈㅇ - 노장) : 승역지소유자의 의무와 승계

제299조 (ㄴㅈㅈ - 내주자) : 위기에 의한 부담면제

제300조 (ㄷㅊㅊ - 대추차) : 공작물의 공동사용

제301조 (ㄷㅊㄱ - 도착) : 준용규정 (제214조 준용)

제302조 (ㄷㅊㄴ - 대추나무) : 특수지역권

제6장 전세권

제303조 (ㄷㅊㄷ - 대치동) : 전세권의 내용

제304조 (ㄷㅊㄹ - 대출) : 건물의 전세권, 지상권, 임차권에 대한 효력

제305조 (ㄷㅊㅁ - 대 처마) : 건물의 전세권과 법정지상권

제306조 (ㄷㅊㅂ - 살수대첩) : 전세권의 양도, 임대 등

제307조 (ㄷㅊㅅ - 대체수입) : 전세권양도의 효력

제308조 (ㄷㅊㅇ - 대칭) : 전전세 등의 경우의 책임

제309조 (ㄷㅊㅈ - 대차주) : 전세권자의 유지, 수선의무

제310조 (ㄷㄱㅊ - 독채) : 전세권자의 상환청구권

글자공식에 의한 민법 조문 핵심 키워드 [제311조~제325조]

제311조 (ㄷㄱㄱ – 다가구) : 전세권의 소멸청구

제312조 (ㄷㄱㄴ – 더 긴) : 전세권자의 존속기간

제312조의2 (ㄷㄱㄴ – 더 긴) : 전세금 증감청구권

제313조 (ㄷㄱㄷ – 독도) : 전세권의 소멸통고

제314조 (ㄷㄱㄹ – 대궐) : 불가항력으로 인한 멸실

제315조 (ㄷㄱㅁ – 대감) : 전세권자의 손해배상책임

제316조 (ㄷㄱㅂ – 도급) : 원상회복의무, 매수청구권

제317조 (ㄷㄱㅅ – 독수공방) : 전세권의 소멸과 동시이행

제318조 (ㄷㄱㅇ – 도공) : 전세권자의 경매청구권

제319조 (ㄷㄱㅈ – 독자) : 준용규정 (제213조, 제214조, 제216조 내지 제244조 준용)

제7장 유치권

제320조 (ㄷㄴㅊ – 단추) : 유치권의 내용

제321조 (ㄷㄴㄱ – 단기) : 유치권의 불가분성

제322조 (ㄷㄴㄴ – 도난) : 경매, 간이변제충당

제323조 (ㄷㄴㄷ – 단도) : 과실수취권

제324조 (ㄷㄴㄹ – 떠날 때) : 유치권자의 선관의무

제325조 (ㄷㄴㅁ – 떠남) : 유치권자의 상환청구권

 **글자공식에 의한 민법 조문 핵심 키워드 [제326조~제341조]**

제326조 (ㄷㄴㅂ - 돈벼락) : 피담보채권의 소멸시효

제327조 (ㄷㄴㅅ - 돈 써서) : 타담보제공과 유치권소멸

제328조 (ㄷㄴㅇ - 태능) : 점유상실과 유치권소멸

제8장 질권
[제1절 동산질권]

제329조 (ㄷㄴㅈ - 돈지갑) : 동산질권의 내용

제330조 (ㄷㄷㅊ - 도대체) : 설정계약의 요물성

제331조 (ㄷㄷㄱ - 도덕) : 질권의 목적물

제332조 (ㄷㄷㄴ - 떠든다고) : 설정자에 의한 대리점유의 금지

제333조 (ㄷㄷㄷ - 따따따) : 동산질권의 순위

제334조 (ㄷㄷㄹ - 토탈) : 피담보채권의 범위

제335조 (ㄷㄷㅁ - 토담) : 유치적효력

제336조 (ㄷㄷㅂ - 대답) : 전질권

제337조 (ㄷㄷㅅ - 또다시) : 전질의 대항요건

제338조 (ㄷㄷㅇ - 타당) : 경매, 간이변제충당

제339조 (ㄷㄷㅈ - 두더지) : 유질계약의 금지

제340조 (ㄷㄹㅊ - 탈취) : 질물 이외의 재산으로부터의 변제

제341조 (ㄷㄹㄱ - 딸기) : 물상보증인의 구상권

 ## 글자공식에 의한 민법 조문 핵심 키워드 [제342조~제357조]

제342조 (ㄷㄹㄴ – 토란) : 물상대위

제343조 (ㄷㄹㄷ – 탈 때) : 준용규정 (제249조 내지 제251조, 제321조 내지 325조 준용)

제344조 (ㄷㄹㄹ – 달러) : 타법률에 의한 질권

[제2절 권리질권]
제345조 (ㄷㄹㅁ – 탈모) : 권리질권의 목적

제346조 (ㄷㄹㅂ – 돌비) : 권리질권의 설정방법

제347조 (ㄷㄹㅅ – 탈수) : 설정계약의 요물성

제348조 (ㄷㄹㅇ – 도랑) : 저당채권에 대한 질권과 부기등기

제349조 (ㄷㄹㅈ – 들쥐) : 지명채권에 대한 질권의 대항요건

제350조 (ㄷㅁㅊ – 대마초) : 지시채권에 대한 질권의 설정방법

제351조 (ㄷㅁㄱ – 두목) : 무기명채권에 대한 질권의 설정방법

제352조 (ㄷㅁㄴ – 태만) : 질권설정자의 권리처분제한

제353조 (ㄷㅁㄷ – 토마토) : 질권의 목적이 된 채권의 실행방법

제354조 (ㄷㅁㄹ – 대물) : 동전

제355조 (ㄷㅁㅁ – 다 매매) : 준용규정

제9장 저당권

제356조 (ㄷㅁㅂ – 담보) : 저당권의 내용

제357조 (ㄷㅁㅅ – 대못) : 근저당

 **글자공식에 의한 민법 조문 핵심 키워드 [제358조~제372조]**

제358조 (ㄷㅁㅇ - 도망) : 저당권의 효력의 범위

제359조 (ㄷㅁㅈ - 때맞춰) : 과실에 대한 효력

제360조 (ㄷㅂㅊ - 덮치다) : 피담보채권의 범위

제361조 (ㄷㅂㄱ - 도박) : 저당권의 처분제한

제362조 (ㄷㅂㄴ - 태반) : 저당물의 보충

제363조 (ㄷㅂㄷ - 더 받다) : 저당권자의 경매청구권, 경매인

제364조 (ㄷㅂㄹ - 더불어) : 제삼취득자의 변제

제365조 (ㄷㅂㅁ - 대범) : 저당지상의 건물에 대한 경매청구권

제366조 (ㄷㅂㅂ - 대법) : 법정지상권

제367조 (ㄷㅂㅅ - 덥수룩) : 제삼취득자의 비용상환청구권

제368조 (ㄷㅂㅇ - 다방) : 공동저당과 대가의 배당, 차순위자의 대위

제369조 (ㄷㅂㅈ - 답지) : 부종성

제370조 (ㄷㅅㅊ - 다시 찾은) : 준용규정
    (제214조, 제321조, 제333조, 제340조, 제341조 및 제 342조 준용)

제371조 (ㄷㅅㄱ - 타석) : 지상권, 전세권을 목적으로 하는 저당권

제372조 (ㄷㅅㄴ - 타산) : 타법률에 의한 저당권

제3편 채권

제1장 총칙

[제1절 채권의 목적]

제373조 (ㄷㅅㄷ - 다시다) : 채권의 목적

제374조 (ㄷㅅㄹ - 다슬기) : 특정물인도채무자의 선관의무

제375조 (ㄷㅅㅁ - 다시마) : 종류채권

제376조 (ㄷㅅㅂ - 더 소비) : 금전채권

제377조 (ㄷㅅㅅ - 다 사서) : 외화채권

제378조 (ㄷㅅㅇ - 동전) : 동전

제379조 (ㄷㅅㅈ - 더 쓰자) : 법정이율

제380조 (ㄷㅇㅊ - 당초) : 선택채권

제381조 (ㄷㅇㄱ - 당기다) : 선택권의 이전

제382조 (ㄷㅇㄴ - 태안) : 당사자의 선택권의 행사

제383조 (ㄷㅇㄷ - 등대) : 제삼자의 선택권의 행사

제384조 (ㄷㅇㄹ - 동해) : 제삼자의 선택권의 이전

제385조 (ㄷㅇㅁ - 통마늘) : 불능으로 인한 선택채권의 특정

글자공식에 의한 민법 조문 핵심 키워드 [제386조~제401조]

제386조 (ㄷㅇㅂ - 똥배) : 선택의 소급효

[제2절 채권의 효력]
제387조 (ㄷㅇㅅ - 동시) : 이행기와 이행지체

제388조 (ㄷㅇㅇ - 동아리) : 기한의 이익의 상실

제389조 (ㄷㅇㅈ - 동조) : 강제이행

제390조 (ㄷㅈㅊ - 더 지체) : 채무불이행과 손해배상

제391조 (ㄷㅈㄱ - 다 죽고) : 이행보조자의 고의, 과실

제392조 (ㄷㅈㄴ - 대전) : 이행지체 중의 손해배상

제393조 (ㄷㅈㄷ - 돼지 떼) : 손해배상의 범위

제394조 (ㄷㅈㄹ - 대절) : 손해배상의 방법

제395조 (ㄷㅈㅁ - 타지마) : 이행지체와 전보배상

제396조 (ㄷㅈㅂ - 대접) : 과실상계

제397조 (ㄷㅈㅅ - 도지사) : 금전채무불이행에 대한 특칙

제398조 (ㄷㅈㅇ - 도장) : 배상액의 예정

제399조 (ㄷㅈㅈ - 대지주) : 손해배상자의 대위

제400조 (ㅎㅊㅊ - 해체처리) : 채권자지체

제401조 (ㅎㅊㄱ - 화촉) : 채권자지체와 채무자의 책임

글자공식에 의한 민법 조문 핵심 키워드 [제402조~제416조]

제402조 (ㅎㅊㄴ – 화친) : 동전

제403조 (ㅎㅊㄷ – 하객 초대) : 채권자지체와 채권자의 책임

제404조 (ㅎㅊㄹ – 호출) : 채권자대위권

제405조 (ㅎㅊㅁ – 허참) : 채권자대위권행사의 통지

제406조 (ㅎㅊㅂ – 화초밭) : 채권자취소권

제407조 (ㅎㅊㅅ – 화초 씨) : 채권자취소의 효력

[제3절 수인의 채권자 및 채무자]
제1관 총칙
제408조 (ㅎㅊㅇ – 호청) : 분할채권관계

제2관 불가분채권과 불가분채무
제409조 (ㅎㅊㅈ – 해초지) : 불가분채권

제410조 (ㅎㄱㅊ – 학칙) : 1인의 채권자에 생긴 사항의 효력

제411조 (ㅎㄱㄱ – 학교) : 불가분채무와 준용규정

제412조 (ㅎㄱㄴ – 해군) : 가분채권, 가분채무에의 변경

제3관 연대채무
제413조 (ㅎㄱㄷ – 확대) : 연대채무의 내용

제414조 (ㅎㄱㄹ – 해결) : 각 연대채무자에 대한 이행청구

제415조 (ㅎㄱㅁ – 호감) : 채무자에 생긴 무효, 취소

제416조 (ㅎㄱㅂ – 학비) : 이행청구의 절대적 효력

글자공식에 의한 민법 조문 핵심 키워드 [제417조~제430조]

제417조 (ㅎㄱㅅ - 혹시) : 경개의 절대적 효력

제418조 (ㅎㄱㅇ - 호강) : 상계의 절대적 효력

제419조 (ㅎㄱㅈ - 학자) : 면제의 절대적 효력

제420조 (ㅎㄴㅊ - 한 치) : 혼동의 절대적 효력

제421조 (ㅎㄴㄱ - 혼기) : 소멸시효의 절대적 효력

제422조 (ㅎㄴㄴ - 화난) : 채권자지체의 절대적 효력

제423조 (ㅎㄴㄷ - 한대) : 효력의 상대성의 원칙

제424조 (ㅎㄴㄹ - 화낼) : 부담부분의 균등

제425조 (ㅎㄴㅁ - 현모) : 출재채무자의 구상권

제426조 (ㅎㄴㅂ - 혼비백산) : 구상요건으로서의 통지

제427조 (ㅎㄴㅅ - 혼수) : 상환무자력자의 부담부분

제4관 보증채무
제428조 (ㅎㄴㅇ - 한 아름) : 보증채무의 내용

제428조의2 (ㅎㄴㅇ - 한 아름) : 보증의 방식

제428조의3 (ㅎㄴㅇ - 한 아름) : 근보증

제429조 (ㅎㄴㅈ - 혼자) : 보증채무의 범위

제430조 (ㅎㄷㅊ - 화투치다) : 목적, 형태상의 부종성

글자공식에 의한 민법 조문 핵심 키워드 [제431조~제446조]

제431조 (ㅎㄷㄱ - 호떡) : 보증인의 조건

제432조 (ㅎㄷㄴ - 허튼) : 타담보의 제공

제433조 (ㅎㄷㄷ - 해태 타이거) : 보증인과 주채무자항변권

제434조 (ㅎㄷㄹ - 해탈) : 보증인과 주채무자상계권

제435조 (ㅎㄷㅁ - 회담) : 보증인과 주채무자의 취소권 등

제436조 (ㅎㄷㅂ - 화답) : 취소할 수 있는 채무의 보증 - 삭제 〈2015.2.3.〉

제436조의2 (ㅎㄷㅂ - 화답) : 채권자의 정보제공의무와 통지의무 등

제437조 (ㅎㄷㅅ - 하듯) : 보증인의 최고, 검색의 항변

제438조 (ㅎㄷㅇ - 허탕) : 최고, 검색의 해태의 효과

제439조 (ㅎㄷㅈ - 흩어져) : 공동보증의 분별의 이익

제440조 (ㅎㄹㅊ - 허리춤) : 시효중단의 보증인에 대한 효력

제441조 (ㅎㄹㄱ - 헬기) : 수탁보증인의 구상권

제442조 (ㅎㄹㄴ - 흐린) : 수탁보증인의 사전구상권

제443조 (ㅎㄹㄷ - 홀트) : 주채무자의 면책청구

제444조 (ㅎㄹㄹ - 홀로) : 부탁없는 보증인의 구상권

제445조 (ㅎㄹㅁ - 할매) : 구상요건으로서의 통지

제446조 (ㅎㄹㅂ - 할배) : 주채무자의 보증인에 대한 면책통지의무

 글자공식에 의한 민법 조문 핵심 키워드 [제447조~제461조]

제447조 (ㅎㄹㅅ - 할 수 없이) : 연대, 불가분채무의 보증인의 구상권

제448조 (ㅎㄹㅇ - 호랑이) : 공동보증인간의 구상권

[제4절 채권의 양도]
제449조 (ㅎㄹㅈ - 활자) : 채권의 양도성

제450조 (ㅎㅁㅊ - 훔쳐서) : 지명채권양도의 대항요건

제451조 (ㅎㅁㄱ - 해묵은) : 승낙, 통지의 효과

제452조 (ㄹㅁㄴ - 라면) : 양도통지와 금반언

[제5절 채무의 인수]
제453조 (ㅎㅁㄷ - 함대) : 채권자와의 계약에 의한 채무인수

제454조 (ㅎㅁㄹ - 해물) : 채무자와의 계약에 의한 채무인수

제455조 (ㅎㅁㅁ - 함마) : 승낙여부의 최고

제456조 (ㅎㅁㅂ - 함부로) : 채무인수의 철회, 변경

제457조 (ㅎㅁㅅ - 해모수) : 채무인수의 소급효

제458조 (ㅎㅁㅇ - 해명) : 전채무자의 항변사유

제459조 (ㅎㅁㅈ - 함지) : 채무인수와 보증, 담보의 소멸

[제6절 채권의 소멸]
제1관 변제
제460조 (ㅎㅂㅊ - 합쳐) : 변제제공의 방법

제461조 (ㅎㅂㄱ - 합기도) : 변제제공의 효과

글자공식에 의한 민법 조문 핵심 키워드 [제462조~제478조]

제462조 (ㅎㅂㄴ - 해변) : 특정물의 현상인도

제463조 (ㅎㅂㄷ - 해보다) : 변제로서의 타인의 물건의 인도

제464조 (ㄹㅂㄹ - 라벨) : 양도능력없는 소유자의 물건인도

제465조 (ㅎㅂㅁ - 해보면) : 채권자의 선의소비, 양도와 구상권

제466조 (ㅎㅂㅂ - 해법) : 대물변제

제467조 (ㅎㅂㅅ - 흡수) : 변제의 장소

제468조 (ㅎㅂㅇ - 해방) : 변제기전의 변제

제469조 (ㅎㅂㅈ - 흡족) : 제삼자의 변제

제470조 (ㅎㅅㅊ - 회사채) : 채권의 준점유자에 대한 변제

제471조 (ㅎㅅㄱ - 하숙) : 영수증소지자에 대한 변제

제472조 (ㅎㅅㄴ - 해산) : 권한없는 자에 대한 변제

제473조 (ㅎㅅㄷ - 핫도그) : 변제비용의 부담

제474조 (ㅎㅅㄹ - 화살) : 영수증청구권

제475조 (ㅎㅅㅁ - 해삼) : 채권증서반환청구권

제476조 (ㅎㅅㅂ - 헛 비용) : 지정변제충당

제477조 (ㅎㅅㅅ - 헛수고) : 법정변제충당

제478조 (ㅎㅅㅇ - 화상) : 부족변제의 충당

글자공식에 의한 민법 조문 핵심 키워드 [제479조~제494조]

제479조 (ㅎㅅㅈ - 헛 지랄) : 비용, 이자, 원본에 대한 변제충당의 순서

제480조 (ㅎㅇㅊ - 홍차) : 변제자의 임의대위

제481조 (ㅎㅇㄱ - 항구) : 변제자의 법정대위

제482조 (ㅎㅇㄴ - 해안) : 변제자대위의 효과, 대위자간의 관계

제483조 (ㅎㅇㄷ - 홍도) : 일부의 대위

제484조 (ㅎㅇㄹ - 해일) : 대위변제와 채권증서, 담보물

제485조 (ㅎㅇㅁ - 호암 아트홀) : 채권자의 담보상실, 감소행위와 법정대위자의 면책

제486조 (ㅎㅇㅂ - 행보) : 변제이외의 방법에 의한 채무소멸과 대위

제2관 공탁
제487조 (ㅎㅇㅅ - 항시) : 변제공탁의 요건, 효과

제488조 (ㅎㅇㅇ - 항아리) : 공탁의 방법

제489조 (ㅎㅇㅈ - 행주) : 공탁물의 회수

제490조 (ㅎㅈㅊ - 해저 차) : 자조매각금의 공탁

제491조 (ㅎㅈㄱ - 해적) : 공탁물수령과 상대의무이행

제3관 상계
제492조 (ㅎㅈㄴ - 허전) : 상계의 요건

제493조 (ㅎㅈㄷ - 화조도) : 상계의 방법, 효과

제494조 (ㅎㅈㄹ - 해저로) : 이행지를 달리하는 채무의 상계

글자공식에 의한 민법 조문 핵심 키워드 [제495조~제509조]

제495조 (ㅎㅈㅁ – 허점) : 소멸시효완성된 채권에 의한 상계

제496조 (ㅎㅈㅂ – 회집) : 불법행위채권을 수동채권으로 하는 상계의 금지

제497조 (ㅎㅈㅅ – 호젓한 곳) : 압류금지채권을 수동채권으로 하는 상계의 금지

제498조 (ㅎㅈㅇ – 해장국집) : 지급금지채권을 수동채권으로 하는 상계의 금지

제499조 (ㅎㅈㅈ – 해지자) : 준용규정 (제476조 내지 479조 준용)

제4관 경개
제500조 (ㅁㅊㅊ – 마차 축) : 경개의 요건, 효과

제501조 (ㅁㅊㄱ – 무척) : 채무자변경으로 인한 경개

제502조 (ㅁㅊㄴ – 모친) : 채권자변경으로 인한 경개

제503조 (ㅁㅊㄷ – 마치다) : 채권자변경의 경개와 채무자승낙의 효과

제504조 (ㅁㅊㄹ – 마찰) : 구채무불소멸의 경우

제505조 (ㅁㅊㅁ – 마침) : 신채무에의 담보이전

제5관 면제
제506조 (ㅁㅊㅂ – 무차별) : 면제의 요건, 효과

제6관 혼동
제507조 (ㅁㅊㅅ – 미쳐서) : 혼동의 요건, 효과

[제7절 지시채권]
제508조 (ㅁㅊㅇ – 마차 아이) : 지시채권의 양도방식

제509조 (ㅁㅊㅈ – 마차 주인) : 환배서

글자공식에 의한 민법 조문 핵심 키워드 [제510조~제525조]

제510조 (ㅁㄱㅊ - 목차) : 배서의 방식

제511조 (ㅁㄱㄱ - 매각) : 약식배서의 처리방식

제512조 (ㅁㄱㄴ - 무관) : 소지인출급배서의 효력

제513조 (ㅁㄱㄷ - 맥도날드) : 배서의 자격수여력

제514조 (ㅁㄱㄹ - 미결) : 동전 - 선의취득

제515조 (ㅁㄱㅁ - 마감) : 이전배서와 인적항변

제516조 (ㅁㄱㅂ - 묵비권) : 변제의 장소

제517조 (ㅁㄱㅅ - 목사) : 증서의 제시와 이행지체

제518조 (ㅁㄱㅇ - 무궁화) : 채무자의 조사권리의무

제519조 (ㅁㄱㅈ - 목재) : 변제와 증서교부

제520조 (ㅁㄴㅊ - 만취) : 영수의 기입청구권

제521조 (ㅁㄴㄱ - 만기) : 공시최고절차에 의한 증서의 실효

제522조 (ㅁㄴㄴ - 무난히) : 공시최고절차에 의한 공탁, 변제

[제8절 무기명채권]

제523조 (ㅁㄴㄷ - 만두) : 무기명채권의 양도방식

제524조 (ㅁㄴㄹ - 마늘) : 준용규정 (제514조 내지 제522조 준용)

제525조 (ㅁㄴㅁ - 미남) : 지명소지인출급채권

글자공식에 의한 민법 조문 핵심 키워드 [제526조~제539조]

제526조 (ㅁㄴㅂ - 미납) : 면책증서

제2장 계약

[제1절 총칙]
제1관 계약의 성립
제527조 (ㅁㄴㅅ - 문서) : 계약의 청약의 구속력

제528조 (ㅁㄴㅇ - 마냥) : 승낙기간을 정한 계약의 청약

제529조 (ㅁㄴㅈ - 문제) : 승낙기간을 정하지 아니한 계약의 청약

제530조 (ㅁㄷㅊ - 미도착) : 연착된 승낙의 효력

제531조 (ㅁㄷㄱ - 모독) : 격지자간의 계약성립시기

제532조 (ㅁㄷㄴ - 무단) : 의사실현에 의한 계약성립

제533조 (ㅁㄷㄷ - 믿다) : 교차청약

제534조 (ㅁㄷㄹ - 모델) : 변경을 가한 승낙

제535조 (ㅁㄷㅁ - 마담) : 계약체결상의 과실

제2관 계약의 효력
제536조 (ㅁㄷㅂ - 미덥지 못하여) : 동시이행의 항변권

제537조 (ㅁㄷㅅ - 김매듯) : 채무자위험부담주의

제538조 (ㅁㄷㅇ - 못마땅) : 채권자귀책사유로 인한 이행불능

제539조 (ㅁㄷㅈ - 모두줘) : 제삼자를 위한 계약

 **글자공식에 의한 민법 조문 핵심 키워드 [제540조~제555조]**

제540조 (ㅁㄹㅊ - 말초신경) : 채무자의 제삼자에 대한 최고권

제541조 (ㅁㄹㄱ - 말기) : 제삼자의 권리의 확정

제542조 (ㅁㄹㄴ - 미련) : 채무자의 항변권

제3관 계약의 해지, 해제
제543조 (ㅁㄹㄷ - 마라톤) : 해지, 해제권

제544조 (ㅁㄹㄹ - 멀리서) : 이행지체와 해제

제545조 (ㅁㄹㅁ - 멀미) : 정기행위와 해제

제546조 (ㅁㄹㅂ - 미흡) : 이행불능과 해제

제547조 (ㅁㄹㅅ - 몰수) : 해지, 해제권의 불가분성

제548조 (ㅁㄹㅇ - 무릉도원) : 해제의 효과, 원상회복의무

제549조 (ㅁㄹㅈ - 밀주) : 원상회복의무와 동시이행

제550조 (ㅁㅁㅊ - 매미 채) : 해지의 효과

제551조 (ㅁㅁㄱ - 매매가) : 해지, 해제와 손해배상

제552조 (ㅁㅁㄴ - 메만) : 해제권행사여부의 최고권

제553조 (ㅁㅁㄷ - 매머드) : 훼손 등으로 인한 해제권의 소멸

[제2절 증여]
제554조 (ㅁㅁㄹ - 매몰) : 증여의 의의

제555조 (ㅁㅁㅁ - 무 메모) : 서면에 의하지 아니한 증여와 해제

제3편 채권 · 49

글자공식에 의한 민법 조문 핵심 키워드 [제556조~제570조]

제556조 (ㅁㅁㅂ - 몸빼) : 수증자의 행위와 증여의 해제

제557조 (ㅁㅁㅅ - 몸소) : 증여자의 재산상태변경과 증여의 해제

제558조 (ㅁㅁㅇ - 미망인) : 해제와 이행완료부분

제559조 (ㅁㅁㅈ - 메모지) : 증여자의 담보책임

제560조 (ㅁㅂㅊ - 매부 차) : 정기증여와 사망으로 인한 실효

제561조 (ㅁㅂㄱ - 매부가) : 부담부증여

제562조 (ㅁㅂㄴ - 마분지) : 사인증여

[제3절 매매]
제1관 총칙
제563조 (ㅁㅂㄷ - 마부도) : 매매의 의의

제564조 (ㅁㅂㄹ - 미불) : 매매의 일방예약

제565조 (ㅁㅂㅁ - 모범) : 해약금

제566조 (ㅁㅂㅂ - 무법) : 매매계약의 비용의 부담

제567조 (ㅁㅂㅅ - 무보수) : 유상계약에의 준용

제2관 매매의 효력
제568조 (ㅁㅂㅇ - 마방) : 매매의 효력

제569조 (ㅁㅂㅈ - 무비자) : 타인의 권리의 매매

제570조 (ㅁㅅㅊ - 못 친) : 동전 - 매도인의 담보책임

글자공식에 의한 민법 조문 핵심 키워드 [제571조~제586조]

제571조 (ㅁㅅㄱ - 못가서) : 동전 - 선의의 매도인의 담보책임

제572조 (ㅁㅅㄴ - 무산) : 권리의 일부가 타인에게 속한 경우와 매도인의 담보책임

제573조 (ㅁㅅㄷ - 못 다한) : 전조의 권리행사의 기간

제574조 (ㅁㅅㄹ - 매실) : 수량부족, 일부멸실의 경우와 매도인의 담보책임

제575조 (ㅁㅅㅁ - 무심코) : 제한물권있는 경우와 매도인의 담보책임

제576조 (ㅁㅅㅂ - 무섭게) : 저당권, 전세권의 행사와 매도인의 담보책임

제577조 (ㅁㅅㅅ - 맛소금) : 저당권의 목적이 된 지상권, 전세권의 매매와 매도인의 담보책임

제578조 (ㅁㅅㅇ - 마상) : 경매와 매도인의 담보책임

제579조 (ㅁㅅㅈ - 마사지) : 채권매매와 매도인의 담보책임

제580조 (ㅁㅇㅊ - 망치) : 매도인의 하자담보책임

제581조 (ㅁㅇㄱ - 몽키) : 종류매매와 매도인의 담보책임

제582조 (ㅁㅇㄴ - 미안) : 전2조의 권리행사기간

제583조 (ㅁㅇㄷ - 망태) : 담보책임과 동시이행

제584조 (ㅁㅇㄹ - 명료) : 담보책임면제의 특약

제585조 (ㅁㅇㅁ - 몽매) : 동일기한의 추정

제586조 (ㅁㅇㅂ - 망보다) : 대금지급장소

글자공식에 의한 민법 조문 핵심 키워드 [제587조~제601조]

제587조 (ㅁㅇㅅ - 망신) : 과실의 귀속, 대금의 이자

제588조 (ㅁㅇㅇ - 망아지) : 권리주장자가 있는 경우와 대금지급거절권

제589조 (ㅁㅇㅈ - 맹지) : 대금공탁청구권

제3관 환매
제590조 (ㅁㅈㅊ - 매주 초) : 환매의 의의

제591조 (ㅁㅈㄱ - 무작정) : 환매기간

제592조 (ㅁㅈㄴ - 미진) : 환매등기

제593조 (ㅁㅈㄷ - 맞대다) : 환매권의 대위행사와 매수인의 권리

제594조 (ㅁㅈㄹ - 매절) : 환매의 실행

제595조 (ㅁㅈㅁ - 매점) : 공유지분의 환매

[제4절 교환]
제596조 (ㅁㅈㅂ - 무자비) : 교환의 의미

제597조 (ㅁㅈㅅ - 모자 속) : 금전의 보충지급의 경우

[제5절 소비대차]
제598조 (ㅁㅈㅇ - 미장원) : 소비대차의 의의

제599조 (ㅁㅈㅈ - 무 재주) : 파산과 소비대차의 실효

제600조 (ㅂㅊㅊ - 부채처리) : 이자계산의 시기

제601조 (ㅂㅊㄱ - 배척) : 무이자소비대차와 해제권

글자공식에 의한 민법 조문 핵심 키워드 [제602조~제617조]

제602조 (ㅂㅊㄴ - 부친) : 대주의 담보책임

제603조 (ㅂㅊㄷ - 부채 도로 돌려주기) : 반환시기

제604조 (ㅂㅊㄹ - 보철) : 반환불능으로 인한 시가상환

제605조 (ㅂㅊㅁ - 비참) : 준소비대차

제606조 (ㅂㅊㅂ - 배추밭) : 대물대차

제607조 (ㅂㅊㅅ - 배추씨) : 대물반환의 예약

제608조 (ㅂㅊㅇ - 보충) : 차주에 불이익한 약정의 금지

[제6절 사용대차]
제609조 (ㅂㅊㅈ - 배추 주인) : 사용대차의 의의

제610조 (ㅂㄱㅊ - 백차) : 차주의 사용, 수익권

제611조 (ㅂㄱㄱ - 비각) : 비용의 부담

제612조 (ㅂㄱㄴ - 보관) : 준용규정 (제559조, 제601조 준용)

제613조 (ㅂㄱㄷ - 복대) : 차용물의 반환시기

제614조 (ㅂㄱㄹ - 비굴) : 차주의 사망, 파산과 해지

제615조 (ㅂㄱㅁ - 보금자리) : 차주의 원상회복의무와 철거권

제616조 (ㅂㄱㅂ - 비겁) : 공동차주의 연대의무

제617조 (ㅂㄱㅅ - 복수) : 손해배상, 비용상환청구의 기간

글자공식에 의한 민법 조문 핵심 키워드 [제618조~제633조]

[제7절 임대차]

제618조 (ㅂㄱㅇ – 보강) : 임대차의 의의

제619조 (ㅂㄱㅈ – 바가지) : 처분능력, 권한없는 자의 할 수 있는 단기임대차

제620조 (ㅂㄴㅊ – 본채) : 단기임대차의 갱신

제621조 (ㅂㄴㄱ – 반기다) : 임대차의 등기

제622조 (ㅂㄴㄴ – 비난) : 건물등기있는 차지권의 대항력

제623조 (ㅂㄴㄷ – 반대) : 임대인의 의무

제624조 (ㅂㄴㄹ – 비닐) : 임대인의 보존행위, 인용의무

제625조 (ㅂㄴㅁ – 변모) : 임차인의 의사에 반대하는 보존행위와 해지권

제626조 (ㅂㄴㅂ – 본부) : 임차인의 상환청구권

제627조 (ㅂㄴㅅ – 변수) : 일부멸실 등과 감액청구, 해지권

제628조 (ㅂㄴㅇ – 배낭) : 차임증감청구권

제629조 (ㅂㄴㅈ – 번지) : 임차권의 양도, 전대의 제한

제630조 (ㅂㄷㅊ – 받침) : 전대의 효과

제631조 (ㅂㄷㄱ – 바닥) : 전차인의 권리의 확정

제632조 (ㅂㄷㄴ – 비단) : 임차건물의 소부분을 타인에게 사용케 하는 경우

제633조 (ㅂㄷㄷ – 받다) : 차임지급의 시기

글자공식에 의한 민법 조문 핵심 키워드 [제634조~제649조]

제634조 (ㅂㄷㄹ – 비둘기) : 임차인의 통지의무

제635조 (ㅂㄷㅁ – 부담) : 기간의 약정없는 임대차의 해지통고

제636조 (ㅂㄷㅂ – 보답) : 기간의 약정있는 임대차의 해지통고

제637조 (ㅂㄷㅅ – 불 보듯) : 임차인의 파산과 해지통고

제638조 (ㅂㄷㅇ – 부당) : 해지통고의 전차인에 대한 통지

제639조 (ㅂㄷㅈ – 받자) : 묵시의 갱신

제640조 (ㅂㄹㅊ – 별채) : 차임연체와 해지

제641조 (ㅂㄹㄱ – 벌기) : 동전

제642조 (ㅂㄹㄴ – 뿌린 씨) : 토지임대차의 해지와 지상건물 등에 대한 담보물권자에의 통지

제643조 (ㅂㄹㄷ – 별도로) : 임차인의 갱신청구권, 매수청구권

제644조 (ㅂㄹㄹ – 빌라) : 전차인의 임대청구권, 매수청구권

제645조 (ㅂㄹㅁ – 불모지) : 지상권목적토지의 임차인의 임대청구권, 매수청구권

제646조 (ㅂㅎㅂ – 부합) : 임차인의 부속물매수청구권

제647조 (ㅂㄹㅅ – 볼 수) : 전차인의 부속물매수청구권

제648조 (ㅂㄹㅇ – 벼랑) : 임차지의 부속물, 과실 등에 대한 법정질권

제649조 (ㅂㄹㅈ – 별지) : 임차지상의 건물에 대한 법정저당권

글자공식에 의한 민법 조문 핵심 키워드 [제650조~제664조]

제650조 (ㅂㅁㅊ - 밤차) : 임차건물등의 부속물에 대한 법정질권

제651조 (ㅂㅁㄱ - 비목) : 임대차존속기간 - 삭제 〈2016.1.6.〉

제652조 (ㅂㅁㄴ - 배만 보면) : 강행규정
　　　　(제627조, 제628조, 제631조, 제635조, 제638조, 제640조, 제641조 내지 제647조 준용)

제653조 (ㅂㅁㄷ - 배 밑) : 일시사용을 위한 임대차의 특례

제654조 (ㅂㅁㄹ - 보물) : 준용규정 (제610조제1항, 615조 내지 제617조 준용)

[제8절 고용]
제655조 (ㅂㅁㅁ - 밤무대) : 고용의 의의

제656조 (ㅂㅁㅂ - 붐비는) : 보수액과 그 지급시기

제657조 (ㅂㅁㅅ - 밤새워) : 권리의무의 전속성

제658조 (ㅂㅁㅇ - 비망록) : 노무의 내용과 해지권

제659조 (ㅂㅁㅈ - 범주) : 3년 이상의 경과와 해지통고권

제660조 (ㅂㅂㅊ - 법치) : 기간의 약정이 없는 고용의 해지통고

제661조 (ㅂㅂㄱ - 보복) : 부득이한 사유와 해지권

제662조 (ㅂㅂㄴ - 배반) : 묵시의 갱신

제663조 (ㅂㅂㄷ - 법대로) : 사용자파산과 해지통고

[제9절 도급]
제664조 (ㅂㅂㄹ - 배불리) : 도급의 의의

 **글자공식에 의한 민법 조문 핵심 키워드 [제665조~제674조]**

제665조 (ㅂㅂㅁ - 비범한) : 보수의 지급시기

제666조 (ㅂㅂㅂ - 비법) : 수급인의 목적부동산에 대한 저당권설정청구권

제667조 (ㅂㅂㅅ - 밥 수저) : 수급인의 담보책임

제668조 (ㅂㅂㅇ - 비방) : 동전 - 도급인의 해제권

제669조 (ㅂㅂㅈ - 법주) : 동전 - 하자가 도급인의 제공한 재료 또는 지시에 기인한 경우의 면책

제670조 (ㅂㅅㅊ - 보수처리) : 담보책임의 존속기간

제671조 (ㅂㅅㄱ - 부속) : 수급인의 담보책임 - 토지, 건물 등에 대한 특칙

제672조 (ㅂㅅㄴ - 버선) : 담보책임면제의 특약

제673조 (ㅂㅅㄷ - 벗다) : 완성전의 도급인의 해제권

제674조 (ㅂㅅㄹ - 배수로) : 도급인의 파산과 해제권

[제9절의2 여행계약]

제674조의2 (ㅂㅅㄹ - 배수로) : 여행계약의 의의

제674조의3 (ㅂㅅㄹ - 배수로) : 여행 개시 전의 계약 해지

제674조의4 (ㅂㅅㄹ - 배수로) : 부득이한 사유로 인한 계약 해지

제674조의5 (ㅂㅅㄹ - 배수로) : 대금의 지급시기

제674조의6 (ㅂㅅㄹ - 배수로) : 여행주최자의 담보책임

제674조의7 (ㅂㅅㄹ - 배수로) : 여행주최자의 담보책임과 여행자의 해지권

글자공식에 의한 민법 조문 핵심 키워드 [제674조~제687조]

제674조의8 (ㅂㅅㄹ - 배수로) : 담보책임의 존속기간

제674조의9 (ㅂㅅㄹ - 배수로) : 강행규정
　　　　　(제674조의3, 제674조의4 또는 674조의6부터 제674조의8 준용)

[제10절 현상광고]
제675조 (ㅂㅅㅁ - 보쌈) : 현상광고의 의의

제676조 (ㅂㅅㅂ - 보습학원) : 보수수령권자

제677조 (ㅂㅅㅅ - 비슷) : 광고부지의 행위

제678조 (ㅂㅅㅇ - 보상) : 우수현상광고

제679조 (ㅂㅅㅈ - 벗자) : 현상광고의 철회

[제11절 위임]
제680조 (ㅂㅇㅊ - 방치) : 위임의 의의

제681조 (ㅂㅇㄱ - 봉고) : 수임인의 선관의무

제682조 (ㅂㅇㄴ - 보완) : 복임권의 제한

제683조 (ㅂㅇㄷ - 방대) : 수임인의 보고의무

제684조 (ㅂㅇㅎ - 봉하마을) : 수임인의 취득물 등의 인도, 이전의무

제685조 (ㅂㅇㅁ - 부임) : 수임인의 금전소비의 책임

제686조 (ㅂㅇㅂ - 방비) : 수임인의 보수청구권

제687조 (ㅂㅇㅅ - 방수) : 수임인의 비용선급청구권

 **글자공식에 의한 민법 조문 핵심 키워드 [제688조~제703조]**

제688조 (ㅂㅇㅇ - 비용) : 수임인의 비용상환청구권 등

제689조 (ㅂㅇㅈ - 방자) : 위임의 상호해지의 자유

제690조 (ㅂㅈㅊ - 빚 채무) : 사망·파산 등과 위임의 종료

제691조 (ㅂㅈㄱ - 부족) : 위임종료시의 긴급처리

제692조 (ㅂㅈㄴ - 비전) : 위임종료의 대항요건

[제12절 임치]

제693조 (ㅂㅈㄷ - 빚 때문) : 임치의 의의

제694조 (ㅂㅈㄹ - 보잘 것 없어도) : 수치인의 임치물사용금지

제695조 (ㅂㅈㅁ - 배점) : 무상수치인의 주의의무

제696조 (ㅂㅈㅂ - 비좁다) : 수치인의 통지의무

제697조 (ㅂㅈㅅ - 부잣집) : 임치물의 성질, 하자로 인한 임치인의 손해배상의무

제698조 (ㅂㅈㅇ - 보장) : 기간의 약정있는 임치의 해지

제699조 (ㅂㅈㅈ - 부자재) : 기간의 약정없는 임치의 해지

제700조 (ㅅㅊㅊ - 숯 처리장) : 임치물의 반환장소

제701조 (ㅅㅊㄱ - 세척) : 준용규정 (제682조, 제684조 내지 687조 및 제688조제1항, 제2항)

제702조 (ㅅㅊㄴ - 사촌) : 소비임치

[제13절 조합]

제703조 (ㅅㅊㄷ - 새 추대) : 조합의 의의

글자공식에 의한 민법 조문 핵심 키워드 [제704조~제720조]

제704조 (ㅅㅊㄹ – 사찰) : 조합재산의 합유

제705조 (ㅅㅊㅁ – 새침 떼기) : 금전출자지체의 책임

제706조 (ㅅㅊㅂ – 수첩) : 사무집행의 방법

제707조 (ㅅㅊㅅ – 새 차사다) : 준용규정 (제681조 내지 688조 준용)

제708조 (ㅅㅊㅇ – 새 청사) : 업무집행자의 사임, 해임

제709조 (ㅅㅊㅈ – 사치 제) : 업무집행자의 대리권추정

제710조 (ㅅㄱㅊ – 속치마) : 조합원의 업무, 재산상태검사권

제711조 (ㅅㄱㄱ – 소각) : 손익분배의 비율

제712조 (ㅅㄱㄴ – 수건) : 조합원에 대한 채권자의 권리행사

제713조 (ㅅㄱㄷ – 쑥대밭) : 무자력조합원의 채무와 타조합의 변제책임

제714조 (ㅅㄱㄹ – 소굴) : 지분에 대한 압류의 효력

제715조 (ㅅㄱㅁ – 소금) : 조합채무자의 상계의 금지

제716조 (ㅅㄱㅂ – 수갑) : 임의탈퇴

제717조 (ㅅㄱㅅ – 속수무책) : 비임의 탈퇴

제718조 (ㅅㄱㅇ – 수강) : 제명

제719조 (ㅅㄱㅈ – 삭제) : 탈퇴조합원의 지분의 계산

제720조 (ㅅㄴㅊ – 선체) : 부득이한 사유로 인한 해산청구

 **글자공식에 의한 민법 조문 핵심 키워드 [제721조~제735조]**

제721조 (ㅅㄴㄱ - 소나기) : 청산인

제722조 (ㅅㄴㄴ - 수난) : 청산인의 업무집행방법

제723조 (ㅅㄴㄷ - 순대) : 조합원인 청산인의 사임, 해임

제724조 (ㅅㄴㅎ - 싸늘) : 청산인의 직무, 권한과 잔여재산의 분배

[제14절 종신정기금]
제725조 (ㅅㄴㅁ - 산모) : 종신정기금계약의 의의

제726조 (ㅅㄴㅂ - 수납) : 종신정기금의 계산

제727조 (ㅅㄴㅅ - 신세) : 종신정기금계약의 해제

제728조 (ㅅㄴㅇ - 수능) : 해제와 동시이행

제729조 (ㅅㄴㅈ - 손자) : 채무자귀책사유로 인한 사망과 채권존속선고

제730조 (ㅅㄷㅊ - 세대차) : 유증에 의한 종신정기금

[제15절 화해]
제731조 (ㅅㄷㄱ - 새댁) : 화해의 의의

제732조 (ㅅㄷㄴ - 수단) : 화해의 창설적효력

제733조 (ㅅㄷㄷ - 솥뚜껑) : 화해의 효력과 착오

제3장 사무관리
제734조 (ㅅㄷㄹ - 셔틀버스) : 사무관리의 내용

제735조 (ㅅㄷㅁ - 사담) : 긴급사무관리

글자공식에 의한 민법 조문 핵심 키워드 [제736조~제750조]

제736조 (ㅅㄷㅂ - 동문서답) : 관리자의 통지의무

제737조 (ㅅㄷㅅ - 새듯) : 관리자의 관리계속의무

제738조 (ㅅㄷㅇ - 수당) : 준용규정 (제683조 내지 제685조 준용)

제739조 (ㅅㄷㅈ - 세대주) : 관리자의 비용상환청구권

제740조 (ㅅㄹㅊ - 설치) : 관리자의 무과실손해보상청구권

제4장 부당이득

제741조 (ㅅㅎㄱ - 수확) : 부당이득의 내용

제742조 (ㅅㄹㄴ - 쓰린) : 비채변제

제743조 (ㅅㄹㄷ - 쓸데) : 기한전의 변제

제744조 (ㅅㄹㄹ - 살려 달라기에) : 도의관념에 적합한 비채변제

제745조 (ㅅㄹㅁ - 사람) : 타인의 채무의 변제

제746조 (ㅅㄹㅂ - 서랍) : 불법원인급여

제747조 (ㅅㄹㅅ - 실수) : 원물반환불능한 경우와 가액반환, 전득자의 책임

제748조 (ㅅㄹㅇ - 사랑) : 수익자의 반환범위

제749조 (ㅅㄹㅈ - 술자리) : 수익자의 악의인정

제5장 불법행위

제750조 (ㅅㅁㅊ - 솜처럼) : 불법행위의 내용

글자공식에 의한 민법 조문 핵심 키워드 [제751조~제766조]

제751조 (ㅅㅁㄱ - 수목) : 재산 이외의 손해의 배상

제752조 (ㅅㅁㄴ - 새만금) : 생명침해로 인한 위자료

제753조 (ㅅㅁㄷ - 샘터) : 미성년자의 책임능력

제754조 (ㅅㅁㄹ - 수몰) : 심신상실자의 책임능력

제755조 (ㅅㅁㅁ - 썸머) : 감독자의 책임

제756조 (ㅅㅁㅂ - 삼바 춤) : 사용자의 배상책임

제757조 (ㅅㅁㅅ - 솜씨) : 도급인의 책임

제758조 (ㅅㅁㅇ - 사망) : 공작물등의 점유자, 소유자의 책임

제759조 (ㅅㅁㅈ - 쌈질) : 동물의 점유자의 책임

제760조 (ㅅㅂㅊ - 섭취) : 공동불법행위자의 책임

제761조 (ㅅㅂㄱ - 수박) : 정당방위, 긴급피난

제762조 (ㅅㅂㄴ - 수반) : 손해배상청구권에 있어서의 태아의 지위

제763조 (ㅅㅂㄷ - 세받아) : 준용규정 (제393조, 제394조, 제396조, 제399조 준용)

제764조 (ㅅㅂㄹ - 세발낙지) : 명예훼손의 경우의 특칙

제765조 (ㅅㅂㅁ - 사범) : 배상액의 경감청구

제766조 (ㅅㅂㅂ - 수법) : 손해배상청구권의 소멸시효

제4편 친족

제1장 총칙

제767조 (ㅅㅂㅅ – 삽시간) : 친족의 정의

제768조 (ㅅㅂㅇ – 사방) : 혈족의 정의

제769조 (ㅅㅂㅈ – 습지) : 인척의 계원

제770조 (ㅅㅅㅊ – 수사 차원) : 혈족의 촌수의 계산

제771조 (ㅅㅅㄱ – 수색) : 인척의 촌수의 계산

제772조 (ㅅㅅㄴ – 시선) : 양자와의 친계와 촌수

제773조 (ㅅㅅㄷ – 솟다) : 삭제 〈1990.1.13.〉

제774조 (ㅅㅅㄹ – 소설) : 삭제 〈1990.1.13.〉

제775조 (ㅅㅅㅁ – 수세미) : 인척관계 등의 소멸

제776조 (ㅅㅅㅂ – 세습) : 입양으로 인한 친족관계의 소멸

제777조 (ㅅㅅㅅ – 샷시) : 친족의 범위

제2장 가족의 범위와 자의 성과 본

제778조 (ㅅㅅㅇ – 수상) : 삭제 〈2005.3.31.〉

글자공식에 의한 민법 조문 핵심 키워드 [제779조~제795조]

제779조 (ㅅㅅㅈ – 숫자) : 가족의 범위

제780조 (ㅅㅇㅊ – 상처) : 호주의 변경과 가족 – 삭제 〈2005.3.31〉

제781조 (ㅅㅇㄱ – 생가) : 자의 성과 본

제782조 (ㅅㅇㄴ – 수원) : 혼인외의 자의 입적 – 삭제 〈2005.3.31.〉

제783조 (ㅅㅇㄷ – 상대) : 양자와 그 배우자 등의 입적 – 삭제 〈2005.3.31.〉

제784조 (ㅅㅇㄹ – 세월) : 부의 혈족 아닌 처의 직계비속의 입적 – 삭제 〈2005.3.31.〉

제785조 (ㅅㅇㅁ – 생모) : 호주의 직계혈족의 입적 – 삭제 〈2005.3.31.〉

제786조 (ㅅㅇㅂ – 상부) : 양자와 그 배우자 등의 복적 – 삭제 〈2005.3.31.〉

제787조 (ㅅㅇㅅ – 쌍수) : 처 등의 복적과 일가창립 – 삭제 〈2005.3.31.〉

제788조 (ㅅㅇㅇ – 송아지) : 분가 – 삭제 〈2005.3.31.〉

제789조 (ㅅㅇㅈ – 생쥐) : 법정분가 – 삭제 〈2005.3.31.〉

제790조 (ㅅㅈㅊ – 소주 차) : 삭제 〈1990.1.13.〉

제791조 (ㅅㅈㄱ – 소죽) : 분가호주와 그 가족 – 삭제 〈2005.3.31.〉

제792조 (ㅅㅈㄴ – 사전) : 삭제 〈1990.1.13.〉

제793조 (ㅅㅈㄷ – 세주다) : 호주의 입양과 폐가 – 삭제 〈2005.3.31.〉

제794조 (ㅅㅈㄹ – 수절) : 여호주의 혼인과 폐가 – 삭제 〈2005.3.31.〉

제795조 (ㅅㅈㅁ – 세 자매) : 타가에 입적한 호주와 그 가족 – 삭제 〈2005.3.31.〉

글자공식에 의한 민법 조문 핵심 키워드 [제796조~제810조]

제796조 (ㅅㅈㅂ - 새집) : 가족의 특유재산 - 삭제 〈2005.3.31.〉

제797조 (ㅅㅈㅅ - 사자수) : 삭제 〈1990.1.13.〉

제798조 (ㅅㅈㅇ - 소장) : 삭제 〈1990.1.13.〉

제799조 (ㅅㅈㅈ - 소 주주) : 삭제 〈1990.1.13.〉

제3장 혼인

[제1절 약혼]
제800조 (ㅇㅊㅊ - 옻 차) : 약혼의 자유

제801조 (ㅇㅊㄱ - 애처가) : 약혼연령

제802조 (ㅇㅊㄴ - 어촌) : 성년후견과 약혼

제803조 (ㅇㅊㄷ - 우체통) : 약혼의 강제이행금지

제804조 (ㅇㅊㄹ - 애처로워) : 약혼해제의 사유

제805조 (ㅇㅊㅁ - 아침) : 약혼해제의 방법

제806조 (ㅇㅊㅂ - 우체부) : 약혼해제와 손해배상청구권

[제2절 혼인의 성립]
제807조 (ㅇㅊㅅ - 아차산) : 혼인적령

제808조 (ㅇㅊㅇ - 요청) : 동의가 필요한 혼인

제809조 (ㅇㅊㅈ - 애처자) : 근친혼 등의 금지

제810조 (ㅇㄱㅊ - 악처) : 중혼의 금지

 글자공식에 의한 민법 조문 핵심 키워드 [제811조~제825조]

제811조 (ㅇㄱㄱ - 아기가) : 삭제 〈2005.3.31.〉

제812조 (ㅇㄱㄴ - 애간장) : 혼인의 성립

제813조 (ㅇㄱㄷ - 억대) : 혼인신고의 심사

제814조 (ㅇㄱㄹ - 외길) : 외국에서의 혼인신고

[제3절 혼인의 무효와 취소]
제815조 (ㅇㄱㅁ - 어감) : 혼인의 무효

제816조 (ㅇㄱㅂ - 억보) : 혼인취소의 사유

제817조 (ㅇㄱㅅ - 악수) : 연령위반혼인 등의 취소청구권자

제818조 (ㅇㄱㅇ - 요강) : 중혼의 취소청구권자

제819조 (ㅇㄱㅈ - 억지) : 동의 없는 혼인의 취소청구권의 소멸

제820조 (ㅇㄴㅊ - 안채) : 근친혼등의 취소청구권의 소멸

제821조 (ㅇㄴㄱ - 안구) : 삭제 〈2005.3.31.〉

제822조 (ㅇㄴㄴ - 애 난) : 악질 등 사유에 의한 혼인취소청구권의 소멸

제823조 (ㅇㄴㄷ - 안대) : 사기, 강박으로 인한 혼인취소청구권의 소멸

제824조 (ㅇㄴㄹ - 오늘) : 혼인취소의 효력

제824조의2 (ㅇㄴㄹ - 오늘) : 혼인의 취소와 자의 양육 등

제825조 (ㅇㄴㅁ - 안마) : 혼인취소와 손해배상청구권

 ## 글자공식에 의한 민법 조문 핵심 키워드 [제826조~제837조]

[제4절 혼인의 효력]
제1관 일반적 효력
제826조 (ㅇㄴㅂ - 안부) : 부부간의 의무

제826조의2 (ㅇㄴㅂ - 안부) : 성년의제

제827조 (ㅇㄴㅅ - 안사람) : 부부간의 가사대리권

제828조 (ㅇㄴㅇ - 언어) : 부부간의 계약의 취소 - 삭제 〈2012.2.10.〉

제2관 재산상 효력
제829조 (ㅇㄴㅈ - 앉아) : 부부재산의 약정과 그 변경

제830조 (ㅇㄷㅊ - 애도차) : 특유재산과 귀속불명재산

제831조 (ㅇㄷㄱ - 아득한) : 특유재산의 관리 등

제832조 (ㅇㄷㄴ - 애 띤) : 가사로 인한 채무의 연대책임

제833조 (ㅇㄷㄷ - 얻다) : 생활비용

[제5절 이혼]
제1관 협의상 이혼
제834조 (ㅇㄷㄹ - 아들) : 협의상 이혼

제835조 (ㅇㄷㅁ - 아담) : 성년후견과 협의상 이혼

제836조 (ㅇㄷㅂ - 어둡다) : 이혼의 성립과 신고방식

제836조의2 (ㅇㄷㅂ - 어둡다) : 이혼의 절차

제837조 (ㅇㄷㅅ - 애틋한) : 이혼과 자의 양육책임

 **글자공식에 의한 민법 조문 핵심 키워드 [제837조~제848조]**

제837조의2 (ㅇㄷㅅ - 애틋하여) : 면접교섭권

제838조 (ㅇㄷㅇ - 애당초) : 사기, 강박으로 인한 이혼의 취소청구권

제839조 (ㅇㄷㅈ - 아트지) : 준용규정

제839조의2 (ㅇㄷㅈ - 아트지) : 재산분할청구권

제839조의3 (ㅇㄷㅈ - 아트지) : 재산분할청구권 보전을 위한 사해행위취소권

제2관 재판상 이혼
제840조 (ㅇㄹㅊ - 알차게) : 재판상 이혼원인

제841조 (ㅇㄹㄱ - 올가미) : 부정으로 인한 이혼청구권의 소멸

제842조 (ㅇㄹㄴ - 어린) : 기타 원인으로 인한 이혼청구권의 소멸

제843조 (ㅇㄹㄷ - 우리다) : 준용규정
　　　　　　　　　(제806조, 제837조, 제837조의2, 제839조의2 준용)

제4장 부모와 자
[제1절 친생자]
제844조 (ㅇㄹㄹ - 알리바이) : 부의 친생자의 추정

제845조 (ㅇㄹㅁ - 어림잡아) : 법원에 의한 부의 결정

제846조 (ㅇㄹㅂ - 아랍) : 자의 친생부인

제847조 (ㅇㄹㅅ - 알 수 없어) : 친생부인의 소

제848조 (ㅇㄹㅇ - 아랑) : 성년후견과 친생부인의 소

글자공식에 의한 민법 조문 핵심 키워드 [제849조~제864조]

제849조 (ㅇㄹㅈ – 알지) : 자사망후의 친생부인

제850조 (ㅇㅁㅊ – 암초) : 유언에 의한 친생부인

제851조 (ㅇㅁㄱ – 애먹다) : 부의 자 출생 전 사망 등과 친생부인

제852조 (ㅇㅁㄴ – 이민) : 친생부인권의 소멸

제853조 (ㅇㅁㄷ – 암도) : 삭제 〈2005.3.31.〉

제854조 (ㅇㅁㄹ – 애물) : 사기, 강박으로 인한 승인의 취소

제855조 (ㅇㅁㅁ – 어멈) : 인지

제856조 (ㅇㅁㅂ – 임부) : 피성년후견인의 인지

제857조 (ㅇㅁㅅ – 암시) : 사망자의 인지

제858조 (ㅇㅁㅇ – 이몽) : 포태중인 자의 인지

제859조 (ㅇㅁㅈ – 엄지) : 인지의 효력발생

제860조 (ㅇㅂ(ㅍ)ㅊ – 앞차) : 인지의 소급효

제861조 (ㅇㅂㄱ – 우박) : 인지의 취소

제862조 (ㅇㅂㄴ – 위반) : 인지에 대한 이의의 소

제863조 (ㅇㅂㄷ – 애보다) : 인지청구의 소

제864조 (ㅇㅂㄹ – 우발) : 부모의 사망과 인지청구의 소

제864조의2 (ㅇㅂㄹ – 오발) : 인지와 자의 양육책임 등

 **글자공식에 의한 민법 조문 핵심 키워드** [제865조~제880조]

제865조 (ㅇㅂㅁ - 아범) : 다른 사유를 원인으로 하는 친생관계존부확인의 소

[제2절 양자]
제1관 입양의 요건과 효력
제866조 (ㅇㅂㅂ - 이밥) : 입양을 할 능력

제867조 (ㅇㅂㅅ - 압사) : 미성년자의 입양에 대한 가정법원의 허가

제868조 (ㅇㅂㅇ - 이방) : 삭제 〈1990.1.13.〉

제869조 (ㅇㅂㅈ - 업자) : 입양의 의사표시

제870조 (ㅇㅅㅊ - 옷차림) : 미성년자 입양에 대한 부모의 동의

제871조 (ㅇㅅㄱ - 이 속) : 성년자 입양에 대한 부모의 동의

제872조 (ㅇㅅㄴ - 예산) : 삭제 〈2012.2.10.〉

제873조 (ㅇㅅㄷ - 웃다) : 피성년후견인의 입양

제874조 (ㅇㅅㄹ - 이슬비) : 부부의 공동 입양 등

제875조 (ㅇㅅㅁ - 이 섬) : 삭제 〈1990.1.13.〉

제876조 (ㅇㅅㅂ - 이 삽) : 삭제 〈1990.1.13.〉

제877조 (ㅇㅅㅅ - 애써서) : 입양의 금지

제878조 (ㅇㅅㅇ - 위생) : 입양의 성립

제879조 (ㅇㅅㅈ - 이수자) : 삭제 〈1990.1.13.〉

제880조 (ㅇㅇㅊ - 왕 처) : 삭제 〈1990.1.13.〉

글자공식에 의한 민법 조문 핵심 키워드 [제881조~제896조]

제881조 (ㅇㅇㄱ - 양가) : 입양 신고의 심사

제882조 (ㅇㅇㄴ - 위안) : 외국에서의 입양 신고

제882조의2 (ㅇㅇㄴ - 위안) : 입양의 효력

제2관 입양의 무효와 취소
제883조 (ㅇㅇㄷ - 양다리) : 입양 무효의 원인

제884조 (ㅇㅇㄹ - 우울) : 입양 취소의 원인

제885조 (ㅇㅇㅁ - 위암) : 입양 취소 청구권자

제886조 (ㅇㅇㅂ - 양부) : 입양 취소 청구권자

제887조 (ㅇㅇㅅ - 양씨) : 입양 취소 청구권자

제888조 (ㅇㅇㅇ - 양어장) : 입양 취소 청구권자

제889조 (ㅇㅇㅈ - 양지) : 입양 취소 청구권의 소멸

제890조 (ㅇㅈㅊ - 아! 저차) : 삭제 〈1990.1.13.〉

제891조 (ㅇㅈㄱ - 우족) : 입양 취소 청구권의 소멸

제892조 (ㅇㅈㄴ - 어전) : 삭제 〈2012.2.10.〉

제893조 (ㅇㅈㄷ - 아주대) : 입양 취소 청구권의 소멸

제894조 (ㅇㅈㄹ - 이젤) : 입양 취소 청구권의 소멸

제895조 (ㅇㅈㅁ - 오줌) : 삭제 〈1990.1.13.〉

제896조 (ㅇㅈㅂ - 아집) : 입양 취소 청구권의 소멸

 **글자공식에 의한 민법 조문 핵심 키워드 [제897조~제908조]**

제897조 (ㅇㅈㅅ - 아저씨) : 준용규정

제3관 파양
제1항 협의상 파양
제898조 (ㅇㅈㅇ - 애증) : 협의상 파양

제899조 (ㅇㅈㅈ - 애 저지) : 15세 미만자의 협의상 파양 – 삭제 〈2012.2.10.〉

제900조 (ㅈㅊㅊ - 자치차원) : 미성년자의 협의상 파양 – 삭제 〈2012.2.10.〉

제901조 (ㅈㅊㄱ - 자치기) : 준용규정 – 삭제 〈2012.2.10.〉

제902조 (ㅈㅊㄴ - 지친) : 피성년후견인의 협의상 파양

제903조 (ㅈㅊㄷ - 지치다) : 파양 신고의 심사

제904조 (ㅈㅊㄹ - 제철) : 준용규정 (제823조, 제878조 준용)

제2항 재판상 파양
제905조 (ㅈㅊㅁ - 지침) : 재판상 파양의 원인

제906조 (ㅈㅊㅂ - 재첩) : 파양 청구권자

제907조 (ㅈㅊㅅ - 자칫) : 파양 청구권의 소멸

제908조 (ㅈㅊㅇ - 제청) : 준용규정 (제806조 준용)

제4관 친양자
제908조의2 (ㅈㅊㅇ - 제청) : 친양자 입양의 요건 등

제908조의3 (ㅈㅊㅇ - 제청) : 친양자 입양의 효력

제908조의4 (ㅈㅊㅇ - 제청) : 친양자 입양의 취소 등

글자공식에 의한 민법 조문 핵심 키워드 [제908조~제918조]

제908조의5 (ㅈㅊㅇ - 제청) : 친양자의 파양

제908조의6 (ㅈㅊㅇ - 제청) : 준용규정 (제908조의2제3항, 제908조의5제1항제2호 준용)

제908조의7 (ㅈㅊㅇ - 제청) : 친양자 입양의 취소·파양의 효력

제908조의8 (ㅈㅊㅇ - 제청) : 준용규정

[제3절 친권]
제1관 총칙
제909조 (ㅈㅊㅈ - 제 처자) : 친권자

제909조의2 (ㅈㅊㅈ - 제처자) : 친권자의 지정 등

제910조 (ㅈㄱㅊ - 족치다) : 자의 친권의 대행

제911조 (ㅈㄱㄱ - 지각) : 미성년자인 자의 법정대리인

제912조 (ㅈㄱㄴ - 주관) : 친권 행사와 친권자 지정의 기준

제2관 친권의 효력
제913조 (ㅈㄱㄷ - 죽도) : 보호, 교양의 권리의무

제914조 (ㅈㄱㄹ - 자갈) : 거소지정권

제915조 (ㅈㄱㅁ - 자금) : 징계권

제916조 (ㅈㄱㅂ - 지갑) : 자의 특유재산과 그 관리

제917조 (ㅈㄱㅅ - 적수) : 삭제 〈1990.1.13.〉

제918조 (ㅈㄱㅇ - 제공) : 제삼자가 무상으로 자에게 수여한 재산의 관리

 **글자공식에 의한 민법 조문 핵심 키워드 [제919조~제927조]**

제919조 (ㅈㄱㅈ - 죽자) : 위임에 관한 규정의 준용 (제691조, 제692조 준용)

제920조 (ㅈㄴㅊ - 잔치) : 자의 재산에 관한 친권자의 대리권

제920조의2 (ㅈㄴㅊ - 잔치) : 공동친권자의 일방이 공동명의로 한 행위의 효력

제921조 (ㅈㄴㄱ - 전기) : 친권자와 그 자(子)간 또는 수인의 자간의 이해상반행위

제922조 (ㅈㄴㄴ - 재난) : 친권자의 주의의무

제922조의2 (ㅈㄴㄴ - 재난) : 친권자의 동의를 갈음하고 재판

제923조 (ㅈㄴㄷ - 잔디) : 재산관리의 계산

제3관 친권의 상실 일시 정지 및 일부 제한
제924조 (ㅈㄴㄹ - 전해) : 친권의 상실 또는 일시 정지의 선고

제924조의2 (ㅈㄴㄹ - 전해) : 친권의 일부 제한의 선고

제925조 (ㅈㄴㅁ - 주남) : 대리권, 재산관리권 상실의 선고

제925조의2 (ㅈㄴㅁ - 주남) : 친권 상실 선고 등의 판단 기준

제925조의3 (ㅈㄴㅁ - 주남) : 부모의 권리와 의무

제926조 (ㅈㄴㅂ - 준비) : 실권 회복의 선고

제927조 (ㅈㄴㅅ - 잔소리) : 대리권, 관리권의 사퇴와 회복

제927조의2 (ㅈㄴㅅ - 잔소리) : 친권의 상실, 일시 정지 또는 일부 제한과 친권자의 지정 등

글자공식에 의한 민법 조문 핵심 키워드 [제928조~제940조]

제5장 후견

[제1절 미성년후견과 성년후견]
제1관 후견인

제928조 (ㅈㄴㅇ - 지능) : 미성년자에 대한 후견의 개시

제929조 (ㅈㄴㅈ - 전 재산) : 성년후견심판에 의한 후견의 개시

제930조 (ㅈㄷㅊ - 지도차원) : 후견인의 수와 자격

제931조 (ㅈㄷㄱ - 주독) : 유언에 의한 미성년후견인의 지정 등

제932조 (ㅈㄷㄴ - 재단) : 미성년후견인의 선임

제933조 (ㅈㄷㄷ - 쪼다 도) : 금치산 등의 후견인의 순위 - 삭제 〈2011.3.7.〉

제934조 (ㅈㄷㄹ - 쪼들리다) : 기혼자의 후견인의 순위 - 삭제 〈2011.3.7.〉

제935조 (ㅈㄷㅁ - 재담) : 후견인의 순위 - 삭제 〈2011.3.7.〉

제936조 (ㅈㄷㅂ - 제답) : 성년후견인의 선임

제937조 (ㅈㄷㅅ - 제뜻) : 후견인의 결격사유

제938조 (ㅈㄷㅇ - 주동) : 후견인의 대리권 등

제939조 (ㅈㄷㅈ - 지도자) : 후견인의 사임

제940조 (ㅈㄹㅊ - 절차) : 후견인의 변경

제2관 후견감독인
제940조의2 (ㅈㄹㅊ - 절차) : 미성년후견감독인의 지정

글자공식에 의한 민법 조문 핵심 키워드 [제940조~제949조]

제940조의3 (ㅈㄹㅊ - 절차) : 미성년후견감독인의 선임

제940조의4 (ㅈㄹㅊ - 절차) : 성년후견감독인의 선임

제940조의5 (ㅈㄹㅊ - 절차) : 후견감독인의 결격사유

제940조의6 (ㅈㄹㅊ - 절차) : 후견감독인의 직무

제940조의7 (ㅈㄹㅊ - 절차) : 위임 및 후견인 규정의 준용

제3관 후견인의 임무
제941조 (ㅈㄹㄱ - 절기) : 재산조사와 목록작성

제942조 (ㅈㄹㄴ - 자란) : 후견인의 채권·채무의 제시

제943조 (ㅈㄹㄷ - 절대적) : 목록작성전의 권한

제944조 (ㅈㄹㄹ - 자활) : 피후견인이 취득한 포괄적 재산의 조사 등

제945조 (ㅈㄹㅁ - 주름) : 미성년자의 신분에 관한 후견인의 권리·의무

제946조 (ㅈㄹㅂ - 자립) : 친권 중 일부에 한정된 후견

제947조 (ㅈㄹㅅ - 주려서) : 피성년후견인의 복리와 의사존중

제947조의2 (ㅈㄹㅅ - 주려서) : 피성년후견인의 신상결정 등

제948조 (ㅈㄹㅇ - 자랑) : 미성년자의 친권의 대행

제949조 (ㅈㄹㅈ - 졸지) : 재산관리권과 대리권

제949조의2 (ㅈㄹㅈ - 졸지) : 성년후견인이 여러 명인 경우 권한의 행사 등

글자공식에 의한 민법 조문 핵심 키워드 [제949조~제959조]

제949조의3 (ㅈㄹㅈ - 졸지) : 이해상반행위

제950조 (ㅈㅁㅊ - 점차) : 후견감독인의 동의를 필요로 하는 행위

제951조 (ㅈㅁㄱ - 주먹) : 피후견인의 재산 등의 양수에 대한 취소

제952조 (ㅈㅁㄴ - 주민) : 상대방의 추인 여부 최고

제953조 (ㅈㅁㄷ - 좀 도둑) : 후견감독인의 후견사무의 감독

제954조 (ㅈㅁㄹ - 주말) : 가정법원의 후견사무에 관한 처분

제955조 (ㅈㅁㅁ - 제몸) : 후견인에 대한 보수

제955조의2 (ㅈㅁㅁ - 제몸) : 지출금액의 예정과 사무비용

제956조 (ㅈㅁㅂ - 잠비아) : 위임과 친권의 규정의 준용 (제681조, 제918조 준용)

제4관 후견의 종료

제957조 (ㅈㅁㅅ - 잠수) : 후견사무의 종료와 관리의 계산

제958조 (ㅈㅁㅇ - 주몽) : 이자의 부가와 금전소비에 대한 책임

제959조 (ㅈㅁㅈ - 잠적) : 위임규정의 준용

[제2절 한정후견과 특정후견]

제959조의2 (ㅈㅁㅈ - 잠적) : 한정후견의 개시

제959조의3 (ㅈㅁㅈ - 잠적) : 한정후견인의 선임 등

제959조의4 (ㅈㅁㅈ - 잠적) : 한정후견인의 대리권 등

제959조의5 (ㅈㅁㅈ - 잠적) : 한정후견감독인

글자공식에 의한 민법 조문 핵심 키워드 [제959조]

제959조의6 (ㅈㅁㅈ - 잠적) : 한정후견사무

제959조의7 (ㅈㅁㅈ - 잠적) : 한정후견인의 임무의 종료 등

제959조의8 (ㅈㅁㅈ - 잠적) : 특정후견에 따른 보호조치

제959조의9 (ㅈㅁㅈ - 잠적) : 특정후견인의 선임 등

제959조의10 (ㅈㅁㅈ - 잠적) : 특정후견감독인

제959조의11 (ㅈㅁㅈ - 잠적) : 특정후견의 대리권

제959조의12 (ㅈㅁㅈ - 잠적) : 특정후견사무

제959조의13 (ㅈㅁㅈ - 잠적) : 특정후견인의 임무의 종료 등

[제3절 후견계약]
제959조의14 (ㅈㅁㅈ - 잠적) : 후견계약의 의의와 체결방법 등

제959조의15 (ㅈㅁㅈ - 잠적) : 임의후견감독인의 선임

제959조의16 (ㅈㅁㅈ - 잠적) : 임의후견인감독인의 직무 등

제959조의17 (ㅈㅁㅈ - 잠적) : 임의후견개시의 제한 등

제959조의18 (ㅈㅁㅈ - 잠적) : 후견계약의 종료

제959조의19 (ㅈㅁㅈ - 잠적) : 임의후견인의 대리권 소멸과 제3자와의 관계

제959조의20 (ㅈㅁㅈ - 잠적) : 후견계약과 성년후견·한정후견·특정후견의 관계

글자공식에 의한 민법 조문 핵심 키워드 [제960조~제973조]

제6장 – 삭제 〈2011.3.7.〉

제960조 (ㅈㅂㅊ – 잡초) : 친족회의 조직 – 삭제 〈2011.3.7.〉

제961조 (ㅈㅂㄱ – 잡귀) : 친족회원의 수 – 삭제 〈2011.3.7.〉

제962조 (ㅈㅂㄴ – 자반) : 친권자의 친족회원 지정 – 삭제 〈2011.3.7.〉

제963조 (ㅈㅂㄷ – 접대) : 친족회원의 선임 – 삭제 〈2011.3.7.〉

제964조 (ㅈㅂㄹ – 주발) : 친족회원의 결격사유 – 삭제 〈2011.3.7.〉

제965조 (ㅈㅂㅁ – 주범) : 무능력자를 위한 상설친족회 – 삭제 〈2011.3.7.〉

제966조 (ㅈㅂㅂ – 제법) : 친족회의 소집 – 삭제 〈2011.3.7.〉

제967조 (ㅈㅂㅅ – 접시) : 친족회의 결의방법 – 삭제 〈2011.3.7.〉

제968조 (ㅈㅂㅇ – 주방) : 친족회의에서의 의견개진 – 삭제 〈2011.3.7.〉

제969조 (ㅈㅂㅈ – 잡지) : 친족회의 결의에 갈음한 재판 – 삭제 〈2011.3.7.〉

제970조 (ㅈㅅㅊ – 제스처) : 친족회원의 사퇴 – 삭제 〈2011.3.7.〉

제971조 (ㅈㅅㄱ – 자숙) : 친족회원의 해임 – 삭제 〈2011.3.7.〉

제972조 (ㅈㅅㄴ – 재산) : 친족회의 결의와 이의의 소 – 삭제 〈2011.3.7.〉

제973조 (ㅈㅅㄷ – 잣대) : 친족회원의 선관의무 – 삭제 〈2011.3.7.〉

※ 친족회의 잡초에 잣대를 대고 사라지다. 〈제960조~제973조 삭제〉

 **글자공식에 의한 민법 조문 핵심 키워드** [제974조~제987조]

제7장 부양

제974조 (ㅈㅅㄹ - 자살) : 부양의무

제975조 (ㅈㅅㅁ - 조심) : 부양의무와 생활능력

제976조 (ㅈㅅㅂ - 자습) : 부양의 순위

제977조 (ㅈㅅㅅ - 잣 씨) : 부양의 정도, 방법

제978조 (ㅈㅅㅇ - 자상하게) : 부양관계의 변경 또는 취소

제979조 (ㅈㅅㅈ - 재소자) : 부양청구권처분의 금지

제8장   - 삭제
[제1절] - 삭제
제980조 (ㅈㅇㅊ - 장차) : 호주승계개시의 원인 - 삭제 〈2005.3.31.〉

제981조 (ㅈㅇㄱ - 장기) : 호주승계개시의 장소 - 삭제 〈2005.3.31.〉

제982조 (ㅈㅇㄴ - 제안) : 호주승계회복의 소 - 삭제 〈2005.3.31.〉

제983조 (ㅈㅇㄷ - 정 도) : 삭제 〈1990.1.13.〉

[제2절] - 삭제
제984조 (ㅈㅇㄹ - 장래) : 호주승계의 순위 - 삭제 〈2005.3.31.〉

제985조 (ㅈㅇㅁ - 장모) : 삭제 〈2005.3.31.〉

제986조 (ㅈㅇㅂ - 장비) : 삭제 〈2005.3.31.〉

제987조 (ㅈㅇㅅ - 장수) : 호주승계권 없는 생모 - 삭제 〈2005.3.31.〉

글자공식에 의한 민법 조문 핵심 키워드 [제988조~제996조]

제988조 (ㅈㅇㅁ - 종이) : 삭제 〈1990.1.13.〉

제989조 (ㅈㅇㅈ - 장자) : 혼인외출생자의 승계순위 - 삭제 〈2005.3.31.〉

제990조 (ㅈㅈㅊ - 주주 차) : 삭제 〈1990.1.13.〉

제991조 (ㅈㅈㄱ - 제적) : 호주승계권의 포기 - 삭제 〈2005.3.31.〉

제992조 (ㅈㅈㄴ - 죄진) : 승계인의 결격사유 - 삭제 〈2005.3.31.〉

제993조 (ㅈㅈㄷ - 제주도) : 여호주와 그 승계인 - 삭제 〈2005.3.31.〉

제994조 (ㅈㅈㄹ - 조절) : 승계권갱송과 재산관리에 관한 법원의 처분
　　　　　　　　　　　　 - 삭제 〈2005.3.31.〉

[제3절] - 삭제 〈2005.3.31.〉
제995조 (ㅈㅈㅁ - 지점) : 승계와 권리의무의 승계 - 삭제 〈2005.3.31.〉

제996조 (ㅈㅈㅂ - 쥐 집) : 삭제 〈1990.1.13.〉

제5편 상속

제1장 상속

[제1절 총칙]

제997조 (ㅈㅈㅅ - 제주시) : 상속개시의 원인

제998조 (ㅈㅈㅇ - 자장면) : 상속개시의 장소

제998조의2 (ㅈㅈㅇ - 자장면) : 상속비용

제999조 (ㅈㅈㅈ - 지자제) : 상속회복청구권

[제2절 상속인]

제1000조 (천 ㅊㅊ - 천치처럼) : 상속의 순위

제1001조 (천 ㄱ - 천기) : 대습상속

제1002조 (천 ㄴ - 처녀) : 삭제 〈1990.1.13.〉

제1003조 (천 ㄷ - 천대) : 배우자의 상속순위

제1004조 (천 유음 - 천사) : 상속인의 결격사유

[제3절 상속의 효력]

제1관 일반적 효력

제1005조 (천 ㅁ - 천마) : 상속과 포괄적 권리의무의 승계

제1006조 (천 유음 - 천 공유) : 공동상속과 재산의 공유

제1007조 (천 유음 - 천치) : 공동상속인의 권리의무승계

글자공식에 의한 민법 조문 핵심 키워드 [제1008조~제1020조]

제1008조 (천 ㅇ - 천애 고아) : 특별수익자의 상속분

제1008조의2 (천 ㅇ - 천애 고아) : 기여분

제1008조의3 (천 ㅇ - 천애 고아) : 분묘 등의 승계

제2관 상속분
제1009조 (천 ㅈ - 천주) : 법정상속분

제1010조 (천 ㄱㅊ - 천 가치) : 대습상속분

제1011조 (천 ㄱㄱ - 천국) : 공동상속분의 양수

제3관 상속재산의 분할
제1012조 (천 ㄱㄴ - 천간) : 유언에 의한 분할방법의 지정, 분할금지

제1013조 (천 ㄱㄷ - 천기도) : 협의에 의한 분할

제1014조 (천 ㄱㄹ - 천 길) : 분할후의 피인지자 등의 청구권

제1015조 (천 ㄱㅁ - 천금) : 분할의 소급효

제1016조 (천 ㄱㅂ - 천 갑) : 공동상속인의 담보책임

제1017조 (천 ㄱㅅ - 천 곳) : 상속채무자의 자력에 대한 담보책임

제1018조 (천 ㄱㅇ - 천궁) : 무자력공동상속인의 담보책임의 분담

[제4절 상속의 승인 및 포기]
제1관 총칙
제1019조 (천 ㄱㅈ - 천 가지) : 승인, 포기의 기간

제1020조 (천 ㄴㅊ - 천 낯) : 제한능력자의 승인·포기의 기간

글자공식에 의한 민법 조문 핵심 키워드 [제1021조~제1036조]

제1021조 (천 ㄴㄱ - 천 낙) : 승인, 포기기간의 계산에 관한 특칙

제1022조 (천 ㄴㄴ - 천 년) : 상속재산의 관리

제1023조 (천 ㄴㄷ - 처녀도) : 상속재산보존에 필요한 처분

제1024조 (천 ㄴㄹ - 첫 날) : 승인, 포기의 취소금지

제2관 단순승인
제1025조 (천 ㄴㅁ - 처남) : 단순승인의 효과

제1026조 (천 ㄴㅂ - 체납) : 법정단순승인

제1027조 (천 ㄴㅅ - 차내서) : 법정단순승인의 예외

제3관 한정승인
제1028조 (천 ㄴㅇ - 채 농) : 한정승인의 효과

제1029조 (천 ㄴㅈ - 처 내조) : 공동상속인의 한정승인

제1030조 (천 ㄷㅊ - 천 대치) : 한정승인의 방식

제1031조 (천 ㄷㄱ - 천덕) : 한정승인과 재산상 권리의무의 불소멸

제1032조 (천 ㄷㄴ - 천단) : 채권자에 대한 공고, 최고

제1033조 (천 ㄷㄷ - 천 떠다) : 최고기간 중의 변제거절

제1034조 (천 ㄷㄹ - 천 따라) : 배당변제

제1035조 (천 ㄷㅁ - 천 팀) : 변제기전의 채무 등의 변제

제1036조 (천 ㄷㅂ - 천답) : 수증자에의 변제

글자공식에 의한 민법 조문 핵심 키워드 [제1037조~제1052조]

제1037조 (천 ㄷㅅ - 천대시) : 상속재산의 경매

제1038조 (천 ㄷㅇ - 천당) : 부당변제 등으로 인한 책임

제1039조 (천 ㄷㅈ - 천 도재) : 신고하지 않은 채권자 등

제1040조 (천 유음 - 천 사공) : 공동상속재산과 그 관리인의 선임

제4관 포기
제1041조 (천 ㅎㄱ - 천 학) : 포기의 방식

제1042조 (천 ㅎㄴ - 천환) : 포기의 소급효

제1043조 (천 ㅎㄷ - 천 하트) : 포기한 상속재산의 귀속

제1044조 (천 ㅎㄹ - 찬 허리) : 포기한 상속재산의 관리계속의무

[제5절 재산의 분리]
제1045조 (천 ㅎㅁ - 천 함) : 상속재산의 분리청구권

제1046조 (천 ㅎㅂ - 찬합) : 분리명령과 채권자 등에 대한 공고, 최고

제1047조 (천 ㅎㅅ - 천 호수) : 분리후의 상속재산의 관리

제1048조 (천 ㅎㅇ - 천행) : 분리후의 상속인의 관리의무

제1049조 (천 ㅎㅈ - 천 호주) : 재산분리의 대항요건

제1050조 (천 ㅁㅊ - 천 마차) : 재산분리와 권리의무의 불소멸

제1051조 (천 ㅁㄱ - 천막) : 변제의 거절과 배당변제

제1052조 (천 ㅁㄴ - 천민) : 고유재산으로부터의 변제

 **글자공식에 의한 민법 조문 핵심 키워드** [제1053조~제1065조]

[제6절 상속인의 부존재]
제1053조 (천 ㅁㄷ - 천 묻) : 상속인없는 재산의 관리인

제1054조 (천 ㅁㄹ - 찬물) : 재산목록제시와 상황보고

제1055조 (천 ㅁㅁ - 촌 머무는) : 상속인의 존재가 분명하여진 경우

제1056조 (천 ㅁㅂ - 촌 매부) : 상속인없는 재산의 청산

제1057조 (천 ㅁㅅ - 천 못) : 상속인수색의 공고

제1057조의2 (천 ㅁㅅ - 천 못) : 특별연고자에 대한 분여

제1058조 (천 ㅁㅇ - 천 명) : 상속재산의 국가귀속

제1059조 (천 ㅁㅈ - 천 모자) : 국가귀속재산에 대한 변제청구의 금지

제2장 유언
[제1절 총칙]
제1060조 (천 유음 - 천 유체) : 유언의 요식성

제1061조 (천 ㅂㄱ - 천박) : 유언적령

제1062조 (천 ㅂㄴ - 천 번) : 제한능력자의 유언

제1063조 (천 ㅂㄷ - 천 보다) : 피성년후견인의 유언능력

제1064조 (천 ㅂㄹ - 천벌) : 유언과 태아, 상속결격자

[제2절 유언의 방식]
제1065조 (천 ㅂㅁ - 천 밤) : 유언의 보통방식

 **글자공식에 의한 민법 조문 핵심 키워드 [제1066조~제1081조]**

제1066조 (천 ㅂㅂ - 찬밥) : 자필증서에 의한 유언

제1067조 (천 ㅂㅅ - 천 벗) : 녹음에 의한 유언

제1068조 (천 ㅂㅇ - 천방) : 공정증서에 의한 유언

제1069조 (천 ㅂㅈ - 청바지) : 비밀증서에 의한 유언

제1070조 (천 ㅅㅊ - 참 수치) : 구수증서에 의한 유언

제1071조 (천 ㅅㄱ - 천석) : 비밀증서에 의한 유언의 전환

제1072조 (천 ㅅㄴ - 천손) : 증인의 결격사유

[제3절 유언의 효력]
제1073조 (천 ㅅㄷ - 천 세대) : 유언의 효력발생시기

제1074조 (천 ㅅㄹ - 천 살) : 유증의 승인, 포기

제1075조 (천 ㅅㅁ - 천심) : 유증의 승인, 포기의 취소금지

제1076조 (천 ㅅㅂ - 천 삽) : 수증자의 상속인의 승인, 포기

제1077조 (천 ㅅㅅ - 천 숏) : 유증의무자의 최고권

제1078조 (천 ㅅㅇ - 천상) : 포괄적 수증자의 권리의무

제1079조 (천 ㅅㅈ - 찬 소주) : 수증자의 과실취득권

제1080조 (천 ㅇㅊ - 천 아치) : 과실수취비용의 상환청구권

제1081조 (천 ㅇㄱ - 천억) : 유증의무자의 비용상환청구권

 **글자공식에 의한 민법 조문 핵심 키워드** [제1082조~제1097조]

제1082조 (천 ㅇㄴ - 천안) : 불특정물유증의무자의 담보책임

제1083조 (천 ㅇㄷ - 천 어두) : 유증의 물상대위성

제1084조 (천 ㅇㄹ - 총알) : 채권의 유증의 물상대위성

제1085조 (천 ㅇㅁ - 천 염) : 제삼자의 권리의 목적인 물건 또는 권리의 유증

제1086조 (천 ㅇㅂ - 천업) : 유언자가 다른 의사표시를 한 경우

제1087조 (천 ㅇㅅ - 천 옷) : 상속재산에 속하지 아니한 권리의 유증

제1088조 (천 ㅇㅇ - 천 양) : 부담있는 유증과 수증자의 책임

제1089조 (천 ㅇㅈ - 천 어제) : 유증효력발생전의 수증자의 사망

제1090조 (천 ㅈㅊ - 천 쥐치) : 유증의 무효, 실효의 경우와 목적재산의 귀속

[제4절 유언의 집행]

제1091조 (천 ㅈㄱ - 친족) : 유언증서, 녹음의 검인

제1092조 (천 ㅈㄴ - 천진) : 유언증서의 개봉

제1093조 (천 ㅈㄷ - 천 자도) : 유언집행자의 지정

제1094조 (천 ㅈㄹ - 친절) : 위탁에 의한 유언집행자의 지정

제1095조 (천 ㅈㅁ - 천 점) : 지정유언집행자가 없는 경우

제1096조 (천 ㅈㅂ - 천집) : 법원에 의한 유언집행자의 선임

제1097조 (천 ㅈㅅ - 처 조사) : 유언집행자의 승낙, 사퇴

글자공식에 의한 민법 조문 핵심 키워드 [제1098조~제1112조]

제1098조 (천 ㅈㅇ – 천장) : 유언집행자의 결격사유

제1099조 (천 ㅈㅈ – 천 지주) : 유언집행자의 임무착수

제1100조 (ㄱㄱㅊㅊ – 가구 처치) : 재산목록작성

제1101조 (ㄱㄱㅊㄱ – 곡차가) : 유언집행자의 권리의무

제1102조 (ㄱㄱㅊㄴ – 꽉 찬) : 공동유언집행

제1103조 (ㄱㄱㅊㄷ – 객차도) : 유언집행자의 지위

제1104조 (ㄱㄱㅊㄹ – 국철) : 유언집행자의 보수

제1105조 (ㄱㄱㅊㅁ – 꾹 참고) : 유언집행자의 사퇴

제1106조 (ㄱㄱㅊㅂ – 객 차비) : 유언집행자의 해임

제1107조 (ㄱㄱㅊㅅ – 곡차 씨) : 유언집행의 비용

[제5절 유언의 철회]
제1108조 (ㄱㄱㅊㅇ – 곡창) : 유언의 철회

제1109조 (ㄱㄱㅊㅈ – 꼭 차지) : 유언의 저촉

제1110조 (ㄱㄱㄱㅊ – 객기 차) : 파훼로 인한 유언의 철회

제1111조 (ㄱㄱㄱㄱ – 각각) : 부담있는 유언의 취소

제3장 유류분

제1112조 (ㄱㄱㄱㄴ – 객관) : 유류분의 권리자와 유류분

글자공식에 의한 민법 조문 핵심 키워드 [제1113조~제1118조]

제1113조 (ㄱㄱㄱㄷ – 국기 대) : 유류분의 산정

제1114조 (ㄱㄱㄱㄹ – 국거리) : 산입될 증여

제1115조 (ㄱㄱㄱㅁ – 국감) : 유류분의 보전

제1116조 (ㄱㄱㄱㅂ – 각급) : 반환의 순서

제1117조 (ㄱㄱㄱㅅ – 국 기수) : 소멸시효

제1118조 (ㄱㄱㄱㅇ – 각광) : 준용규정 (제1001조, 제1008조, 제1010조 준용)

누구나 쉽게 기억하는 **민법 연상 암기법**

글자공식에 의한
민법 조문 연상 암기법

제1편 총칙

제2편 물권

제3편 채권

제4편 친족

제5편 상속

민법

제1편 총칙

제1장　통칙
제2장　인(人)
제3장　법인
제4장　물건
제5장　법률행위
제6장　기간
제7장　소멸시효

제1편 총칙

제1장 통칙

제1조 (ㄱ - 일가친척의 가정) : 법원(法源)
[연상기억] 일가친척의 가정법원은 민사에 법률규정이 없고, 관습법도 없으면 조리에 의한다.

민사에 관하여 법률에 규정이 없으면 관습법에 의하고, 관습법이 없으면 조리에 의한다.

제2조 (ㄴ - 이 나이) : 신의성실
[연상기억] 이 나이 들수록 신의성실을 지키다.

① 권리의 행사와 의무의 이행은 신의에 좇아 성실히 하여야 한다.
② 권리는 남용하지 못한다.

제2장 인(人)

[제1절 능력]

제3조 (ㄷ - 삼다도) : 권리능력의 존속기간
[연상기억] 제주 자치도의 권리와 의무는 삼다도에서 주체되다.

사람은 생존한 동안 권리와 의무의 주체가 된다.

제4조 (ㅎ - 사하라) : 성년
[연상기억] 사하라 사막에서 19세로 성년기를 보내다.

사람은 19세로 성년에 이르게 된다.
[전문개정 2011.3.7.]

제5조 (ㅁ - 오마니(어머니)) : 미성년자의 능력
[연상기억] 미성년자의 법률행위는 법정대리인 오마니(어머니)의 동의를 얻어야 한다.

① 미성년자가 법률행위를 함에는 법정대리인의 동의를 얻어야 한다. 그러나 권리만을 얻거나 의무만을 면하는 행위는 그러하지 아니하다.
② 전항의 규정에 위반한 행위는 취소할 수 있다.

제6조 (ㅂ - 비육) : 처분을 허락한 재산

글자공식에 의한 민법 조문 연상 암기법

● 비육한 황소의 처분을 미성년자에게 허락하다.
　　법정대리인이 범위를 정하여 처분을 허락한 재산은 미성년자가 임의로 처분할 수 있다.

제7조 (ㅅ - 치사) : 동의와 허락의 취소
● 법률행위를 하기 전에는 치사하게 허락 취소할 수 있다.
　(동의와 허락의 취소는 치사하다.)
　　법정대리인은 미성년자가 아직 법률행위를 하기 전에는 전2조의 동의와 허락을 취소할 수 있다.

제8조 (ㅇ - 팔아) : 영업의 허락
● 좀 더 팔아먹을 수 있도록 아이에게 영업을 허락하여 물건을 판다.
　① 미성년자가 법정대리인으로부터 허락을 얻은 특정한 영업에 관하여는 성년자와 동일한 행위능력이 있다.
　② 법정대리인은 전항의 허락을 취소 또는 제한할 수 있다. 그러나 선의의 제삼자에게 대항하지 못한다.

제9조 (ㅈ - 구좌 자고) : 성년후견개시의 심판
● 후견인의 은행구좌가 자고 있다.
　① 가정법원은 질병, 장애, 노령, 그 밖의 사유로 인한 정신적 제약으로 사무를 처리할 능력이 지속적으로 결여된 사람에 대하여 본인, 배우자, 4촌 이내의 친족, 미성년후견인, 미성년후견감독인, 한정후견인, 한정후견감독인, 특정후견인, 특정후견감독인, 검사 또는 지방자치단체의 장의 청구에 의하여 성년후견개시의 심판을 한다.
　② 가정법원은 성년후견개시의 심판을 할 때 본인의 의사를 고려하여야 한다.
　[전문개정 2011.3.7.]

제10조 (ㄱㅊ - 기차) : 피성년후견인의 행위와 취소
● 피성년후견인이 범위를 정하여 기차를 타다.
　① 피성년후견인의 법률행위는 취소할 수 있다.
　② 제1항에도 불구하고 가정법원은 취소할 수 없는 피성년후견인의 법률행위의 범위를 정할 수 있다.
　③ 가정법원은 본인, 배우자, 4촌 이내의 친족, 성년후견인, 성년후견감독인, 검사 또는 지방자치단체의 장의 청구에 의하여 제2항의 범위를 변경할 수 있다.
　④ 제1항에도 불구하고 일용품의 구입 등 일상생활에 필요하고 그 대가가 과도하지 아니한 법률행위는 성년후견인이 취소할 수 없다.
　[전문개정 2011.3.7.]

제11조 (ㄱㄱ - 객관) : 성년후견종료의 심판
● 성년후견종료의 심판은 법원에서 객관적 판단을 하여야 한다.
　성년후견개시의 원인이 소멸된 경우에는 가정법원은 본인, 배우자, 4촌 이내의 친족, 성년후견인, 성년후견감독인, 검사 또는 지방자치단체의 장의 청구에 의하여 성년후견종료의 심판을 한다.
　[전문개정 2011.3.7.]

 **글자공식에 의한 민법 조문 연상 암기법**

제12조 (ㄱㄴ - 간) : 한정후견개시의 심판
● 질병, 장애, 노령인이 간이 부어 심판한다.
  ① 가정법원은 질병, 장애, 노령, 그 밖의 사유로 인한 정신적 제약으로 사무를 처리할 능력이 부족한 사람에 대하여 본인, 배우자, 4촌 이내의 친족, 미성년후견인, 미성년후견감독인, 성년후견인, 성년후견감독인, 특정후견인, 특정후견감독인, 검사 또는 지방자치단체의 장의 청구에 의하여 한정후견개시의 심판을 한다.
  ② 한정후견개시의 경우에 제9조제2항을 준용한다.
  [전문개정 2011.3.7.]

제13조 (ㄱㄷ - 기도) : 피한정후견인의 행위와 동의
● 피한정후견인의 행위는 동의를 얻어 교회에서 기도할 수 있다.
  ① 가정법원은 피한정후견인이 한정후견인의 동의를 받아야 하는 행위의 범위를 정할 수 있다.
  ② 가정법원은 본인, 배우자, 4촌 이내의 친족, 한정후견인, 한정후견감독인, 검사 또는 지방자치단체의 장의 청구에 의하여 제1항에 따른 한정후견인의 동의를 받아야만 할 수 있는 행위의 범위를 변경할 수 있다.
  ③ 한정후견인의 동의를 필요로 하는 행위에 대하여 한정후견인이 피한정후견인의 이익이 침해될 염려가 있음에도 그 동의를 하지 아니하는 때에는 가정법원은 피한정후견인의 청구에 의하여 한정후견인의 동의를 갈음하는 허가를 할 수 있다.
  ④ 한정후견인의 동의가 필요한 법률행위를 피한정후견인이 한정후견인의 동의 없이 하였을 때에는 그 법률행위를 취소할 수 있다. 다만, 일용품의 구입 등 일상생활에 필요하고 그 대가가 과도하지 아니한 법률행위에 대하여는 그러하지 아니하다.
  [전문개정 2011.3.7.]

제14조 (ㄱㄹ - 가려내어) : 한정후견종료의 심판
● 한정후견인종료는 4촌 이내의 친족이 가려내어 심판하다.
  한정후견개시의 원인이 소멸된 경우에는 가정법원은 본인, 배우자, 4촌 이내의 친족, 한정후견인, 한정후견감독인, 검사 또는 지방자치단체의 장의 청구에 의하여 한정후견종료의 심판을 한다.
  [전문개정 2011.3.7.]

제14조의2 (ㄱㄹ - 가려내어) : 특정후견의 심판
● 특정후견의 심판은 가려내어 심판하다.
  ① 가정법원은 질병, 장애, 노령, 그 밖의 사유로 인한 정신적 제약으로 일시적 후원 또는 특정한 사무에 관한 후원이 필요한 사람에 대하여 본인, 배우자, 4촌 이내의 친족, 미성년후견인, 미성년후견감독인, 검사 또는 지방자치단체의 장의 청구에 의하여 특정후견의 심판을 한다.
  ② 특정후견은 본인의 의사에 반하여 할 수 없다.
  ③ 특정후견의 심판을 하는 경우에는 특정후견의 기간 또는 사무의 범위를 정하여야 한다.
  [본조신설 2011.3.7.]

 **글자공식에 의한 민법 조문 연상 암기법**

제14조의3 (ㄱㄹ - 가려내어) : 심판 사이의 관계
> 심판 사이의 관계를 가려내어 심판하다.
> ① 가정법원이 피한정후견인 또는 피특정후견인에 대하여 성년후견개시의 심판을 할 때에는 종전의 한정후견 또는 특정후견의 종료 심판을 한다.
> ② 가정법원이 피성년후견인 또는 피특정후견인에 대하여 한정후견개시의 심판을 할 때에는 종전의 성년후견 또는 특정후견의 종료 심판을 한다.
> [본조신설 2011.3.7.]

제15조 (ㄱㅁ - 금하다) : 제한능력자의 상대방의 확답을 촉구할 권리
> 제한능력자의 방해로 능력자의 확답을 금하면 추인한 것으로 인정되다.
> ① 제한능력자의 상대방은 제한능력자가 능력자가 된 후에 그에게 1개월 이상의 기간을 정하여 그 취소할 수 있는 행위를 추인할 것인지 여부의 확답을 촉구할 수 있다. 능력자로 된 사람이 그 기간 내에 확답을 발송하지 아니하면 그 행위를 추인한 것으로 본다.
> ② 제한능력자가 아직 능력자가 되지 못한 경우에는 그의 법정대리인에게 제1항의 촉구를 할 수 있고, 법정대리인이 그 정하여진 기간 내에 확답을 발송하지 아니한 경우에는 그 행위를 추인한 것으로 본다.
> ③ 특별한 절차가 필요한 행위는 그 정하여진 기간 내에 그 절차를 밟은 확답을 발송하지 아니하면 취소한 것으로 본다.
> [전문개정 2011.3.7.]

제16조 (ㄱㅂ - 겁 없이) : 제한능력자의 상대방의 철회권과 거절권
> 무제한능력자가 겁 없이 한 계약의 상대방은 추인 전 거절 철회할 수 있다.
> ① 제한능력자가 맺은 계약은 추인이 있을 때까지 상대방이 그 의사표시를 철회할 수 있다. 다만, 상대방이 계약 당시에 제한능력자임을 알았을 경우에는 그러하지 아니하다.
> ② 제한능력자의 단독행위는 추인이 있을 때까지 상대방이 거절할 수 있다.
> ③ 제1항의 철회나 제2항의 거절의 의사표시는 제한능력자에게도 할 수 있다.
> [전문개정 2011.3.7.]

제17조 (ㄱㅅ - 갓) : 제한능력자의 속임수
> 제한능력자가 능력자로 보이기 위한 사술로 갓을 쓰고 속임수를 쓰다.
> ① 제한능력자가 속임수로써 자기를 능력자로 믿게 한 경우에는 그 행위를 취소할 수 없다.
> ② 미성년자나 피한정후견인이 속임수로써 법정대리인의 동의가 있는 것으로 믿게 한 경우에도 제1항과 같다.
> [전문개정 2011.3.7.]

[제2절 주소]

제18조 (ㄱㅇ - 강) : 주소
> 강에서는 사는 곳이 고기들의 주소가 된다.
> ① 생활의 근거되는 곳을 주소로 한다.
> ② 주소는 동시에 두 곳 이상 있을 수 있다.

글자공식에 의한 민법 조문 연상 암기법

제19조 (ㄱㅈ – 거주) : 거소
- 임시 거주하는 주소도 거소이다.
  주소를 알 수 없으면 거소를 주소로 본다.

제20조 (ㄴㅊ – 나체) : 거소
- 국내 주소 없는 자가 임시거소에서 나체로 서 있다.
  국내에 주소 없는 자에 대하여는 국내에 있는 거소를 주소로 본다.

제21조 (ㄴㄱ – 낙도) : 가주소
- 낙도가 나의 가주소이자 주소이다.
  어느 행위에 있어서 가주소를 정한 때에는 그 행위에 관하여는 이를 주소로 본다.

[제3절 부재와 실종]

제22조 (ㄴㄴ – 논개) : 부재자의 재산의 관리
- 부재자로 죽은 논개의 재산을 관리하다.
  ① 종래의 주소나 거소를 떠난 자가 재산관리인을 정하지 아니한 때에는 법원은 이해관계인이나 검사의 청구에 의하여 재산관리에 관하여 필요한 처분을 명하여야 한다. 본인의 부재 중 재산관리인의 권한이 소멸한 때에도 같다.
  ② 본인이 그 후에 재산관리인을 정한 때에는 법원은 본인, 재산관리인, 이해관계인 또는 검사의 청구에 의하여 전항의 명령을 취소하여야 한다.

제23조 (ㄴㄷ – 나도록) : 관리인의 개임
- 마당에 풀이 나도록 관리인을 개임하다.
  부재자가 재산관리인을 정한 경우에 부재자의 생사가 분명하지 아니한 때에는 법원은 재산관리인, 이해관계인 또는 검사의 청구에 의하여 재산관리인을 개임할 수 있다.

제24조 (ㄴㄹ – 나라) : 관리인의 직무
- 나라에서 관리인의 직무를 정해주다.
  ① 법원이 선임한 재산관리인은 관리할 재산목록을 작성하여야 한다.
  ② 법원은 그 선임한 재산관리인에 대하여 부재자의 재산을 보존하기 위하여 필요한 처분을 명할 수 있다.
  ③ 부재자의 생사가 분명하지 아니한 경우에 이해관계인이나 검사의 청구가 있는 때에는 법원은 부재자가 정한 재산관리인에게 전2항의 처분을 명할 수 있다.
  ④ 전3항의 경우에 그 비용은 부재자의 재산으로써 지급한다.

제25조 (ㄴㅁ – 넘다) : 관리인의 권한

 글자공식에 의한 민법 조문 연상 암기법

> 관리인의 권한을 넘다.
>
> 법원이 선임한 재산관리인이 제118조에 규정한 권한을 넘는 행위를 함에는 법원의 허가를 얻어야 한다. 부재자의 생사가 분명하지 아니한 경우에 부재자가 정한 재산관리인이 권한을 넘는 행위를 할 때에도 같다.

제26조 (ㄴㅂ - 납부) : 관리인의 담보제공, 보수

> 관리인이 담보제공, 보수비를 납부하다.
>
> ① 법원은 그 선임한 재산관리인으로 하여금 재산의 관리 및 반환에 관하여 상당한 담보를 제공하게 할 수 있다.
> ② 법원은 그 선임한 재산관리인에 대하여 부재자의 재산으로 상당한 보수를 지급할 수 있다.
> ③ 전2항의 규정은 부재자의 생사가 분명하지 아니한 경우에 부재자가 정한 재산관리인에 준용한다.

제27조 (ㄴㅅ - 나서다) : 실종의 선고

> 실종자를 찾으려 나서다 못찾으면 선고한다.
>
> ① 부재자의 생사가 5년간 분명하지 아니한 때에는 법원은 이해관계인이나 검사의 청구에 의하여 실종선고를 하여야 한다.
> ② 전지에 임한 자, 침몰한 선박 중에 있던 자, 추락한 항공기 중에 있던 자, 기타 사망의 원인이 될 위난을 당한 자의 생사가 전쟁종지후 또는 선박의 침몰, 항공기의 추락 기타 위난이 종료한 후 1년간 분명하지 아니한 때에도 제1항과 같다. 〈개정 1984.4.10.〉

제28조 (ㄴㅇ - 낭군) : 실종선고의 효과

> 실종신고의 효력으로 낭군을 찾다.
>
> 실종선고를 받은 자는 전조의 기간이 만료한 때에 사망한 것으로 본다.

제29조 (ㄴㅈ - 늦게) : 실종선고의 취소

> 낭군을 찾고도 실종신고 취소를 늦게 하다.
>
> ① 실종자의 생존한 사실 또는 전조의 규정과 상이한 때에 사망한 사실의 증명이 있으면 법원은 본인, 이해관계인 또는 검사의 청구에 의하여 실종선고를 취소하여야 한다. 그러나 실종선고후 그 취소전에 선의로 한 행위의 효력에 영향을 미치지 아니한다.
> ② 실종선고의 취소가 있을 때에 실종의 선고를 직접원인으로 하여 재산을 취득한 자가 선의인 경우에는 그 받은 이익이 현존하는 한도에서 반환할 의무가 있고 악의인 경우에는 그 받은 이익에 이자를 붙여서 반환하고 손해가 있으면 이를 배상하여야 한다.

제30조 (ㄷㅊ - 다치다) : 동시사망

> 자동차사고로 다치어 많은 사람이 동시사망에 이르다.
>
> 2인 이상이 동일한 위난으로 사망한 경우에는 동시에 사망한 것으로 추정한다.

글자공식에 의한 민법 조문 연상 암기법

제3장 법인

[제1절 총칙]

제31조 (ㄷㄱ – 독립) : 법인성립의 준칙
- 독립 유공자가 법인성립의 준칙을 정하다.
  법인은 법률의 규정에 의함이 아니면 성립하지 못한다.

제32조 (ㄷㄴ – 돈) : 비영리법인의 설립과 허가
- 비영리법인도 절차상 돈이 든다.
  학술, 종교, 자선, 기예, 사교 기타 영리아닌 사업을 목적으로 하는 사단 또는 재단은 주무관청의 허가를 얻어 이를 법인으로 할 수 있다.

제33조 (ㄷㄷ – 도다리) : 법인설립의 등기
- 도다리 양어장에 법인설립등기를 하다.
  법인은 그 주된 사무소의 소재지에서 설립등기를 함으로써 성립한다.

제34조 (ㄷㄹ – 따라) : 법인의 권리능력
- 법인의 권리능력은 법인에 따라 다르다.
  법인은 법률의 규정에 좇아 정관으로 정한 목적의 범위내에서 권리와 의무의 주체가 된다.

제35조 (ㄷㅁ – 땀) : 법인의 불법행위능력
- 법인의 불법행위로 땀을 흘리다.
  ① 법인은 이사 기타 대표자가 그 직무에 관하여 타인에게 가한 손해를 배상할 책임이 있다. 이사 기타 대표자는 이로 인하여 자기의 손해배상책임을 면하지 못한다.
  ② 법인의 목적범위외의 행위로 인하여 타인에게 손해를 가한 때에는 그 사항의 의결에 찬성하거나 그 의결을 집행한 사원, 이사 및 기타 대표자가 연대하여 배상하여야 한다.

제36조 (ㄷㅂ – 탑) : 법인의 주소
- 탑의 위치가 법인의 주소다.
  법인의 주소는 그 주된 사무소의 소재지에 있는 것으로 한다.

제37조 (ㄷㅅ – 대사) : 법인의 사무의 검사, 감독
- 법인의 대사의 자격으로 검사, 감독하다.
  법인의 사무는 주무관청이 검사, 감독한다.

글자공식에 의한 민법 조문 연상 암기법

제38조 (ㄷㅇ - 땡) : 법인의 설립허가의 취소
 법인의 설립허가 취소로 땡 치다.
> 법인이 목적 이외의 사업을 하거나 설립허가의 조건에 위반하거나 기타 공익을 해하는 행위를 한 때에는 주무관청은 그 허가를 취소할 수 있다.

제39조 (ㄷㅈ - 따지다) : 영리법인
 영리법인의 목적을 따지다.
> ① 영리를 목적으로 하는 사단은 상사회사설립의 조건에 좇아 이를 법인으로 할 수 있다.
> ② 전항의 사단법인에는 모두 상사회사에 관한 규정을 준용한다.

[제2절 설립]

제40조 (ㅎㅊ - 화초) : 사단법인의 정관
 화초 화훼단지의 사단법인을 설립하다.
> 사단법인의 설립자는 다음 각호의 사항을 기재한 정관을 작성하여 기명날인하여야 한다.
> 1. 목적
> 2. 명칭
> 3. 사무소의 소재지
> 4. 자산에 관한 규정
> 5. 이사의 임면에 관한 규정
> 6. 사원자격의 득실에 관한 규정
> 7. 존립시기나 해산사유를 정하는 때에는 그 시기 또는 사유

제41조 (ㅎㄱ - 학교) : 이사의 대표권에 대한 제한
 학교 사단법인 이사의 권한을 제한하다.
> 이사의 대표권에 대한 제한은 이를 정관에 기재하지 아니하면 그 효력이 없다.

제42조 (ㅎㄴ - 한계) : 사단법인의 정관의 변경
 사단법인의 정관 한계를 변경제한하다.
> ① 사단법인의 정관은 총사원 3분의 2 이상의 동의가 있는 때에 한하여 이를 변경할 수 있다. 그러나 정수에 관하여 정관에 다른 규정이 있는 때에는 그 규정에 의한다.
> ② 정관의 변경은 주무관청의 허가를 얻지 아니하면 그 효력이 없다.

제43조 (ㅎㄷ - 하도록) : 재단법인의 정관
 재단법인의 정관을 보충하도록 하다.
> 재단법인의 설립자는 일정한 재산을 출연하고 제40조제1호 내지 제5호의 사항을 기재한 정관을 작성하여 기명날인하여야 한다.

# 글자공식에 의한 민법 조문 연상 암기법

제44조 (ㅎㄹ - 할 수 있도록) : 재단법인의 정관의 보충
재단법인의 정관을 보충할 수 있도록 하다.

재단법인의 설립자가 그 명칭, 사무소소재지 또는 이사임면의 방법을 정하지 아니하고 사망한 때에는 이해관계인 또는 검사의 청구에 의하여 법원이 이를 정한다.

제45조 (ㅎㅁ - 함부로) : 재단법인의 정관변경
재단법인의 정관변경을 함부로 하면 안 된다.

① 재단법인의 정관은 그 변경방법을 정관에 정한 때에 한하여 변경할 수 있다.
② 재단법인의 목적달성 또는 그 재산의 보전을 위하여 적당한 때에는 전항의 규정에 불구하고 명칭 또는 사무소의 소재지를 변경할 수 있다.
③ 제42조제2항의 규정은 전2항의 경우에 준용한다.

제46조 (ㅎㅂ - 흡족) : 재단법인의 목적 기타의 변경
재단법인의 목적변경에 대해 임원이 흡족해하다.

재단법인의 목적을 달성할 수 없는 때에는 설립자나 이사는 주무관청의 허가를 얻어 설립의 취지를 참작하여 그 목적 기타 정관의 규정을 변경할 수 있다.

제47조 (ㅎㅅ - 하사품) : 증여, 유증에 관한 규정의 준용
임금에게 받은 하사품을 유증에 의하여 증여하다.

① 생전처분으로 재단법인을 설립하는 때에는 증여에 관한 규정을 준용한다.
② 유언으로 재단법인을 설립하는 때에는 유증에 관한 규정을 준용한다.

제48조 (ㅎㅇ - 행여나) : 출연재산의 귀속시기
출연재산을 행여나 기다리다 귀속시기 행사여부를 확인하다.

① 생전처분으로 재단법인을 설립하는 때에는 출연재산은 법인이 성립된 때로부터 법인의 재산이 된다.
② 유언으로 재단법인을 설립하는 때에는 출연재산은 유언의 효력이 발생한 때로부터 법인에 귀속한 것으로 본다.

제49조 (ㅎㅈ - 호주) : 법인의 등기사항
법인의 등기사항에 대해 하자 없이 호주가 미리 처리하다.

① 법인설립의 허가가 있는 때에는 3주간내에 주된 사무소소재지에서 설립등기를 하여야 한다.
② 전항의 등기사항은 다음과 같다.
1. 목적
2. 명칭
3. 사무소
4. 설립허가의 연월일
5. 존립시기나 해산이유를 정한 때에는 그 시기 또는 사유

 **글자공식에 의한 민법 조문 연상 암기법**

    6. 자산의 총액
    7. 출자의 방법을 정한 때에는 그 방법
    8. 이사의 성명, 주소
    9. 이사의 대표권을 제한한 때에는 그 제한

제50조 (ㅁㅊ - 마치) : 분사무소설치의 등기
▶ 분사무소 설치 등기를 마치다.
  ① 법인이 분사무소를 설치한 때에는 주사무소소재지에서는 3주간내에 분사무소를 설치한 것을 등기하고 그 분사무소소재지에서는 동기간내에 전조제2항의 사항을 등기하고 다른 분사무소소재지에서는 동기간내에 그 분사무소를 설치한 것을 등기하여야 한다.
  ② 주사무소 또는 분사무소의 소재지를 관할하는 등기소의 관할구역내에 분사무소를 설치한 때에는 전항의 기간내에 그 사무소를 설치한 것을 등기하면 된다.

제51조 (ㅁㄱ - 막다) : 사무소이전의 등기
▶ 사무소 이전등기를 못하게 막다.
  ① 법인이 그 사무소를 이전하는 때에는 구소재지에서는 3주간내에 이전등기를 하고 신소재지에서는 동기간내에 제49조제2항에 게기한 사항을 등기하여야 한다.
  ② 동일한 등기소의 관할구역내에서 사무소를 이전한 때에는 그 이전한 것을 등기하면 된다.

제52조 (ㅁㄴ - 문) : 변경등기
▶ 변경등기의 문을 열다.
  제49조제2항의 사항 중에 변경이 있는 때에는 3주간내에 변경등기를 하여야 한다.

제52조의2 (ㅁㄴ - 만들어) : 직무집행정지 등 가처분의 등기
▶ 변경등기의 문을 열다. 직무집행정지 등 가처분등기를 만들어 막다.
  이사의 직무집행을 정지하거나 직무대행자를 선임하는 가처분을 하거나 그 가처분을 변경·취소하는 경우에는 주사무소와 분사무소가 있는 곳의 등기소에서 이를 등기하여야 한다. [본조신설 2001.12.29.]

제53조 (ㅁㄷ - 모두) : 등기기간의 기산
▶ 등기기간의 기산을 모두 합치다.
  전3조의 규정에 의하여 등기할 사항으로 관청의 허가를 요하는 것은 그 허가서가 도착한 날로부터 등기의 기간을 기산한다.

제54조 (ㅁㄹ - 말로) : 설립등기 이외의 등기의 효력과 등기사항의 공고
▶ 설립등기 이외의 등기효력과 사항의 공고를 말로 하다.
  ① 설립등기 이외의 본절의 등기사항은 그 등기후가 아니면 제삼자에게 대항하지 못한다.
  ② 등기한 사항은 법원이 지체없이 공고하여야 한다.

글자공식에 의한 민법 조문 연상 암기법

제55조 (ㅁㅁ - 몸소) : 재산목록과 사원명부
연상기억 재산목록과 사원명부를 내 **몸**처럼 아끼다.
① 법인은 성립한 때 및 매년 3월내에 재산목록을 작성하여 사무소에 비치하여야 한다. 사업연도를 정한 법인은 성립한 때 및 그 연도말에 이를 작성하여야 한다.
② 사단법인은 사원명부를 비치하고 사원의 변경이 있는 때에는 이를 기재하여야 한다.

제56조 (ㅁㅂ - 마비) : 사원권의 양도, 상속금지
연상기억 사원권의 양도, 상속의 금지로 업무가 **마비**되다.
사단법인의 사원의 지위는 양도 또는 상속할 수 없다.

[제3절 기관]
제57조 (ㅁㅅ - 무사) : 이사
연상기억 **무사**가 대표이사가 되다.
법인은 이사를 두어야 한다.

제58조 (ㅁㅇ - 뭉치) : 이사의 사무집행
연상기억 이사의 사무집행 서류의 **뭉치**를 말다.
① 이사는 법인의 사무를 집행한다.
② 이사가 수인인 경우에는 정관에 다른 규정이 없으면 법인의 사무집행은 이사의 과반수로써 결정한다.

제59조 (ㅁㅈ - 모자) : 이사의 대표권
연상기억 이사가 대표권 행사를 위해 **모자**를 휘두르다.
① 이사는 법인의 사무에 관하여 각자 법인을 대표한다. 그러나 정관에 규정한 취지에 위반할 수 없고 특히 사단법인은 총회의 의결에 의하여야 한다.
② 법인의 대표에 관하여는 대리에 관한 규정을 준용한다.

제60조 (ㅂㅊ - 부채) : 이사의 대표권에 대한 제한의 대항요건
연상기억 부채바람의 이사의 대표권에 제한과 **부채**권법으로 대항하다.
이사의 대표권에 대한 제한은 등기하지 아니하면 제삼자에게 대항하지 못한다.

제60조의2 (ㅂㅊㄴ - 부친) : 직무대행자의 권한
연상기억 **부친**이 직무대행자의 권한을 갖다.
① 제52조의2의 직무대행자는 가처분명령에 다른 정함이 있는 경우 외에는 법인의 통상사무에 속하지 아니한 행위를 하지 못한다. 다만, 법원의 허가를 얻은 경우에는 그러하지 아니하다.
② 직무대행자가 제1항의 규정에 위반한 행위를 한 경우에도 법인은 선의의 제3자에 대하여 책임을 진다.
[본조신설 2001.12.29.]

글자공식에 의한 민법 조문 연상 암기법

제61조 (ㅂㄱ - 밖) : 이사의 주의의무
🔖 이사가 **밖**을 바라보며 주의의무를 다하다.

이사는 선량한 관리자의 주의로 그 직무를 행하여야 한다.

제62조 (ㅂㄴ - 본) : 이사의 대리인 선임
🔖 이사가 **본** 대리인 선임을 하다.

이사는 정관 또는 총회의 결의로 금지하지 아니한 사항에 한하여 타인으로 하여금 특정한 행위를 대리하게 할 수 있다.

제63조 (ㅂㄷ - 부도) : 임시이사의 선임
🔖 회사의 **부도**로 임시이사를 선임하다.

이사가 없거나 결원이 있는 경우에 이로 인하여 손해가 생길 염려 있는 때에는 법원은 이해관계인이나 검사의 청구에 의하여 임시이사를 선임하여야 한다.

제64조 (ㅂㄹ - 별 따기) : 특별대리인의 선임
🔖 특별대리인에 선임되기는 하늘의 **별** 따기다.

법인과 이사의 이익이 상반하는 사항에 관하여는 이사는 대표권이 없다. 이 경우에는 전조의 규정에 의하여 특별대리인을 선임하여야 한다.

제65조 (ㅂㅁ - 밤사이) : 이사의 임무해태
🔖 **밤**에는 이사의 임무가 해태되다.

이사가 그 임무를 해태한 때에는 그 이사는 법인에 대하여 연대하여 손해배상의 책임이 있다.

제66조 (ㅂㅂ - 법) : 감사
🔖 **법**을 잘 아는 감사를 두다.

법인은 정관 또는 총회의 결의로 감사를 둘 수 있다.

제67조 (ㅂㅅ - 보수) : 감사의 직무
🔖 감사는 직무상 많은 **보수**를 받다.

감사의 직무는 다음과 같다.
1. 법인의 재산상황을 감사하는 일
2. 이사의 업무집행의 상황을 감사하는 일
3. 재산상황 또는 업무집행에 관하여 부정, 불비한 것이 있음을 발견한 때에는 이를 총회 또는 주무관청에 보고하는 일
4. 전호의 보고를 하기 위하여 필요있는 때에는 총회를 소집하는 일

 **글자공식에 의한 민법 조문 연상 암기법**

제68조 (ㅂㅇ – 방대) : 총회의 권한
연상기억 총회의 권한이 방대하다.
사단법인의 사무는 정관으로 이사 또는 기타 임원에게 위임한 사항외에는 총회의 결의에 의하여야 한다.

제69조 (ㅂㅈ – 바지) : 통상총회
연상기억 통상 입는 바지를 입고 총회에 참가하다.
사단법인의 이사는 매년 1회 이상 통상총회를 소집하여야 한다.

제70조 (ㅅㅊ – 수치) : 임시총회
연상기억 임시총회의 회원 미달로 수치스럽다.
① 사단법인의 이사는 필요하다고 인정한 때에는 임시총회를 소집할 수 있다.
② 총사원의 5분의 1 이상으로부터 회의의 목적사항을 제시하여 청구한 때에는 이사는 임시총회를 소집하여야 한다. 이 정수는 정관으로 증감할 수 있다.
③ 전항의 청구있는 후 2주간내에 이사가 총회소집의 절차를 밟지 아니한 때에는 청구한 사원은 법원의 허가를 얻어 이를 소집할 수 있다.

제71조 (ㅅㄱ – 속다) : 총회의 소집
연상기억 총회소집에 있어 정족수에 속다.
총회의 소집은 1주간전에 그 회의의 목적사항을 기재한 통지를 발하고 기타 정관에 정한 방법에 의하여야 한다.

제72조 (ㅅㄴ – 사내) : 총회의 결의사항
연상기억 사내의 총회 결의사항
총회는 전조의 규정에 의하여 통지한 사항에 관하여서만 결의할 수 있다. 그러나 정관에 다른 규정이 있는 때에는 그 규정에 의한다.

제73조 (ㅅㄷ – 수다 떤) : 사원의 결의권
연상기억 사원의 결의 시 수다 떤 사람을 빼다.
① 각 사원의 결의권은 평등으로 한다.
② 사원은 서면이나 대리인으로 결의권을 행사할 수 있다.
③ 전2항의 규정은 정관에 다른 규정이 있는 때에는 적용하지 아니한다.

제74조 (ㅅㄹ – 쓸만한) : 사원이 결의권없는 경우
연상기억 쓸만한 사람이 없어 사원의 결의권을 없애다.
사단법인과 어느 사원과의 관계사항을 의결하는 경우에는 그 사원은 결의권이 없다.

글자공식에 의한 민법 조문 연상 암기법

제75조 (ㅅㅁ – 수마) : 총회의 결의방법
수마에 휩쓸린 재해지구 돕기 총회를 결의하다.
① 총회의 결의는 본법 또는 정관에 다른 규정이 없으면 사원 과반수의 출석과 출석사원의 결의권의 과반수로써 한다.
② 제73조제2항의 경우에는 당해사원은 출석한 것으로 한다.

제76조 (ㅅㅂ – 소비) : 총회의 의사록
소비촉진을 위한 총회의 의사록을 작성하다.
① 총회의 의사에 관하여는 의사록을 작성하여야 한다.
② 의사록에는 의사의 경과, 요령 및 결과를 기재하고 의장 및 출석한 이사가 기명날인하여야 한다.
③ 이사는 의사록을 주된 사무소에 비치하여야 한다.

[제4절 해산]

제77조 (ㅅㅅ – 스스로) : 해산사유
스스로 해산사유를 밝히다.
① 법인은 존립기간의 만료, 법인의 목적의 달성 또는 달성의 불능 기타 정관에 정한 해산사유의 발생, 파산 또는 설립허가의 취소로 해산한다.
② 사단법인은 사원이 없게 되거나 총회의 결의로도 해산한다.

제78조 (ㅅㅇ – 상하다) : 사단법인의 해산결의
사단법인의 해산 결의로 마음이 **상**하다.
사단법인은 총사원 4분의 3 이상의 동의가 없으면 해산을 결의하지 못한다. 그러나 정관에 다른 규정이 있는 때에는 그 규정에 의한다.

제79조 (ㅅㅈ – 사자) : 파산신청
저승**사자**가 마지막으로 파산신청하다.
법인이 채무를 완제하지 못하게 된 때에는 이사는 지체없이 파산신청을 하여야 한다.

제80조 (ㅇㅊ – 우체국) : 잔여재산의 귀속
우체국에 가서 잔여재산을 귀속시키다.
① 해산한 법인의 재산은 정관으로 지정한 자에게 귀속한다.
② 정관으로 귀속권리자를 지정하지 아니하거나 이를 지정하는 방법을 정하지 아니한 때에는 이사 또는 청산인은 주무관청의 허가를 얻어 그 법인의 목적에 유사한 목적을 위하여 그 재산을 처분할 수 있다. 그러나 사단법인에 있어서는 총회의 결의가 있어야 한다.
③ 전2항의 규정에 의하여 처분되지 아니한 재산은 국고에 귀속한다.

 글자공식에 의한 민법 조문 연상 암기법

제81조 (ㅇㄱ - 악인) : 청산법인
악인이 청산법인을 만들다.
해산한 법인은 청산의 목적범위내에서만 권리가 있고 의무를 부담한다.

제82조 (ㅇㄴ - 안경) : 청산인
청산인이 안경을 쓰다.
법인이 해산한 때에는 파산의 경우를 제하고는 이사가 청산인이 된다. 그러나 정관 또는 총회의 결의로 달리 정한 바가 있으면 그에 의한다.

제83조 (ㅇㄷ - 우두머리) : 법원에 의한 청산인의 선임
법원에 의해 청산인의 우두머리가 선임되다.
전조의 규정에 의하여 청산인이 될 자가 없거나 청산인의 결원으로 인하여 손해가 생길 염려가 있는 때에는 법원은 직권 또는 이해관계인이나 검사의 청구에 의하여 청산인을 선임할 수 있다.

제84조 (ㅇㄹ - 울다) : 법원에 의한 청산인의 해임
법원에 의해 해임된 청산인이 울다.
중요한 사유가 있는 때에는 법원은 직권 또는 이해관계인이나 검사의 청구에 의하여 청산인을 해임할 수 있다.

제85조 (ㅇㅁ - 엄하게) : 해산등기
엄하게 해산등기를 신청하다.
① 청산인은 파산의 경우를 제하고는 그 취임후 3주간내에 해산의 사유 및 연월일, 청산인의 성명 및 주소와 청산인의 대표권을 제한한 때에는 그 제한을 주된 사무소 및 분사무소소재지에서 등기하여야 한다.
② 제52조의 규정은 전항의 등기에 준용한다.

제86조 (ㅇㅂ - 압력) : 해산신고
해산신고하도록 압력을 넣다.
① 청산인은 파산의 경우를 제하고는 그 취임후 3주간내에 전조제1항의 사항을 주무관청에 신고하여야 한다.
② 청산중에 취임한 청산인은 그 성명 및 주소를 신고하면 된다.

제87조 (ㅇㅅ - 아씨) : 청산인의 직무
아씨가 청산인의 직무를 받다.
① 청산인의 직무는 다음과 같다.
1. 현존사무의 종결
2. 채권의 추심 및 채무의 변제
3. 잔여재산의 인도

글자공식에 의한 민법 조문 연상 암기법

② 청산인은 전항의 직무를 행하기 위하여 필요한 모든 행위를 할 수 있다.

제88조 (ㅇㅇ - 옹고집) : 채권신고의 공고
> 채권신고 공고에 옹고집을 부리다.
> ① 청산인은 취임한 날로부터 2월내에 3회 이상의 공고로 채권자에 대하여 일정한 기간내에 그 채권을 신고할 것을 최고하여야 한다. 그 기간은 2월 이상이어야 한다.
> ② 전항의 공고에는 채권자가 기간내에 신고하지 아니하면 청산으로부터 제외될 것을 표시하여야 한다.
> ③ 제1항의 공고는 법원의 등기사항의 공고와 동일한 방법으로 하여야 한다.

제89조 (ㅇㅈ - 아저씨) : 채권신고의 최고
> 아저씨가 채권신고의 최고권을 발휘하다.
> 청산인은 알고 있는 채권자에게 대하여는 각각 그 채권신고를 최고하여야 한다. 알고 있는 채권자는 청산으로부터 제외하지 못한다.

제90조 (ㅈㅊ - 자치) : 채권신고기간내의 변제금지
> 사적 자치주의에 근거 채권신고기간내의 변제금지
> 청산인은 제88조제1항의 채권신고기간내에는 채권자에 대하여 변제하지 못한다. 그러나 법인은 채권자에 대한 지연손해배상의 의무를 면하지 못한다.

제91조 (ㅈㄱ - 죽은) : 채권변제의 특례
> 죽은 자의 채권변제 특례
> ① 청산 중의 법인은 변제기에 이르지 아니한 채권에 대하여도 변제할 수 있다.
> ② 전항의 경우에는 조건있는 채권, 존속기간의 불확정한 채권 기타 가액의 불확정한 채권에 관하여는 법원이 선임한 감정인의 평가에 의하여 변제하여야 한다.

제92조 (ㅈㄴ - 잔여 부분) : 청산으로부터 제외된 채권
> 죽은 후 잔여분이 변제에서 제외된 채권을 청산하다.
> 청산으로부터 제외된 채권자는 법인의 채무를 완제한 후 귀속권리자에게 인도하지 아니한 재산에 대하여서만 변제를 청구할 수 있다.

제93조 (ㅈㄷ - 자두) : 청산중의 파산
> 청산의 자두가 떨어져 파산되다.
> ① 청산중 법인의 재산이 그 채무를 완제하기에 부족한 것이 분명하게 된 때에는 청산인은 지체없이 파산선고를 신청하고 이를 공고하여야 한다.
> ② 청산인은 파산관재인에게 그 사무를 인계함으로써 그 임무가 종료한다.
> ③ 제88조제3항의 규정은 제1항의 공고에 준용한다.

글자공식에 의한 민법 조문 연상 암기법

제94조 (ㅈㄹ - 절) : 청산종결의 등기와 신고
- 절에서 청산종결 후 등기신고하다.
  청산이 종결한 때에는 청산인은 3주간내에 이를 등기하고 주무관청에 신고하여야 한다.

제95조 (ㅈㅁ - 잠자다) : 해산, 청산의 검사, 감독
- 잠자다 벼락으로 해산 청산의 기회를 맞아 법원이 검사, 감독하다.
  법인의 해산 및 청산은 법원이 검사, 감독한다.

제96조 (ㅈㅂ - 잡아두다) : 준용규정
- 미안, 모자, 반지, 발, 밤, 사치품을 잡아두다.
  제58조제2항, 제59조 내지 제62조, 제64조, 제65조 및 제70조의 규정은 청산인에 이를 준용한다.

[제5절 벌칙]

제97조 (ㅈㅅ - 조사) : 벌칙
- 대리인 조사에서 벌칙을 과태료로 처하다.
  법인의 이사, 감사 또는 청산인은 다음 각호의 경우에는 500만원 이하의 과태료에 처한다. 〈개정 2007.12.21.〉
  1. 본장에 규정한 등기를 해태한 때
  2. 제55조의 규정에 위반하거나 재산목록 또는 사원명부에 부정기재를 한 때
  3. 제37조, 제95조에 규정한 검사, 감독을 방해한 때
  4. 주무관청 또는 총회에 대하여 사실아닌 신고를 하거나 사실을 은폐한 때
  5. 제76조와 제90조의 규정에 위반한 때
  6. 제79조, 제93조의 규정에 위반하여 파산선고의 신청을 해태한 때
  7. 제88조, 제93조에 정한 공고를 해태하거나 부정한 공고를 한 때

제4장 물건

제98조 (ㅈㅇ - 종류) : 물건의 정의
- 장 속에 여러 종류의 물건이 있다.
  본법에서 물건이라 함은 유체물 및 전기 기타 관리할 수 있는 자연력을 말한다.

제99조 (ㅈㅈ - 지주) : 부동산, 동산
- 부동산과 동산은 모두가 지주의 것이다.
  ① 토지 및 그 정착물은 부동산이다.
  ② 부동산 이외의 물건은 동산이다.

글자공식에 의한 민법 조문 연상 암기법

제100조 (유음 - 백조의 호수) : 주물, 종물
- 백조가 주물이면 호수의 물은 종물이다.
  ① 물건의 소유자가 그 물건의 상용에 공하기 위하여 자기소유인 다른 물건을 이에 부속하게 한 때에는 그 부속물은 종물이다.
  ② 종물은 주물의 처분에 따른다.

제101조 (유음 - 백일) : 천연과실, 법정과실
- 백일동안 천연과실을 따먹고 법정에 서다.
  ① 물건의 용법에 의하여 수취하는 산출물은 천연과실이다.
  ② 물건의 사용대가로 받는 금전 기타의 물건은 법정과실로 한다.

제102조 (유음 - 빽이 좋아) : 과실의 취득
- 떨어진 과실을 빽이 좋아 가득 취득하다.
  ① 천연과실은 그 원물로부터 분리하는 때에 이를 수취할 권리자에게 속한다.
  ② 법정과실은 수취할 권리의 존속기간일수의 비율로 취득한다.

제5장 법률행위
[제1절 총칙]

제103조 (유음 - 백삼) : 반사회질서의 법률행위
- 백삼을 먹은 노인이 처 모르게 다른 여자와 맺은 혼인 약속은 무효이다.
  선량한 풍속 기타 사회질서에 위반한 사항을 내용으로 하는 법률행위는 무효로 한다.

제104조 (유음 - 백사) : 불공정한 법률행위
- 백사가 정력제라는 과장 광고로 구입한 노인은 불공정한 법률행위가 되다.
  당사자의 궁박, 경솔 또는 무경험으로 인하여 현저하게 공정을 잃은 법률행위는 무효로 한다.

제105조 (유음 - 백옥) : 임의규정
- 백옥의 커플 반지를 임의규정으로 만들어서 끼어주다.
  법률행위의 당사자가 법령 중의 선량한 풍속 기타 사회질서에 관계없는 규정과 다른 의사를 표시한 때에는 그 의사에 의한다.

제106조 (유음 - 백여우) : 사실인 관습
- 백여우는 모성이 강하여 가정을 사랑하는 사실인 관습이 있다.

글자공식에 의한 민법 조문 연상 암기법

법령 중의 선량한 풍속 기타 사회질서에 관계없는 규정과 다른 관습이 있는 경우에 당사자의 의사가 명확하지 아니한 때에는 그 관습에 의한다.

[제2절 의사표시]

제107조 (유음 - 백지) : 진의 아닌 의사표시

술 취해 백지수표를 화대로 주는 것은 진의 아닌 의사표시다.
① 의사표시는 표의자가 진의아님을 알고 한 것이라도 그 효력이 있다. 그러나 상대방이 표의자의 진의 아님을 알았거나 이를 알 수 있었을 경우에는 무효로 한다.
② 전항의 의사표시의 무효는 선의의 제삼자에게 대항하지 못한다.

제108조 (유음 - 백팔번뇌) : 통정한 허위의 의사표시

서로 통정한 허위의 의사표시는 백팔번뇌의 괴로움을 느끼다.
① 상대방과 통정한 허위의 의사표시는 무효로 한다.
② 전항의 의사표시의 무효는 선의의 제삼자에게 대항하지 못한다.

제109조 (유음 - 백구) : 착오로 인한 의사표시

백구를 백조로 착오하여 취한 의사표시는 취소할 수 있다.
① 의사표시는 법률행위의 내용의 중요부분에 착오가 있는 때에는 취소할 수 있다. 그러나 그 착오가 표의자의 중대한 과실로 인한 때에는 취소하지 못한다.
② 전항의 의사표시의 취소는 선의의 제삼자에게 대항하지 못한다.

제110조 (ㄱㄱㅊ - 객차) : 사기, 강박에 의한 의사표시

객차 안에서 사기, 강박을 당하다.
① 사기나 강박에 의한 의사표시는 취소할 수 있다.
② 상대방있는 의사표시에 관하여 제삼자가 사기나 강박을 행한 경우에는 상대방이 그 사실을 알았거나 알 수 있었을 경우에 한하여 그 의사표시를 취소할 수 있다.
③ 전2항의 의사표시의 취소는 선의의 제삼자에게 대항하지 못한다.

제111조 (ㄱㄱㄱ - 객관적) : 의사표시의 효력발생시기

의사표시의 효력발생시기를 객관적으로 판단하다.
① 상대방이 있는 의사표시는 상대방에게 도달한 때에 그 효력이 생긴다.
② 의사표시자가 그 통지를 발송한 후 사망하거나 제한능력자가 되어도 의사표시의 효력에 영향을 미치지 아니한다. [전문개정 2011.3.7.]

제112조 (ㄱㄱㄴ - 기관) : 제한능력자에 대한 의사표시의 효력

의사표시의 효력을 충분히 갖춘 기관에 도달되다.

 **글자공식에 의한 민법 조문 연상 암기법**

의사표시의 상대방이 의사표시를 받은 때에 제한능력자인 경우에는 의사표시자는 그 의사표시로써 대항할 수 없다. 다만, 그 상대방의 법정대리인이 의사표시가 도달한 사실을 안 후에는 그러하지 아니하다. [전문개정 2011.3.7.]

제113조 (ㄱㄱㄷ - 극도로) : 의사표시의 공시송달
▶ 공시송달이 안 되어 극도로 화나다.

표의자가 과실없이 상대방을 알지 못하거나 상대방의 소재를 알지 못하는 경우에는 의사표시는 민사소송법 공시송달의 규정에 의하여 송달할 수 있다.

[제3절 대리]
제114조 (ㄱㄱㄹ - 각료) : 대리행위의 효력
▶ 각료들은 대리행위의 효력을 갖는다.

① 대리인이 그 권한내에서 본인을 위한 것임을 표시한 의사표시는 직접 본인에게 대하여 효력이 생긴다.
② 전항의 규정은 대리인에 대한 제삼자의 의사표시에 준용한다.

제115조 (ㄱㄱㅁ - 교감) : 본인을 위한 것임을 표시하지 아니한 행위
▶ 교감선생이 대리인에게 본인을 위한 것을 표시하지 아니하다.

대리인이 본인을 위한 것임을 표시하지 아니한 때에는 그 의사표시는 자기를 위한 것으로 본다. 그러나 상대방이 대리인으로서 한 것임을 알았거나 알 수 있었을 때에는 전조제1항의 규정을 준용한다.

제116조 (ㄱㄱㅂ - 고급) : 대리행위의 하자
▶ 고급 차 타며 대리행위를 하자!

① 의사표시의 효력이 의사의 흠결, 사기, 강박 또는 어느 사정을 알았거나 과실로 알지 못한 것으로 인하여 영향을 받을 경우에 그 사실의 유무는 대리인을 표준하여 결정한다.
② 특정한 법률행위를 위임한 경우에 대리인이 본인의 지시에 좇아 그 행위를 한 때에는 본인은 자기가 안 사정 또는 과실로 인하여 알지 못한 사정에 관하여 대리인의 부지를 주장하지 못한다.

제117조 (ㄱㄱㅅ - 각시) : 대리인의 행위능력
▶ 대리인 각시의 행위능력에 만족하다.

대리인은 행위능력자임을 요하지 아니한다.

제118조 (ㄱㄱㅇ - 기강) : 대리권의 범위
▶ 대리권의 범위에서 기강을 잡다.

권한을 정하지 아니한 대리인은 다음 각호의 행위만을 할 수 있다.
1. 보존행위
2. 대리의 목적인 물건이나 권리의 성질을 변하지 아니하는 범위에서 그 이용 또는 개량하는 행위

 **글자공식에 의한 민법 조문 연상 암기법**

제119조 (ㄱㄱㅈ – 각자) : 각자대리
- 대리인이 수인이어서 **각자** 임무의 범위를 정하다.

  대리인이 수인인 때에는 각자가 본인을 대리한다. 그러나 법률 또는 수권행위에 다른 정한 바가 있는 때에는 그러하지 아니하다.

제120조 (ㄱㄴㅊ – 간청) : 임의대리인의 복임권
- 본인에게 **간청**하여 임의대리인이 복임권을 부여받다.

  대리권이 법률행위에 의하여 부여된 경우에는 대리인은 본인의 승낙이 있거나 부득이한 사유있는 때가 아니면 복대리인을 선임하지 못한다.

제121조 (ㄱㄴㄱ – 권고) : 임의대리인의 복대리인 선임의 책임
- 본인의 지시와 책임에 대하여 복대리 선임을 **권고**받다.

  ① 전조의 규정에 의하여 대리인이 복대리인을 선임한 때에는 본인에게 대하여 그 선임감독에 관한 책임이 있다.
  ② 대리인이 본인의 지명에 의하여 복대리인을 선임한 경우에는 그 부적임 또는 불성실함을 알고 본인에게 대한 통지나 그 해임을 태만한 때가 아니면 책임이 없다.

제122조 (ㄱㄴㄴ – 가난) : 법정대리인의 복임권과 그 책임
- **가난** 때문에 법정대리인의 복임권을 복대리인에게 넘기다.

  법정대리인은 그 책임으로 복대리인을 선임할 수 있다. 그러나 부득이한 사유로 인한 때에는 전조제1항에 정한 책임만이 있다.

제123조 (ㄱㄴㄷ – 꼰대) : 복대리인의 권한
- 법정대리인 자격을 위임받은 **꼰대**의 권한을 대리하다.

  ① 복대리인은 그 권한내에서 본인을 대리한다.
  ② 복대리인은 본인이나 제삼자에 대하여 대리인과 동일한 권리의무가 있다.

제124조 (ㄱㄴㄹ – 그날) : 자기계약, 쌍방대리
- 대리인 자격 **그날**까지 자기계약, 쌍방대리를 금해야 한다.

  대리인은 본인의 허락이 없으면 본인을 위하여 자기와 법률행위를 하거나 동일한 법률행위에 관하여 당사자쌍방을 대리하지 못한다. 그러나 채무의 이행은 할 수 있다.

제125조 (ㄱㄴㅁ – 군마) : 대리권수여의 표시에 의한 표현대리
- **군마**를 움직이는 암행어사의 마패는 제삼자에 대한 표현대리의 증표다.

  제삼자에 대하여 타인에게 대리권을 수여함을 표시한 자는 그 대리권의 범위내에서 행한 그 타인과 그 제삼자간의 법률행위에 대하여 책임이 있다. 그러나 제삼자가 대리권없음을 알았거나 알 수 있었을 때에는 그러하지 아니하다.

 **글자공식에 의한 민법 조문 연상 암기법**

제126조 (ㄱㄴㅂ - 군비) : 권한을 넘는 표현대리
● 권한을 넘어 군비를 과다책정으로 제삼자에게 표현하다.

대리인이 그 권한외의 법률행위를 한 경우에 제삼자가 그 권한이 있다고 믿을 만한 정당한 이유가 있는 때에는 본인은 그 행위에 대하여 책임이 있다.

제127조 (ㄱㄴㅅ - 간 사람) : 대리권의 소멸사유
● 대리인의 사망으로 죽어서 간 사람에게 사유가 있어 소멸되다.

대리권은 다음 각 호의 어느 하나에 해당하는 사유가 있으면 소멸된다.
1. 본인의 사망
2. 대리인의 사망, 성년후견의 개시 또는 파산
[전문개정 2011.3.7.]

제128조 (ㄱㄴㅇ - 그냥) : 임의대리의 종료
● 임의대리 사망과 함께 그냥 종료되어 소멸되다.

법률행위에 의하여 수여된 대리권은 전조의 경우외에 그 원인된 법률관계의 종료에 의하여 소멸한다. 법률관계의 종료전에 본인이 수권행위를 철회한 경우에도 같다.

제129조 (ㄱㄴㅈ - 군자) : 대리권소멸후의 표현대리
● 군자동 요구르트 아줌마 사표 후 대리권이 소멸되다.

대리권의 소멸은 선의의 제삼자에게 대항하지 못한다. 그러나 제삼자가 과실로 인하여 그 사실을 알지 못한 때에는 그러하지 아니하다.

제130조 (ㄱㄷㅊ - 곧 추인) : 무권대리
● 무권대리 행위를 본인이 곧 추인하여 효력이 발생한다.

대리권없는 자가 타인의 대리인으로 한 계약은 본인이 이를 추인하지 아니하면 본인에 대하여 효력이 없다.

제131조 (ㄱㄷㄱ - 고독) : 상대방의 최고권
● 상대방의 최고권 통첩을 받은 후 고독에 빠지다.

대리권없는 자가 타인의 대리인으로 계약을 한 경우에 상대방은 상당한 기간을 정하여 본인에게 그 추인여부의 확답을 최고할 수 있다. 본인이 그 기간내에 확답을 발하지 아니한 때에는 추인을 거절한 것으로 본다.

제132조 (ㄱㄷㄴ - 고된) : 추인, 거절의 상대방
● 추인, 거절의 행사는 상대방의 고된 결정이다.

추인 또는 거절의 의사표시는 상대방에 대하여 하지 아니하면 그 상대방에 대항하지 못한다. 그러나 상대방이 그 사실을 안 때에는 그러하지 아니하다.

글자공식에 의한 민법 조문 연상 암기법

제133조 (ㄱㄷㄷ - 깨닫다) : 추인의 효력
> 의사표시가 없을시 추인되면서 효력이 발생함을 **깨닫**다.

추인은 다른 의사표시가 없는 때에는 계약시에 소급하여 그 효력이 생긴다. 그러나 제삼자의 권리를 해하지 못한다.

제134조 (ㄱㄷㄹ - 고달프다) : 상대방의 철회건
> 본인의 추인 거절 이전에 철회권 통고는 **고달프다**.

대리권없는 자가 한 계약은 본인의 추인이 있을 때까지 상대방은 본인이나 그 대리인에 대하여 이를 철회할 수 있다. 그러나 계약당시에 상대방이 대리권 없음을 안 때에는 그러하지 아니하다.

제135조 (ㄱㄷㅁ - 가담) : 상대방에 대한 무권대리인의 책임
> 상대방에 대한 책임을 무권대리인 자격으로 **가담**시키다.

① 다른 자의 대리인으로서 계약을 맺은 자가 그 대리권을 증명하지 못하고 또 본인의 추인을 받지 못한 경우에는 그는 상대방의 선택에 따라 계약을 이행할 책임 또는 손해를 배상할 책임이 있다.
② 대리인으로서 계약을 맺은 자에게 대리권이 없다는 사실을 상대방이 알았거나 알 수 있었을 때 또는 대리인으로서 계약을 맺은 사람이 제한능력자일 때에는 제1항을 적용하지 아니한다.
[전문개정 2011.3.7.]

제136조 (ㄱㄷㅂ - 거듭) : 단독행위와 무권대리
> 단독행위로 무권대리인을 **거듭** 가담시키다.

단독행위에는 그 행위당시에 상대방이 대리인이라 칭하는 자의 대리권없는 행위에 동의하거나 그 대리권을 다투지 아니한 때에 한하여 전6조의 규정을 준용한다. 대리권없는 자에 대하여 그 동의를 얻어 단독행위를 한 때에도 같다.

[제4절 무효와 취소]
제137조 (ㄱㄷㅅ - 구두쇠) : 법률행위의 일부무효
> 계약한 땅의 평수가 모자라 일부 무효가 된 **구두쇠**의 심보는 전부 무효이다.

법률행위의 일부분이 무효인 때에는 그 전부를 무효로 한다. 그러나 그 무효부분이 없더라도 법률행위를 하였을 것이라고 인정될 때에는 나머지 부분은 무효가 되지 아니한다.

제138조 (ㄱㄷㅇ - 가당치도) : 무효행위의 전환
> 무효행위의 전환을 유효하니 **가당**치도 않군!

무효인 법률행위가 다른 법률행위의 요건을 구비하고 당사자가 그 무효를 알았더라면 다른 법률행위를 하는 것을 의욕하였으리라고 인정될 때에는 다른 법률행위로서 효력을 가진다.

글자공식에 의한 민법 조문 연상 암기법

제139조 (ㄱㄷㅈ - 거두자) : 무효행위의 추인
● 무효행위를 추인하여 여야 감정을 거두자.
> 무효인 법률행위는 추인하여도 그 효력이 생기지 아니한다. 그러나 당사자가 그 무효임을 알고 추인한 때에는 새로운 법률행위로 본다.

제140조 (ㄱㄹㅊ - 골치) : 법률행위의 취소권자
● 무능력자에 대한 대리인의 취소는 골치 아픈 일이 많다.
> 취소할 수 있는 법률행위는 제한능력자, 착오로 인하거나 사기·강박에 의하여 의사표시를 한 자, 그의 대리인 또는 승계인만이 취소할 수 있다. [전문개정 2011.3.7.]

제141조 (ㄱㄹㄱ - 걸고) : 취소의 효과
● 무능력자의 취소는 상대방이 걸고넘어지기 일쑤이다.
> 취소된 법률행위는 처음부터 무효인 것으로 본다. 다만, 제한능력자는 그 행위로 인하여 받은 이익이 현존하는 한도에서 상환(償還)할 책임이 있다. [전문개정 2011.3.7.]

제142조 (ㄱㄹㄴ - 기린) : 취소의 상대방
● 취소하는 상대방을 기다리다 목이 길어진 것이 기린이다.
> 취소할 수 있는 법률행위의 상대방이 확정한 경우에는 그 취소는 그 상대방에 대한 의사표시로 하여야 한다.

제143조 (ㄱㄹㄷ - 갈등) : 추인의 방법, 효과
● 추인의 방법과 효과에 대해 제140조에 마음의 갈등을 느끼다.
> ① 취소할 수 있는 법률행위는 제140조에 규정한 자가 추인할 수 있고 추인후에는 취소하지 못한다.
> ② 전조의 규정은 전항의 경우에 준용한다.

제144조 (ㄱㄹㄹ - 골라) : 추인의 요건
● 추인의 원인 경로시의 시기를 골라 때를 가려라.
> ① 추인은 취소의 원인이 소멸된 후에 하여야만 효력이 있다.
> ② 제1항은 법정대리인 또는 후견인이 추인하는 경우에는 적용하지 아니한다.
> [전문개정 2011.3.7.]

제145조 (ㄱㄹㅁ - 가름) : 법정추인
● 직접 추인에 가름되는 법정추인의 효과가 크다.
> 취소할 수 있는 법률행위에 관하여 전조의 규정에 의하여 추인할 수 있는 후에 다음 각호의 사유가 있으면 추인한 것으로 본다. 그러나 이의를 보류한 때에는 그러하지 아니하다.
> 1. 전부나 일부의 이행
> 2. 이행의 청구
> 3. 경개
> 4. 담보의 제공
> 5. 취소할 수 있는 행위로 취득한 권리의 전부나 일부의 양도
> 6. 강제집행

 **글자공식에 의한 민법 조문 연상 암기법**

제146조 (ㄱㄹㅂ – 갈비) : 취소권의 소멸
　LA갈비 소고기 수입협상 취소권의 소멸시효는 3년내, 10년내의 분쟁이다.
　　취소권은 추인할 수 있는 날로부터 3년내에 법률행위를 한 날로부터 10년내에 행사하여야 한다.

[제5절 조건과 기한]

제147조 (ㄱㄹㅅ – 가로수) : 조건성취의 효과
　조건 성취한 때로부터 가로수가 자라면 그늘이 지고 환경과 도로의 안전에 효과적이다.
　　① 정지조건있는 법률행위는 조건이 성취한 때로부터 그 효력이 생긴다.
　　② 해제조건있는 법률행위는 조건이 성취한 때로부터 그 효력을 잃는다.
　　③ 당사자가 조건성취의 효력을 그 성취전에 소급하게 할 의사를 표시한 때에는 그 의사에 의한다.

제148조 (ㄱㄹㅇ – 가랑비) : 조건부권리의 침해금지
　조건부권리로 가로수 밑에서 가랑비를 피하니 비의 침해를 막다.
　　조건있는 법률행위의 당사자는 조건의 성부가 미정한 동안에 조건의 성취로 인하여 생길 상대방의 이익을 해하지 못한다.

제149조 (ㄱㄹㅈ – 골자) : 조건부권리의 처분 등
　양도 처분할 수 있는 권리를 골자로 하는 조항 – 상속, 보전, 담보
　　조건의 성취가 미정한 권리의무는 일반규정에 의하여 처분, 상속, 보존 또는 담보로 할 수 있다.

제150조 (ㄱㅁㅊ – 감추는) : 조건성취, 불성취에 대한 반신의행위
　조건성취의 방해를 감추는 반신의 행위는 주장할 수 있다.
　　① 조건의 성취로 인하여 불이익을 받을 당사자가 신의성실에 반하여 조건의 성취를 방해한 때에는 상대방은 그 조건이 성취한 것으로 주장할 수 있다.
　　② 조건의 성취로 인하여 이익을 받을 당사자가 신의성실에 반하여 조건을 성취시킨 때에는 상대방은 그 조건이 성취하지 아니한 것으로 주장할 수 있다.

제151조 (ㄱㅁㄱ – 기막혀) : 불법조건, 기성조건
　선량한 풍속, 사회질서를 위반하는 불법, 기성조건은 기막힌 사실이다.
　　① 조건이 선량한 풍속 기타 사회질서에 위반한 것인 때에는 그 법률행위는 무효로 한다.
　　② 조건이 법률행위의 당시 이미 성취한 것인 경우에는 그 조건이 정지조건이면 조건없는 법률행위로 하고 해제조건이면 그 법률행위는 무효로 한다.
　　③ 조건이 법률행위의 당시에 이미 성취할 수 없는 것인 경우에는 그 조건이 해제조건이면 조건없는 법률행위로 하고 정지조건이면 그 법률행위는 무효로 한다.

 **글자공식에 의한 민법 조문 연상 암기법**

제152조 (ㄱㅁㄴ – 가만히) : 기한도래의 효과
- 가만히 있어도 기한이 도래되어 그 효력이 발생한다.
  ① 시기있는 법률행위는 기한이 도래한 때로부터 그 효력이 생긴다.
  ② 종기있는 법률행위는 기한이 도래한 때로부터 그 효력을 잃는다.

제153조 (ㄱㄷ – 검도) : 기한의 이익과 그 포기
- 검도 선수의 기한부 영화출연 때는 그 기한의 이익을 포기한다.
  ① 기한은 채무자의 이익을 위한 것으로 추정한다.
  ② 기한의 이익은 이를 포기할 수 있다. 그러나 상대방의 이익을 해하지 못한다.

제154조 (ㄱㅁㄹ – 거물) : 기한부권리와 준용규정
- 거물급 정치인의 기한부 권리
  제148조와 제149조의 규정은 기한있는 법률행위에 준용한다.

제6장 기간

제155조 (ㄱㅁㅁ – 금마) : 본장의 적용범위
- 금마차 사용 기간의 계산은 본장의 적용범위로 한다.
  기간의 계산은 법령, 재판상의 처분 또는 법률행위에 다른 정한 바가 없으면 본장의 규정에 의한다.

제156조 (ㄱㅁㅂ – 금빛) : 기간의 기산점
- 금마차의 금빛 나는 기간과 기산한다.
  기간을 시, 분, 초로 정한 때에는 즉시로부터 기산한다.

제157조 (ㄱㅁㅅ – 그 멋) : 기간의 기산점
- 금마, 금빛 그 멋의 기간과 기산점이다.
  기간을 일, 주, 월 또는 연으로 정한 때에는 기간의 초일은 산입하지 아니한다. 그러나 그 기간이 오전 영시로부터 시작하는 때에는 그러하지 아니하다.

제158조 (ㄱㅁㅇ – 꼬맹이 나이) : 연령의 기산점
- 꼬맹이의 연령계산에 출생일을 산입한다.
  연령계산에는 출생일을 산입한다.

글자공식에 의한 민법 조문 연상 암기법

제159조 (ㄱㅁㅈ - 금주) : 기간의 만료점
기간의 만료를 금주로 정하여 일, 주, 월을 정한다.

기간을 일, 주, 월 또는 연으로 정한 때에는 기간말일의 종료로 기간이 만료한다.

제160조 (ㄱㅂㅊ - 겹쳐진) : 역에 의한 계산
달력에 겹쳐진 일, 주, 월, 연은 달력을 보고 계산한다.

① 기간을 주, 월 또는 연으로 정한 때에는 역에 의하여 계산한다.
② 주, 월 또는 연의 처음으로부터 기간을 기산하지 아니하는 때에는 최후의 주, 월 또는 연에서 그 기산일에 해당한 날의 전일로 기간이 만료한다.
③ 월 또는 연으로 정한 경우에 최종의 월에 해당일이 없는 때에는 그 월의 말일로 기간이 만료한다.

제161조 (ㄱㅂㄱ - 거북) : 공휴일 등과 기간의 만료점
거북이가 나타나는 공휴일 기간의 만료는 익일로 한다.

기간의 말일이 토요일 또는 공휴일에 해당한 때에는 기간은 그 익일로 만료한다. 〈개정 2007.12.21.〉
[제목개정 2007.12.21.]

제7장 소멸시효

제162조 (ㄱㅂㄴ - 기본) : 채권, 재산권의 소멸시효
채권에 대한 소멸시효의 장기와 단기는 빚 채무청산의 기본이다.

① 채권은 10년간 행사하지 아니하면 소멸시효가 완성한다.
② 채권 및 소유권 이외의 재산권은 20년간 행사하지 아니하면 소멸시효가 완성한다.

제163조 (ㄱㅂㄷ - 갚다) : 3년의 단기소멸시효
일반 빚은 3년 안에 갚다.

다음 각호의 채권은 3년간 행사하지 아니하면 소멸시효가 완성한다. 〈개정 1997.12.13.〉
1. 이자, 부양료, 급료, 사용료 기타 1년 이내의 기간으로 정한 금전 또는 물건의 지급을 목적으로 한 채권
2. 의사, 조산사, 간호사 및 약사의 치료, 근로 및 조제에 관한 채권
3. 도급받은 자, 기사 기타 공사의 설계 또는 감독에 종사하는 자의 공사에 관한 채권
4. 변호사, 변리사, 공증인, 공인회계사 및 법무사에 대한 직무상 보관한 서류의 반환을 청구하는 채권
5. 변호사, 변리사, 공증인, 공인회계사 및 법무사의 직무에 관한 채권
6. 생산자 및 상인이 판매한 생산물 및 상품의 대가
7. 수공업자 및 제조자의 업무에 관한 채권

글자공식에 의한 민법 조문 연상 암기법

제164조 (ㄱㅂㄹ - 가불) : 1년의 단기소멸시효
여관, 음식점 빚은 가불이라도 하여 1년 안에 갚는다.
> 다음 각호의 채권은 1년간 행사하지 아니하면 소멸시효가 완성한다.
> 1. 여관, 음식점, 대석, 오락장의 숙박료, 음식료, 대석료, 입장료, 소비물의 대가 및 체당금의 채권
> 2. 의복, 침구, 장구 기타 동산의 사용료의 채권
> 3. 노역인, 연예인의 임금 및 그에 공급한 물건의 대금채권
> 4. 학생 및 수업자의 교육, 의식 및 유숙에 관한 교주, 숙주, 교사의 채권

제165조 (ㄱㅂㅁ - 규범) : 판결 등에 의하여 확정된 채권의 소멸시효
판결, 공증된 채권은 소멸시효 10년이 사회의 규범이다.
> ① 판결에 의하여 확정된 채권은 단기의 소멸시효에 해당한 것이라도 그 소멸시효는 10년으로 한다.
> ② 파산절차에 의하여 확정된 채권 및 재판상의 화해, 조정 기타 판결과 동일한 효력이 있는 것에 의하여 확정된 채권도 전항과 같다.
> ③ 전2항의 규정은 판결확정당시에 변제기가 도래하지 아니한 채권에 적용하지 아니한다.

제166조 (ㄱㅂㅂ - 고법) : 소멸시효의 기산점
소멸시효의 기산점의 분쟁은 고법에서 판결한다.
> ① 소멸시효는 권리를 행사할 수 있는 때로부터 진행한다.
> ② 부작위를 목적으로 하는 채권의 소멸시효는 위반행위를 한 때로부터 진행한다.

제167조 (ㄱㅂㅅ - 값) : 소멸시효의 소급효
소멸시효는 기산일에 소급하여 효력이 발생하므로 값을 발휘한다.
> 소멸시효는 그 기산일에 소급하여 효력이 생긴다.

제168조 (ㄱㅂㅇ - 가방) : 소멸시효의 중단사유
가방 끈이 끊어져 사용이 중단된다.
> 소멸시효는 다음 각호의 사유로 인하여 중단된다.
> 1. 청구
> 2. 압류 또는 가압류, 가처분
> 3. 승인

제169조 (ㄱㅂㅈ - 갑자 생) : 시효중단의 효력
갑자 생 친구끼리 시효중단 후 법률적 효력을 갖추다.
> 시효의 중단은 당사자 및 그 승계인간에만 효력이 있다.

 **글자공식에 의한 민법 조문 연상 암기법**

제170조 (ㄱㅅㅊ - 가스 차) : 재판상의 청구와 시효중단
　🔴 가스 차 엔진의 중단에 대한 리콜문제로 재판상 청구, 시효중단되다.
　　① 재판상의 청구는 소송의 각하, 기각 또는 취하의 경우에는 시효중단의 효력이 없다.
　　② 전항의 경우에 6월내에 재판상의 청구, 파산절차참가, 압류 또는 가압류, 가처분을 한 때에는 시효는 최초의 재판상 청구로 인하여 중단된 것으로 본다.

제171조 (ㄱㅅㄱ - 고속) : 파산절차참가와 시효중단
　🔴 파산절차에 참가하기 위해 고속도로를 고속질주하다.
　　파산절차참가는 채권자가 이를 취소하거나 그 청구가 각하된 때에는 시효중단의 효력이 없다.

제172조 (ㄱㅅㄴ - 가산금) : 지급명령과 시효중단
　🔴 가산금 지급명령과 시효중단의 효력이 없다.
　　지급명령은 채권자가 법정기간내에 가집행신청을 하지 아니함으로 인하여 그 효력을 잃은 때에는 시효중단의 효력이 없다.

제173조 (ㄱㅅㄷ - 콧대) : 화해를 위한 소환, 임의출석과 시효중단
　🔴 콧대가 높아 화해를 위한 소환에 불참하다.
　　화해를 위한 소환은 상대방이 출석하지 아니 하거나 화해가 성립되지 아니한 때에는 1월내에 소를 제기하지 아니하면 시효중단의 효력이 없다. 임의출석의 경우에 화해가 성립되지 아니한 때에도 그러하다.

제174조 (ㄱㅅㄹ - 구슬) : 최고와 시효중단
　🔴 최고의 구슬은 6개월 내 찾는다.
　　최고는 6월내에 재판상의 청구, 파산절차참가, 화해를 위한 소환, 임의출석, 압류 또는 가압류, 가처분을 하지 아니하면 시효중단의 효력이 없다.

제175조 (ㄱㅅㅁ - 가슴) : 압류, 가압류, 가처분과 시효중단
　🔴 압류, 가압류로 가슴 아프다.
　　압류, 가압류 및 가처분은 권리자의 청구에 의하여 또는 법률의 규정에 따르지 아니함으로 인하여 취소된 때에는 시효중단의 효력이 없다.

제176조 (ㄱㅅㅂ - 기습) : 압류, 가압류, 가처분과 시효중단
　🔴 기습적으로 가압류, 가처분을 하다.
　　압류, 가압류 및 가처분은 시효의 이익을 받은 자에 대하여 하지 아니한 때에는 이를 그에게 통지한 후가 아니면 시효중단의 효력이 없다.

 **글자공식에 의한 민법 조문 연상 암기법**

제177조 (ㄱㅅㅅ - 갓 쓰고) : 승인과 시효중단
> 갓 쓰고 승인과 시효중단 절차를 받다.
>> 시효중단의 효력있는 승인에는 상대방의 권리에 관한 처분의 능력이나 권한있음을 요하지 아니한다.

제178조 (ㄱㅅㅇ - 기생) : 중단후에 시효진행
> 기생 생활 중단 후 다시 시효진행한다.
>> ① 시효가 중단된 때에는 중단까지에 경과한 시효기간은 이를 산입하지 아니하고 중단사유가 종료한 때로부터 새로이 진행한다.
>> ② 재판상의 청구로 인하여 중단한 시효는 전항의 규정에 의하여 재판이 확정된 때로부터 새로이 진행한다.

제179조 (ㄱㅅㅈ - 개소주) : 제한능력자의 시효정지
> 제한능력자에 개소주를 6개월 내 공급하다.
>> 소멸시효의 기간만료 전 6개월 내에 제한능력자에게 법정대리인이 없는 경우에는 그가 능력자가 되거나 법정대리인이 취임한 때부터 6개월 내에는 시효가 완성되지 아니한다. [전문개정 2011.3.7.]

제180조 (ㄱㅇㅊ - 공처가) : 재산관리자에 대한 제한능력자의 권리, 부부 사이의 권리와 시효정지
> 공처가인 제한능력자의 재산관리 6개월 내 소멸시효가 완성되지 아니한다.
>> ① 재산을 관리하는 아버지, 어머니 또는 후견인에 대한 제한능력자의 권리는 그가 능력자가 되거나 후임 법정대리인이 취임한 때부터 6개월 내에는 소멸시효가 완성되지 아니한다.
>> ② 부부 중 한쪽이 다른 쪽에 대하여 가지는 권리는 혼인관계가 종료된 때부터 6개월 내에는 소멸시효가 완성되지 아니한다.
> [전문개정 2011.3.7.]

제181조 (ㄱㅇㄱ - 가옥) : 상속재산에 관한 권리와 시효정지
> 가옥 등의 상속재산 관리를 받다.
>> 상속재산에 속한 권리나 상속재산에 대한 권리는 상속인의 확정, 관리인의 선임 또는 파산선고가 있는 때로부터 6월내에는 소멸시효가 완성하지 아니한다.

제182조 (ㄱㅇㄴ - 강내) : 천재 기타 사변과 시효정지
> 천재 기타 사변으로 가옥이 강내로 가라앉다.
>> 천재 기타 사변으로 인하여 소멸시효를 중단할 수 없을 때에는 그 사유가 종료한 때로부터 1월내에는 시효가 완성하지 아니한다.

 **글자공식에 의한 민법 조문 연상 암기법**

제183조 (ㄱㅇㄷ - 공대) : 종속된 권리에 대한 소멸시효의 효력
연상기억 공대에 종속된 토지에 대한 소멸시효가 완성될 때 효력이 미친다.

주된 권리의 소멸시효가 완성한 때에는 종속된 권리에 그 효력이 미친다.

제184조 (ㄱㅇㄹ - 강화) : 시효의 이익의 포기 기타
연상기억 강화된 소멸시효의 이익을 포기 못하다.

① 소멸시효의 이익은 미리 포기하지 못한다.
② 소멸시효는 법률행위에 의하여 이를 배제, 연장 또는 가중할 수 없으나 이를 단축 또는 경감할 수 있다.

민법

제2편 물권

제1장　통　칙
제2장　점유권
제3장　소유권
제4장　지상권
제5장　지역권
제6장　전세권
제7장　유치권
제8장　질　권
제9장　저당권

제2편 물권

제1장 총칙

제185조 (ㄱㅇㅁ - 강매, 공매, 경매) : 물권의 종류
- 물권은 강매, 공매, 경매할 수 없는 관습법이다.
  물권은 법률 또는 관습법에 의하는 외에는 임의로 창설하지 못한다.

제186조 (ㄱㅇㅂ - 공부) : 부동산물권변동의 효력
- 공부하여 정리된 후에 등기되어야 그 효력이 발생한다.
  부동산에 관한 법률행위로 인한 물권의 득실변경은 등기하여야 그 효력이 생긴다.

제187조 (ㄱㅇㅅ - 공시) : 등기를 요하지 아니하는 부동산물권취득
- 재판, 수용, 상속 등에 의한 공시적 효과는 등기를 요하지 않고 법적효력을 지닌다.
  상속, 공용징수, 판결, 경매 기타 법률의 규정에 의한 부동산에 관한 물권의 취득은 등기를 요하지 아니한다. 그러나 등기를 하지 아니하면 이를 처분하지 못한다.

제188조 (ㄱㅇㅇ - 강아지) : 동산물권양도의 효력, 간이인도
- 동산에서 주워온 강아지를 간이인도하다.
  ① 동산에 관한 물권의 양도는 그 동산을 인도하여야 효력이 생긴다.
  ② 양수인이 이미 그 동산을 점유한 때에는 당사자의 의사표시만으로 그 효력이 생긴다

제189조 (ㄱㅇㅈ - 강제) : 점유개정
- 당사자 계약으로 강제 없이 양도인이 점유하여도 양수한 것으로 본다.
  동산에 관한 물권을 양도하는 경우에 당사자의 계약으로 양도인이 그 동산의 점유를 계속하는 때에는 양수인이 인도받은 것으로 본다.

제190조 (ㄱㅈㅊ - 구조차) : 목적물반환청구권의 양도
- 구조차에 실린 목적물(응급 의료 기구) 반환청구권을 양도받았다.
  제삼자가 점유하고 있는 동산에 관한 물권을 양도하는 경우에는 양도인이 그 제삼자에 대한 반환청구권을 양수인에게 양도함으로써 동산을 인도한 것으로 본다.

글자공식에 의한 민법 조문 연상 암기법

제191조 (ㄱㅈㄱ - 개죽) : 혼동으로 인한 물권의 소멸
음식물을 혼합시킨 **개죽**을 혼동하여 물권이 소멸되다.
① 동일한 물건에 대한 소유권과 다른 물권이 동일한 사람에게 귀속한 때에는 다른 물권은 소멸한다. 그러나 그 물권이 제삼자의 권리의 목적이 된 때에는 소멸하지 아니한다.
② 전항의 규정은 소유권이외의 물권과 그를 목적으로 하는 다른 권리가 동일한 사람에게 귀속한 경우에 준용한다.
③ 점유권에 관하여는 전2항의 규정을 적용하지 아니한다.

제2장 점유권

제192조 (ㄱㅈㄴ - 기존) : 점유권의 취득과 소멸
기존 점유자의 취득과 소멸이 진행되다.
① 물건을 사실상 지배하는 자는 점유권이 있다.
② 점유자가 물건에 대한 사실상의 지배를 상실한 때에는 점유권이 소멸한다. 그러나 제204조의 규정에 의하여 점유를 회수한 때에는 그러하지 아니하다.

제193조 (ㄱㅈㄷ - 고지대) : 상속으로 인한 점유권의 이전
고지대 점유권을 상속인에게 이전하다.
점유권은 상속인에 이전한다.

제194조 (ㄱㅈㄹ - 기절) : 간접점유
본인의 재산권이 지상권, 전세권, 임대차로 인하여 간접 점유자로 변한 사실을 안 부인이 **기절**하다.
지상권, 전세권, 질권, 사용대차, 임대차, 임치 기타의 관계로 타인으로 하여금 물건을 점유하게 한 자는 간접으로 점유권이 있다.

제195조 (ㄱㅈㅁ - 개점) : 점유보조자
슈퍼마켓 **개점** 점원은 점포를 관리하는 점유보조자의 직위를 갖는다.
가사상, 영업상 기타 유사한 관계에 의하여 타인의 지시를 받아 물건에 대한 사실상의 지배를 하는 때에는 그 타인만을 점유자로 한다.

제196조 (ㄱㅈㅂ - 개집) : 점유권의 양도
강아지 인도 시 **개집**까지 인도하여 점유권을 양도하다.
① 점유권의 양도는 점유물의 인도로 그 효력이 생긴다.
② 전항의 점유권의 양도에는 제188조제2항, 제189조, 제190조의 규정을 준용한다.

 **글자공식에 의한 민법 조문 연상 암기법**

제197조 (ㄱㅈㅅ - 거짓) : 점유의 태양
- 점유자는 태양처럼 이웃도 늘 평온한 공연함은 선의의 거짓이다.
  ① 점유자는 소유의 의사로 선의, 평온 및 공연하게 점유한 것으로 추정한다.
  ② 선의의 점유자라도 본권에 관한 소에 패소한 때에는 그 소가 제기된 때로부터 악의의 점유자로 본다.

제198조 (ㄱㅈㅇ - 기정) : 점유계속의 추정
- 전후양시에 점유한 사실은 기정사실이므로 점유계속으로 추정한다.
  전후양시에 점유한 사실이 있는 때에는 그 점유는 계속한 것으로 추정한다.

제199조 (ㄱㅈㅈ - 거주자) : 점유의 승계의 주장과 그 효과
- 전후거주자의 승계주장은 점유승계 계속의 의미로 효과를 갖는다.
  ① 점유자의 승계인은 자기의 점유만을 주장하거나 자기의 점유와 전점유자의 점유를 아울러 주장할 수 있다.
  ② 전점유자의 점유를 아울러 주장하는 경우에는 그 하자도 계승한다.

제200조 (ㄴㅊㅊ - 나치체제) : 권리의 적법의 추정
- 나치체제의 점유지 및 전리품의 점유에 대하여 권리적법의 추정은 낮에 철판 깐 논리다.
  점유자가 점유물에 대하여 행사하는 권리는 적법하게 보유한 것으로 추정한다.

제201조 (ㄴㅊㄱ - 내 처가) : 점유자와 과실
- 사위의 선의의 점유자는 과실을 내 처가 취득한다.
  ① 선의의 점유자는 점유물의 과실을 취득한다.
  ② 악의의 점유자는 수취한 과실을 반환하여야 하며 소비하였거나 과실로 인하여 훼손 또는 수취하지 못한 경우에는 그 과실의 대가를 보상하여야 한다.
  ③ 전항의 규정은 폭력 또는 은비에 의한 점유자에 준용한다.

제202조 (ㄴㅊㄴ - 노처녀) : 점유자의 회복자에 대한 책임
- 노처녀 처자가 주워온 강아지는 회복자에 대한 책임이다.
  점유물이 점유자의 책임있는 사유로 인하여 멸실 또는 훼손한 때에는 악의의 점유자는 그 손해의 전부를 배상하여야 하며 선의의 점유자는 이익이 현존하는 한도에서 배상하여야 한다. 소유의 의사가 없는 점유자는 선의인 경우에도 손해의 전부를 배상하여야 한다.

제203조 (ㄴㅊㄷ - 내치다) : 점유자의 상환청구권
- 고쳐주고 먹여준 강아지 보호비 청구, 모자라 내치다.
  ① 점유자가 점유물을 반환할 때에는 회복자에 대하여 점유물을 보존하기 위하여 지출한 금액 기타 필요비의 상환을 청구할 수 있다. 그러나 점유자가 과실을 취득한 경우에는 통상의 필요비는 청구하지 못한다.

글자공식에 의한 민법 조문 연상 암기법

② 점유자가 점유물을 개량하기 위하여 지출한 금액 기타 유익비에 관하여는 그 가액의 증가가 현존한 경우에 한하여 회복자의 선택에 좇아 그 지출금액이나 증가액의 상환을 청구할 수 있다.
③ 전항의 경우에 법원은 회복자의 청구에 의하여 상당한 상환기간을 허여할 수 있다.

제204조 (ㄴㅊㄹ - 내차로) : 점유의 회수

내차로 점유자가 회수해 오다.
① 점유자가 점유의 침탈을 당한 때에는 그 물건의 반환 및 손해의 배상을 청구할 수 있다.
② 전항의 청구권은 침탈자의 특별승계인에 대하여는 행사하지 못한다. 그러나 승계인이 악의인 때에는 그러하지 아니하다.
③ 제1항의 청구권은 침탈을 당한 날로부터 1년내에 행사하여야 한다.

제205조 (ㄴㅊㅁ - 나침반) : 점유의 보유

나침반의 점유보유기간 중 방해제거 손해배상을 청구할 수 있다.
① 점유자가 점유의 방해를 받은 때에는 그 방해의 제거 및 손해의 배상을 청구할 수 있다.
② 전항의 청구권은 방해가 종료한 날로부터 1년내에 행사하여야 한다.
③ 공사로 인하여 점유의 방해를 받은 경우에는 공사착수후 1년을 경과하거나 그 공사가 완성한 때에는 방해의 제거를 청구하지 못한다.

제206조 (ㄴㅊㅂ - 내 칩) : 점유의 보전

점유 방해를 막기 위해 컴퓨터의 **내 칩** 안에 든 자료를 보전하다.
① 점유자가 점유의 방해를 받을 염려가 있는 때에는 그 방해의 예방 또는 손해배상의 담보를 청구할 수 있다.
② 공사로 인하여 점유의 방해를 받을 염려가 있는 경우에는 전조제3항의 규정을 준용한다.

제207조 (ㄴㅊㅅ - 내 처사) : 간접점유의 보호

내 처사로 간접점유자를 보호하다.
① 전3조의 청구권은 제194조의 규정에 의한 간접점유자도 이를 행사할 수 있다.
② 점유자가 점유의 침탈을 당한 경우에 간접점유자는 그 물건을 점유자에게 반환할 것을 청구할 수 있고 점유자가 그 물건의 반환을 받을 수 없거나 이를 원하지 아니하는 때에는 자기에게 반환할 것을 청구할 수 있다.

제208조 (ㄴㅊㅇ - 내 청) : 점유의 소와 본권의 소와의 관계

점유권 소의 제기에 **내 청**을 들어주다.
① 점유권에 기인한 소와 본권에 기인한 소는 서로 영향을 미치지 아니한다.
② 점유권에 기인한 소는 본권에 관한 이유로 재판하지 못한다.

제209조 (ㄴㅊㅈ - 내 처자) : 자력구제

점유물 침탈 방해를 받을 때 **내 처자**가 자력으로 구제하다.

 **글자공식에 의한 민법 조문 연상 암기법**

① 점유자는 그 점유를 부정히 침탈 또는 방해하는 행위에 대하여 자력으로써 이를 방위할 수 있다.
② 점유물이 침탈되었을 경우에 부동산일 때에는 점유자는 침탈후 직시 가해자를 배제하여 이를 탈환할 수 있고 동산일 때에는 점유자는 현장에서 또는 추적하여 가해자로부터 이를 탈환할 수 있다.

제210조 (ㄴㄱㅊ – 녹초) : 준점유
재산권을 점유행사하느라 녹초가 되다.
본장의 규정은 재산권을 사실상 행사하는 경우에 준용한다.

제3장 소유권
[제1절 소유권의 한계]

제211조 (ㄴㄱㄱ – 내각) : 소유권의 내용
내각 각료들의 소유권 재산이 지나치게 많아서 처분할 권리도 있다.
소유자는 법률의 범위내에서 그 소유물을 사용, 수익, 처분할 권리가 있다.

제212조 (ㄴㄱㄴ – 내관) : 토지소유권의 범위
내관의 권력이 상하에 미치듯, 정당한 이익이 미치는 토지도 상하에 미친다.
토지의 소유권은 정당한 이익있는 범위내에서 토지의 상하에 미친다.

제213조 (ㄴㄱㄷ – 내 구두) : 소유물반환청구권
식당에서 없어진 소유물인 내 구두, 주인에게 반환을 청구하였다.
소유자는 그 소유에 속한 물건을 점유한 자에 대하여 반환을 청구할 수 있다. 그러나 점유자가 그 물건을 점유할 권리가 있는 때에는 반환을 거부할 수 있다.

제214조 (ㄴㄱㄹ – 노골적) : 소유물방해제거, 방해예방청구권
소유권을 방해하는 노골적 감정대립, 방해예방 청구를 하다.
소유자는 소유권을 방해하는 자에 대하여 방해의 제거를 청구할 수 있고 소유권을 방해할 염려있는 행위를 하는 자에 대하여 그 예방이나 손해배상의 담보를 청구할 수 있다.

제215조 (ㄴㄱㅁ – 낙마) : 건물의 구분소유
건물의 구분된 소유에서 말이 낙마하다.
① 수인이 한 채의 건물을 구분하여 각각 그 일부분을 소유한 때에는 건물과 그 부속물중 공용하는 부분은 그의 공유로 추정한다.
② 공용부분의 보존에 관한 비용 기타의 부담은 각자의 소유부분의 가액에 비례하여 분담한다.

# 글자공식에 의한 민법 조문 연상 암기법

제216조 (ㄴㄱㅂ - 누가 봐) : 인지사용청구권
누가 봐도 건물의 수선을 위해 인지사용청구를 하다.
① 토지소유자는 경계나 그 근방에서 담 또는 건물을 축조하거나 수선하기 위하여 필요한 범위내에서 이웃 토지의 사용을 청구할 수 있다. 그러나 이웃 사람의 승낙이 없으면 그 주거에 들어가지 못한다.
② 전항의 경우에 이웃 사람이 손해를 받은 때에는 보상을 청구할 수 있다.

제217조 (ㄴㄱㅅ - 녹수) : 매연 등에 의한 인지에 대한 방해금지
장**녹수**의 담배연기, 노래, 장구소리로 인한 안면 방해금지 등 이웃을 위해 조처를 하다.
① 토지소유자는 매연, 열기체, 액체, 음향, 진동 기타 이에 유사한 것으로 이웃 토지의 사용을 방해하거나 이웃 거주자의 생활에 고통을 주지 아니하도록 적당한 조처를 할 의무가 있다.
② 이웃 거주자는 전항의 사태가 이웃 토지의 통상의 용도에 적당한 것인 때에는 이를 인용할 의무가 있다.

제218조 (ㄴㄱㅇ - 내공) : 수도 등 시설권
지하 **내공**으로 통하는 가스, 수도관, 전선 등의 비합의 시 통과 시설할 수 있다.
① 토지소유자는 타인의 토지를 통과하지 아니하면 필요한 수도, 소수관, 까스관, 전선 등을 시설할 수 없거나 과다한 비용을 요하는 경우에는 타인의 토지를 통과하여 이를 시설할 수 있다. 그러나 이로 인한 손해가 가장 적은 장소와 방법을 선택하여 이를 시설할 것이며 타토지의 소유자의 요청에 의하여 손해를 보상하여야 한다.
② 전항에 의한 시설을 한 후 사정의 변경이 있는 때에는 타토지의 소유자는 그 시설의 변경을 청구할 수 있다. 시설변경의 비용은 토지소유자가 부담한다.

제219조 (ㄴㄱㅈ - 녹지) : 주위토지통행권
이웃 토지와의 경계 사이 **녹지**를 밟고 공로를 통과할 경우 비합의 시 손해가 가장 적은 지역에 통로를 개설할 수 있다.
① 어느 토지와 공로사이에 그 토지의 용도에 필요한 통로가 없는 경우에 그 토지소유자는 주위의 토지를 통행 또는 통로로 하지 아니하면 공로에 출입할 수 없거나 과다한 비용을 요하는 때에는 그 주위의 토지를 통행할 수 있고 필요한 경우에는 통로를 개설할 수 있다. 그러나 이로 인한 손해가 가장 적은 장소와 방법을 선택하여야 한다.
② 전항의 통행권자는 통행지소유자의 손해를 보상하여야 한다.

제220조 (ㄴㄴㅊ - 난처하다) : 분할, 일부양도와 주위통행권
분할, 일부 양도로 공로의 통행이 **난처**한 경우 보상 없이 다른 분할 토지를 이용할 수 있다.
① 분할로 인하여 공로에 통하지 못하는 토지가 있는 때에는 그 토지소유자는 공로에 출입하기 위하여 다른 분할자의 토지를 통행할 수 있다. 이 경우에는 보상의 의무가 없다.
② 전항의 규정은 토지소유자가 그 토지의 일부를 양도한 경우에 준용한다.

 **글자공식에 의한 민법 조문 연상 암기법**

제221조 (ㄴㄴㄱ – 논가) : 자연유수의 승수의무와 권리
- 옛날 다락논이 논가로 흐르는 것은 위에서 아래로 흐르니 자연유수의 승수의무와 같다.
  ① 토지소유자는 이웃 토지로부터 자연히 흘러오는 물을 막지 못한다.
  ② 고지소유자는 이웃 저지에 자연히 흘러 내리는 이웃 저지에서 필요한 물을 자기의 정당한 사용범위를 넘어서 이를 막지 못한다.

제222조 (ㄴㄴㄴ – 내 논) : 소통공사권
- 고지대의 내 논의 물이 저지에서 폐색된 때에는 소통을 위해 공사권을 갖는다.
  흐르는 물이 저지에서 폐색된 때에는 고지소유자는 자비로 소통에 필요한 공사를 할 수 있다.

제223조 (ㄴㄴㄷ – 논두둑) : 저수, 배수, 인수를 위한 공작물에 대한 공사청구권
- 저수, 배수를 위해 논두둑에 공작물 설치를 위한 공사청구를 할 수 있다.
  토지소유자가 저수, 배수 또는 인수하기 위하여 공작물을 설치한 경우에 공작물의 파손 또는 폐색으로 타인의 토지에 손해를 가하거나 가할 염려가 있는 때에는 타인은 그 공작물의 보수, 폐색의 소통 또는 예방에 필요한 청구를 할 수 있다.

제224조 (ㄴㄴㄹ – 나눌) : 관습에 의한 비용부담
- 소통, 관습에 의한 비용부담은 나눌 수 있다.
  전2조의 경우에 비용부담에 관한 관습이 있으면 그 관습에 의한다.

제225조 (ㄴㄴㅁ – 난무) : 처마물에 대한 시설의무
- 처마물이 길로 떨어져 난무하니 처마물에 대한 관리시설 의무를 진다.
  토지소유자는 처마물이 이웃에 직접 낙하하지 아니하도록 적당한 시설을 하여야 한다.

제226조 (ㄴㄴㅂ – 눈비) : 여수소통권
- 눈비로 고인, 흐르는 물의 가용, 농, 공법의 이용을 위하여 아래 지대로 흐르게 할 권리를 갖는다.
  ① 고지소유자는 침수지를 건조하기 위하여 또는 가용이나 농, 공업용의 여수를 소통하기 위하여 공로, 공류 또는 하수도에 달하기까지 저지에 물을 통과하게 할 수 있다.
  ② 전항의 경우에는 저지의 손해가 가장 적은 장소와 방법을 선택하여야 하며 손해를 보상하여야 한다.

제227조 (ㄴㄴㅅ – 난시) : 유수용공작물의 사용권
- 난시 중에도 토지소유지의 물을 흐르게 하기 위하여 이웃 토지자의 시설 공작물을 이용할 수 있다.

 **글자공식에 의한 민법 조문 연상 암기법**

① 토지소유자는 그 소유지의 물을 소통하기 위하여 이웃 토지소유자의 시설한 공작물을 사용할 수 있다.
② 전항의 공작물을 사용하는 자는 그 이익을 받는 비율로 공작물의 설치와 보존의 비용을 분담하여야 한다.

제228조 (ㄴㄴㅇ – 논 위에서 아래로) : 여수급여청구권

이웃 토지소유자에게 보상을 하고, 논 위에서 아래로 여수의 급여를 청구할 수 있다.

토지소유자는 과다한 비용이나 노력을 요하지 아니하고는 가용이나 토지이용에 필요한 물을 얻기 곤란한 때에는 이웃 토지소유자에게 보상하고 여수의 급여를 청구할 수 있다.

제229조 (ㄴㄴㅈ – 난지도) : 수류의 변경

난지도의 수류를 변경하다.
① 구거 기타 수류지의 소유자는 대안의 토지가 타인의 소유인 때에는 그 수로나 수류의 폭을 변경하지 못한다.
② 양안의 토지가 수류지소유자의 소유인 때에는 소유자는 수로와 수류의 폭을 변경할 수 있다. 그러나 하류는 자연의 수로와 일치하도록 하여야 한다.
③ 전2항의 규정은 다른 관습이 있으면 그 관습에 의한다.

제230조 (ㄴㄷㅊ – 노터치) : 언의 설치, 이용권

둑의 설치 이용은, 타인은 노터치 부분이다.
① 수류지의 소유자가 언을 설치할 필요가 있는 때에는 그 언을 대안에 접촉하게 할 수 있다. 그러나 이로 인한 손해를 보상하여야 한다.
② 대안의 소유자는 수류지의 일부가 자기소유인 때에는 그 언을 사용할 수 있다. 그러나 그 이익을 받는 비율로 언의 설치, 보존의 비용을 분담하여야 한다.

제231조 (ㄴㄷㄱ – 내 둑) : 공유하천용수권

농, 공수 이용을 위하여 내 둑을 쌓아 용수권을 확보한다.
① 공유하천의 연안에서 농, 공업을 경영하는 자는 이에 이용하기 위하여 타인의 용수를 방해하지 아니하는 범위내에서 필요한 인수를 할 수 있다.
② 전항의 인수를 하기 위하여 필요한 공작물을 설치할 수 있다.

제232조 (ㄴㄷㄴ – 내던) : 하류 연안의 용수권보호

매년 내던 용수료로 하천 연안의 토지소유자 용수권을 보호한다.
전조의 인수나 공작물로 인하여 하류연안의 용수권을 방해하는 때에는 그 용수권자는 방해의 제거 및 손해의 배상을 청구할 수 있다.

 **글자공식에 의한 민법 조문 연상 암기법**

제233조 (ㄴㄷㄷ - 놔두다) : 용수권의 승계
연상기억 용수권은 다음 소유자에게 승계되도록 놔두다.
　　농, 공업의 경영에 이용하는 수로 기타 공작물의 소유자나 몽리자의 특별승계인은 그 용수에 관한 전소유자나 몽리자의 권리의무를 승계한다.

제234조 (ㄴㄷㄹ - 나들목) : 용수권에 관한 다른 관습
연상기억 나들목 사람들은 용수권에 관한 다른 좋은 관습을 따른다.
　　전3조의 규정은 다른 관습이 있으면 그 관습에 의한다.

제235조 (ㄴㄷㅁ - 내 담장) : 공용수의 용수권
연상기억 내 담장 안에서 두레박으로 우물물을 퍼 동네에 용수시키다.
　　상린자는 그 공용에 속하는 원천이나 수도를 각 수요의 정도에 응하여 타인의 용수를 방해하지 아니하는 범위내에서 각각 용수할 권리가 있다.

제236조 (ㄴㄷㅂ - 내다버린) : 용수장해의 공사와 손해배상, 원상회복
연상기억 내다버린 쓰레기로 막힌 용수로 공사와 손해배상, 원상회복 비용까지 청구하였다.
　　① 필요한 용도나 수익이 있는 원천이나 수도가 타인의 건축 기타 공사로 인하여 단수, 감수 기타 용도에 장해가 생긴 때에는 용수권자는 손해배상을 청구할 수 있다.
　　② 전항의 공사로 인하여 음료수 기타 생활상 필요한 용수에 장해가 있을 때에는 원상회복을 청구할 수 있다.

제237조 (ㄴㄷㅅ - 내 탓) : 경계표, 담의 설치권
연상기억 내 탓으로 경계표 위에 담을 설치하다.
　　① 인접하여 토지를 소유한 자는 공동비용으로 통상의 경계표나 담을 설치할 수 있다.
　　② 전항의 비용은 쌍방이 절반하여 부담한다. 그러나 측량비용은 토지의 면적에 비례하여 부담한다.
　　③ 전2항의 규정은 다른 관습이 있으면 그 관습에 의한다.

제238조 (ㄴㄷㅇ - 내 땅) : 담의 특수시설권
연상기억 내 땅에 마음대로 담에 특수시설을 설치하다.
　　인지소유자는 자기의 비용으로 담의 재료를 통상보다 양호한 것으로 할 수 있으며 그 높이를 통상보다 높게 할 수 있고 또는 방화벽 기타 특수시설을 할 수 있다.

제239조 (ㄴㄷㅈ - 나대지) : 경계표 등의 공유추정
연상기억 나대지 경계선에 선을 공유로 추정하다.
　　경계에 설치된 경계표, 담, 구거 등은 상린자의 공유로 추정한다. 그러나 경계표, 담, 구거 등이 상린자 일방의 단독비용으로 설치되었거나 담이 건물의 일부인 경우에는 그러하지 아니하다.

 글자공식에 의한 민법 조문 연상 암기법

제240조 (ㄴㄹㅊ - 날치기) : 수지, 목근의 제거권
● 수지, 목근을 날치기하다.
① 인접지의 수목가지가 경계를 넘은 때에는 그 소유자에 대하여 가지의 제거를 청구할 수 있다.
② 전항의 청구에 응하지 아니한 때에는 청구자가 그 가지를 제거할 수 있다.
③ 인접지의 수목뿌리가 경계를 넘은 때에는 임의로 제거할 수 있다.

제241조 (ㄴㄹㄱ - 날개) : 토지의 심굴금지
● 심굴 굴삭기에 달린 날개가 정지되다.
토지소유자는 인접지의 지반이 붕괴할 정도로 자기의 토지를 심굴하지 못한다. 그러나 충분한 방어공사를 한 때에는 그러하지 아니하다.

제242조 (ㄴㄹㄴ - 나란히) : 경계선부근의 건축
● 양쪽집을 나란히 붙인 가운데에 반미터 이상 거리를 둔다.
① 건물을 축조함에는 특별한 관습이 없으면 경계로부터 반미터 이상의 거리를 두어야 한다.
② 인접지소유자는 전항의 규정에 위반한 자에 대하여 건물의 변경이나 철거를 청구할 수 있다. 그러나 건축에 착수한 후 1년을 경과하거나 건물이 완성된 후에는 손해배상만을 청구할 수 있다.

제243조 (ㄴㄹㄷ - 놀 때) : 차면시설의무
● 놀 때 창문 안의 내면이 보이지 않도록 차면시설을 하다.
경계로부터 2미터 이내의 거리에서 이웃 주택의 내부를 관망할 수 있는 창이나 마루를 설치하는 경우에는 적당한 차면시설을 하여야 한다.

제244조 (ㄴㄹㄹ - 날라) : 지하시설 등에 대한 제한
● 지하실 위를 날라다닐 수 없어 깊이와 폭을 제한하다.
① 우물을 파거나 용수, 하수 또는 오물 등을 저치할 지하시설을 하는 때에는 경계로부터 2미터 이상의 거리를 두어야 하며 저수지, 구거 또는 지하실공사에는 경계로부터 그 깊이의 반 이상의 거리를 두어야 한다.
② 전항의 공사를 함에는 토사가 붕괴하거나 하수 또는 오액이 이웃에 흐르지 아니하도록 적당한 조처를 하여야 한다.

[제2절 소유권의 취득]
제245조 (ㄴㄹㅁ - 노름) : 점유로 인한 부동산소유권의 취득기간
● 노름빚에 넘긴 이웃 땅이 20년이 넘었다.
① 20년간 소유의 의사로 평온, 공연하게 부동산을 점유하는 자는 등기함으로써 그 소유권을 취득한다.
② 부동산의 소유자로 등기한 자가 10년간 소유의 의사로 평온, 공연하게 선의이며 과실없이 그 부동산을 점유한 때에는 소유권을 취득한다.

 **글자공식에 의한 민법 조문 연상 암기법**

제246조 (ㄴㄹㅂ – 날벼락) : 점유로 인한 동산소유권의 취득기간
● 10년간 빌려준 동산이 소유권 변동으로 날벼락 맞다.
　① 10년간 소유의 의사로 평온, 공연하게 동산을 점유한 자는 그 소유권을 취득한다.
　② 전항의 점유가 선의이며 과실없이 개시된 경우에는 5년을 경과함으로써 그 소유권을 취득한다.

제247조 (ㄴㄹㅅ – 날 새다) : 소유권취득의 소급효, 중단사유
● 날 새워 노름으로 돈을 딴 후 소유권취득이 중단되다.
　① 전2조의 규정에 의한 소유권취득의 효력은 점유를 개시한 때에 소급한다.
　② 소멸시효의 중단에 관한 규정은 전2조의 소유권취득기간에 준용한다.

제248조 (ㄴㅎㅇ – 내 흉) : 소유권 이외의 재산권의 취득시효
● 소유권 이외 재산권으로 내 흉에 싸이다.
　전3조의 규정은 소유권 이외의 재산권의 취득에 준용한다.

제249조 (ㄴㄹㅈ – 날짜) : 선의취득
● 선으로 취득한 날짜를 달력에 적다.
　평온, 공연하게 동산을 양수한 자가 선의이며 과실없이 그 동산을 점유한 경우에는 양도인이 정당한 소유자가 아닌 때에도 즉시 그 동산의 소유권을 취득한다.

제250조 (ㄴㅁㅊ – 넘치다) : 도품, 유실물에 대한 특례
● 도둑의 집 창고에 도품이 넘치다.
　전조의 경우에 그 동산이 도품이나 유실물인 때에는 피해자 또는 유실자는 도난 또는 유실한 날로부터 2년내에 그 물건의 반환을 청구할 수 있다. 그러나 도품이나 유실물이 금전인 때에는 그러하지 아니하다.

제251조 (ㄴㅁㄱ – 남기다) : 도품, 유실물에 대한 특례
● 도둑도 양심이 있는지 유실물을 남기다.
　양수인이 도품 또는 유실물을 경매나 공개시장에서 또는 동종류의 물건을 판매하는 상인에게서 선의로 매수한 때에는 피해자 또는 유실자는 양수인이 지급한 대가를 변상하고 그 물건의 반환을 청구할 수 있다.

제252조 (ㄴㅁㄴ – 나만이) : 무주물의 귀속
● 무주물의 선점은 나만이 먼저 차지한다.
　① 무주의 동산을 소유의 의사로 점유한 자는 그 소유권을 취득한다.
　② 무주의 부동산은 국유로 한다.
　③ 야생하는 동물은 무주물로 하고 사양하는 야생동물도 다시 야생상태로 돌아가면 무주물로 한다.

 **글자공식에 의한 민법 조문 연상 암기법**

제253조 (ㄴㅁㄷ - 넘도록) : 유실물의 소유권취득
● 6개월이 넘도록 찾아가지 않으면 주운 사람의 소유물이 된다.
유실물은 법률에 정한 바에 의하여 공고한 후 6개월 내에 그 소유자가 권리를 주장하지 아니하면 습득자가 그 소유권을 취득한다. 〈개정 2013.4.5.〉

제254조 (ㄴㅁㄹ - 뇌물) : 매장물의 소유권취득
● 뇌물로 받아 숨겨둔 지 수십 년, 발견한 자의 소유물이다.
매장물은 법률에 정한 바에 의하여 공고한 후 1년내에 그 소유자가 권리를 주장하지 아니하면 발견자가 그 소유권을 취득한다. 그러나 타인의 토지 기타 물건으로부터 발견한 매장물은 그 토지 기타 물건의 소유자와 발견자가 절반하여 취득한다.

제255조 (ㄴㅁㅁ - 내 몸) : 문화재의 국유
● 문화재는 내 몸처럼 아껴야 한다.
① 학술, 기예 또는 고고의 중요한 재료가 되는 물건에 대하여는 제252조제1항 및 전2조의 규정에 의하지 아니하고 국유로 한다.
② 전항의 경우에 습득자, 발견자 및 매장물이 발견된 토지 기타 물건의 소유자는 국가에 대하여 적당한 보상을 청구할 수 있다.

제256조 (ㄴㅁㅂ - 냄비) : 부동산에의 부합
● 부동산 건물에 붙은 냄비의 소유권을 취득한다.
부동산의 소유자는 그 부동산에 부합한 물건의 소유권을 취득한다. 그러나 타인의 권원에 의하여 부속된 것은 그러하지 아니하다.

제257조 (ㄴㅁㅅ - 내 멋) : 동산간의 부합
● 동산 간에 부합된 모습이 내 멋이다.
동산과 동산이 부합하여 훼손하지 아니하면 분리할 수 없거나 그 분리에 과다한 비용을 요할 경우에는 그 합성물의 소유권은 주된 동산의 소유자에게 속한다. 부합한 동산의 주종을 구별할 수 없는 때에는 동산의 소유자는 부합당시의 가액의 비율로 합성물을 공유한다.

제258조 (ㄴㅁㅇ - 노망) : 혼화
● 노망이 들어 혼화시키다.
전조의 규정은 동산과 동산이 혼화하여 식별할 수 없는 경우에 준용한다.

제259조 (ㄴㅁㅈ - 남자) : 가공
● 남자가 가공한 물건
① 타인의 동산에 가공한 때에는 그 물건의 소유권은 원재료의 소유자에게 속한다. 그러나 가공으로 인한

 **글자공식에 의한 민법 조문 연상 암기법**

가액의 증가가 원재료의 가액보다 현저히 다액인 때에는 가공자의 소유로 한다.
② 가공자가 재료의 일부를 제공하였을 때에는 그 가액은 전항의 증가액에 가산한다.

제260조 (ㄴㅂㅊ - 납처럼) : 첨부의 효과
연상기억 첨부된 물건이 납처럼 붙어있다.
① 전4조의 규정에 의하여 동산의 소유권이 소멸한 때에는 그 동산을 목적으로 한 다른 권리도 소멸한다.
② 동산의 소유자가 합성물, 혼화물 또는 가공물의 단독소유자가 된 때에는 전항의 권리는 합성물, 혼화물 또는 가공물에 존속하고 그 공유자가 된 때에는 그 지분에 존속한다.

제261조 (ㄴㅂㄱ - 내복) : 첨부로 인한 구상권
연상기억 내복처럼 몸에 착 붙어있는데 손해를 받으면 보상을 청구하다.
전5조의 경우에 손해를 받은 자는 부당이득에 관한 규정에 의하여 보상을 청구할 수 있다.

[제3절 공동소유]

제262조 (ㄴㅂㄴ - 네반, 내반) : 물건의 공유
연상기억 네반, 내반 상관없이 물건을 공유하다.
① 물건이 지분에 의하여 수인의 소유로 된 때에는 공유로 한다.
② 공유자의 지분은 균등한 것으로 추정한다.

제263조 (ㄴㅂㄷ - 나보다 더) : 공유지분의 처분과 공유물의 사용, 수익
연상기억 공유지분이 나보다 더 많아 사용 수익분이 많다.
공유자는 그 지분을 처분할 수 있고 공유물 전부를 지분의 비율로 사용, 수익할 수 있다.

제264조 (ㄴㅂㄹ - 내 발로) : 공유물의 처분, 변경
연상기억 내 발로 걸어가 공유물을 처분 변경하다.
공유자는 다른 공유자의 동의없이 공유물을 처분하거나 변경하지 못한다.

제265조 (ㄴㅂㅁ - 내 부모) : 공유물의 관리, 보존
연상기억 내 부모가 공유재산을 관리 보존하다.
공유물의 관리에 관한 사항은 공유자의 지분의 과반수로써 결정한다. 그러나 보존행위는 각자가 할 수 있다.

제266조 (ㄴㅂㅂ - 내 밥) : 공유물의 부담
연상기억 내 밥값도 못하니 공유자도 부담스럽다.
① 공유자는 그 지분의 비율로 공유물의 관리비용 기타 의무를 부담한다.

 글자공식에 의한 민법 조문 연상 암기법

② 공유자가 1년 이상 전항의 의무이행을 지체한 때에는 다른 공유자는 상당한 가액으로 지분을 매수할 수 있다.

제267조 (ㄴㅂㅅ - 내 벗) : 지분포기 등의 경우의 귀속
내 벗의 사망으로 상속자가 없는 공유자끼리 지분비율로 귀속한다.

공유자가 그 지분을 포기하거나 상속인없이 사망한 때에는 그 지분은 다른 공유자에게 각 지분의 비율로 귀속한다.

제268조 (ㄴㅂㅇ - 내 방) : 공유물의 분할청구
공유자가 내 방을 쪼개어 분할청구하다.

① 공유자는 공유물의 분할을 청구할 수 있다. 그러나 5년내의 기간으로 분할하지 아니할 것을 약정할 수 있다.
② 전항의 계약을 갱신한 때에는 그 기간은 갱신한 날로부터 5년을 넘지 못한다.
③ 전2항의 규정은 제215조, 제239조의 공유물에는 적용하지 아니한다.

제269조 (ㄴㅂㅈ - 내 바지) : 분할의 방법
내 바지를 여러개로 쪼개어 분할의 방법을 찾다.

① 분할의 방법에 관하여 협의가 성립되지 아니한 때에는 공유자는 법원에 그 분할을 청구할 수 있다.
② 현물로 분할할 수 없거나 분할로 인하여 현저히 그 가액이 감손될 염려가 있는 때에는 법원은 물건의 경매를 명할 수 있다.

제270조 (ㄴㅅㅊ - 낫처럼) : 분할로 인한 담보책임
낫처럼 갈라 매수한 지분은 매도한 자와 같은 자격을 갖는다.

공유자는 다른 공유자가 분할로 인하여 취득한 물건에 대하여 그 지분의 비율로 매도인과 동일한 담보책임이 있다.

제271조 (ㄴㅅㄱ - 내 속) : 물건의 합유
수인이 조합체로 물건을 소유할 경우 내 속이 타다.

① 법률의 규정 또는 계약에 의하여 수인이 조합체로서 물건을 소유하는 때에는 합유로 한다. 합유자의 권리는 합유물 전부에 미친다.
② 합유에 관하여는 전항의 규정 또는 계약에 의하는 외에 다음 3조의 규정에 의한다.

제272조 (ㄴㅅㄴ - 내 손으로) : 합유물의 처분, 변경과 보존
내 손으로 처분, 변경, 보존까지 하다.

합유물을 처분 또는 변경함에는 합유자 전원의 동의가 있어야 한다. 그러나 보존행위는 각자가 할 수 있다.

글자공식에 의한 민법 조문 연상 암기법

제273조 (ㄴㅅㄷ - 내 솥에) : 합유지분의 처분과 합유물의 분할금지
- 내 솥에 누른 누룽지는 지분대로 처분 또는 분할금지한다.
  ① 합유자는 전원의 동의없이 합유물에 대한 지분을 처분하지 못한다.
  ② 합유자는 합유물의 분할을 청구하지 못한다.

제274조 (ㄴㅅㄹ - 내실) : 합유의 종료
- 해산 양도로 종료될 경우 내실을 기하다.
  ① 합유는 조합체의 해산 또는 합유물의 양도로 인하여 종료한다.
  ② 전항의 경우에 합유물의 분할에 관하여는 공유물의 분할에 관한 규정을 준용한다.

제275조 (ㄴㅅㅁ - 내심) : 물건의 총유
- 사단 사원의 집합체로 물건이 소유되어 내심 신경 쓰인다.
  ① 법인이 아닌 사단의 사원이 집합체로서 물건을 소유할 때에는 총유로 한다.
  ② 총유에 관하여는 사단의 정관 기타 계약에 의하는 외에 다음 2조의 규정에 의한다.

제276조 (ㄴㅅㅂ - 내 삽) : 총유물의 관리, 처분과 사용, 수익
- 내 삽을 들고 사찰재산을 관리하고, 처분사용 수익은 사원총회 결의에 의한다.
  ① 총유물의 관리 및 처분은 사원총회의 결의에 의한다.
  ② 각 사원은 정관 기타의 규약에 좇아 총유물을 사용, 수익할 수 있다.

제277조 (ㄴㅅㅅ - 내 스스로) : 총유물에 관한 권리의무의 득상
- 내 스스로 권리의무의 득상을 지킨다.
  총유물에 관한 사원의 권리의무는 사원의 지위를 취득상실함으로써 취득상실된다.

제278조 (ㄴㅅㅇ - 노송) : 준공동소유
- 사찰 앞에 노송은 마을과 준공동소유로 한다.
  본절의 규정은 소유권 이외의 재산권에 준용한다. 그러나 다른 법률에 특별한 규정이 있으면 그에 의한다.

제4장 지상권

제279조 (ㄴㅅㅈ - 낫자루) : 지상권의 내용
- 타인의 토지에서 기른 수목으로 낫자루를 깎다.
  지상권자는 타인의 토지에 건물 기타 공작물이나 수목을 소유하기 위하여 그 토지를 사용하는 권리가 있다.

글자공식에 의한 민법 조문 연상 암기법

제280조 (ㄴㅇㅊ - 농촌) : 존속기간을 약정한 지상권
농촌에서 존속기간을 약정하고 수목, 다른 건물, 공작물을 짓기 위해 땅을 빌리다.
① 계약으로 지상권의 존속기간을 정하는 경우에는 그 기간은 다음 연한보다 단축하지 못한다.
1. 석조, 석회조, 연와조 또는 이와 유사한 견고한 건물이나 수목의 소유를 목적으로 하는 때에는 30년
2. 전호이외의 건물의 소유를 목적으로 하는 때에는 15년
3. 건물이외의 공작물의 소유를 목적으로 하는 때에는 5년
② 전항의 기간보다 단축한 기간을 정한 때에는 전항의 기간까지 연장한다.

제281조 (ㄴㅇㄱ - 농가) : 존속기간을 약정하지 아니한 지상권
농가의 집은 기간을 약정하지 아니하여도 280조의 최단기간에 준용한다.
① 계약으로 지상권의 존속기간을 정하지 아니한 때에는 그 기간은 전조의 최단존속기간으로 한다.
② 지상권설정당시에 공작물의 종류와 구조를 정하지 아니한 때에는 지상권은 전조제2호의 건물의 소유를 목적으로 한 것으로 본다.

제282조 (ㄴㅇㄴ - 내 안) : 지상권의 양도, 임대
지상권자의 **내 안**대로 양도, 임대할 수 있다.
지상권자는 타인에게 그 권리를 양도하거나 그 권리의 존속기간 내에서 그 토지를 임대할 수 있다.

제283조 (ㄴㅇㄷ - 농대) : 지상권자의 갱신청구권, 매수청구권
농대 땅을 임대 말료 갱신청구가 안되어 건물 공작물에 대하여 매수 청구를 하다.
① 지상권이 소멸한 경우에 건물 기타 공작물이나 수목이 현존한 때에는 지상권자는 계약의 갱신을 청구할 수 있다.
② 지상권설정자가 계약의 갱신을 원하지 아니하는 때에는 지상권자는 상당한 가액으로 전항의 공작물이나 수목의 매수를 청구할 수 있다.

제284조 (ㄴㅇㄹ - 능라도) : 갱신과 존속기간
대동강의 **능라도**를 갱신할 경우 280조보다 단축하지 못한다.
당사자가 계약을 갱신하는 경우에는 지상권의 존속기간은 갱신한 날로부터 제280조의 최단존속기간보다 단축하지 못한다. 그러나 당사자는 이보다 장기의 기간을 정할 수 있다.

제285조 (ㄴㅇㅁ - 넝마) : 수거의무, 매수청구권
넝마쟁이가 거리에 오물을 수거, 그 집을 매수청구시키다.
① 지상권이 소멸한 때에는 지상권자는 건물 기타 공작물이나 수목을 수거하여 토지를 원상에 회복하여야 한다.
② 전항의 경우에 지상권설정자가 상당한 가액을 제공하여 그 공작물이나 수목의 매수를 청구한 때에는 지상권자는 정당한 이유없이 이를 거절하지 못한다.

제2편 물권

 **글자공식에 의한 민법 조문 연상 암기법**

제286조 (ㄴㅇㅂ - 농부) : 지료증감청구권
농부 내 토지의 지가변동에 따라 당사자는 지료 증감을 청구할 수 있다.

지료가 토지에 관한 조세 기타 부담의 증감이나 지가의 변동으로 인하여 상당하지 아니하게 된 때에는 당사자는 그 증감을 청구할 수 있다.

제287조 (ㄴㅇㅅ - 농사) : 지상권소멸청구권
목축 **농사**를 위해 임차한 지상권, 2년 이상 지료하지 않을 시 소멸청구를 통고하다.

지상권자가 2년 이상의 지료를 지급하지 아니한 때에는 지상권설정자는 지상권의 소멸을 청구할 수 있다.

제288조 (ㄴㅇㅇ - 내용) : 지상권소멸청구와 저당권자에 대한 통지
지상권소멸청구 **내용**과 저당권자에 대한 통지한 후 효력이 생긴다.

지상권이 저당권의 목적인 때 또는 그 토지에 있는 건물, 수목이 저당권의 목적이 된 때에는 전조의 청구는 저당권자에게 통지한 후 상당한 기간이 경과함으로써 그 효력이 생긴다.

제289조 (ㄴㅇㅈ - 농지) : 강행규정
농지에 대한 강행규정 임차는 지상권자에게 불리하다.

제280조 내지 제287조의 규정에 위반되는 계약으로 지상권자에게 불리한 것은 그 효력이 없다.

제289조의2 (ㄴㅇㅈ - 농지) : 구분지상권
농지 위를 구분하여 지상권을 목적으로 할 수 있다.

① 지하 또는 지상의 공간은 상하의 범위를 정하여 건물 기타 공작물을 소유하기 위한 지상권의 목적으로 할 수 있다. 이 경우 설정행위로써 지상권의 행사를 위하여 토지의 사용을 제한할 수 있다.
② 제1항의 규정에 의한 구분지상권은 제3자가 토지를 사용·수익할 권리를 가진 때에도 그 권리자 및 그 권리를 목적으로 하는 권리를 가진 자 전원의 승낙이 있으면 이를 설정할 수 있다. 이 경우 토지를 사용·수익할 권리를 가진 제3자는 그 지상권의 행사를 방해하여서는 아니된다.
[본조신설 1984.4.10.]

제290조 (ㄴㅈㅊ - 낮 추위) : 준용규정
제213조~제244조의 지상권자 인지소유자의 **낮 추위**에 준용하다.

① 제213조, 제214조, 제216조 내지 제244조의 규정은 지상권자간 또는 지상권자와 인지소유자간에 이를 준용한다.
② 제280조 내지 제289조 및 제1항의 규정은 제289조의2의 규정에 의한 구분지상권에 관하여 이를 준용한다.〈신설 1984.4.10.〉

 **글자공식에 의한 민법 조문 연상 암기법**

제5장 지역권

제291조 (ㄴㅈㄱ - 니죽고 내죽기) : 지역권의 내용
- 일정한 목적을 위해 타인의 토지를 자기토지의 편익에 이용하자니 니죽고 내죽는 싸움이 벌어진다.

  지역권자는 일정한 목적을 위하여 타인의 토지를 자기토지의 편익에 이용하는 권리가 있다.

제292조 (ㄴㅈㄴ - 내전) : 부종성
- 요역지소유권자와 승역지소유권자간에 소유권 이외의 권리에 대한 내전이다.
  ① 지역권은 요역지소유권에 부종하여 이전하며 또는 요역지에 대한 소유권이외의 권리의 목적이 된다. 그러나 다른 약정이 있는 때에는 그 약정에 의한다.
  ② 지역권은 요역지와 분리하여 양도하거나 다른 권리의 목적으로 하지 못한다.

제293조 (ㄴㅈㄷ - 늦도록) : 공유관계, 일부양도와 불가분성
- 밤늦도록 공유관계, 일부양도와 불가분성에 대해 논의하다.
  ① 토지공유자의 1인은 지분에 관하여 그 토지를 위한 지역권 또는 그 토지가 부담한 지역권을 소멸하게 하지 못한다.
  ② 토지의 분할이나 토지의 일부양도의 경우에는 지역권은 요역지의 각 부분을 위하여 또는 그 승역지의 각부분에 존속한다. 그러나 지역권이 토지의 일부분에만 관한 것인 때에는 다른 부분에 대하여는 그러하지 아니하다.

제294조 (ㄴㅈㄹ - 나졸) : 지역권취득기간
- 조선시대 나졸들의 지역권취득으로 다툼이 시작되다.

  지역권은 계속되고 표현된 것에 한하여 제245조의 규정을 준용한다.

제295조 (ㄴㅈㅁ - 노점) : 취득과 불가분성
- 지역권 안 노점 취득과 불가분성에 대해 이야기하다.
  ① 공유자의 1인이 지역권을 취득한 때에는 다른 공유자도 이를 취득한다.
  ② 점유로 인한 지역권취득기간의 중단은 지역권을 행사하는 모든 공유자에 대한 사유가 아니면 그 효력이 없다.

제296조 (ㄴㅈㅂ - 내 집) : 소멸시효의 중단, 정지와 불가분성
- 내 집 하나의 소멸시효 중단은 다른 사람에게도 공유된다.

  요역지가 수인의 공유인 경우에 그 1인에 의한 지역권소멸시효의 중단 또는 정지는 다른 공유자를 위하여 효력이 있다.

글자공식에 의한 민법 조문 연상 암기법

제297조 (ㄴㅈㅅ - 내 주소) : 용수지역권
- 용수지역은 내 주소이다.
  ① 용수승역지의 수량이 요역지 및 승역지의 수요에 부족한 때에는 그 수요정도에 의하여 먼저 가용에 공급하고 다른 용도에 공급하여야 한다. 그러나 설정행위에 다른 약정이 있는 때에는 그 약정에 의한다.
  ② 승역지에 수개의 용수지역권이 설정된 때에는 후순위의 지역권자는 선순위의 지역권자의 용수를 방해하지 못한다.

제298조 (ㄴㅈㅇ - 노장) : 승역지소유자의 의무와 승계
- 승역지소유자의 노장이 지역민을 위하여 승계하다.
  계약에 의하여 승역지소유자가 자기의 비용으로 지역권의 행사를 위하여 공작물의 설치 또는 수선의 의무를 부담한 때에는 승역지소유자의 특별승계인도 그 의무를 부담한다.

제299조 (ㄴㅈㅈ - 내주자) : 위기에 의한 부담면제
- 지역민에 땅을 내주자, 위기에 의하여 부담이 면제되다.
  승역지의 소유자는 지역권에 필요한 부분의 토지소유권을 지역권자에게 위기하여 전조의 부담을 면할 수 있다.

제300조 (ㄷㅊㅊ - 대추차) : 공작물의 공동사용
- 대추차 제조기 공작물을 공동사용하다.
  ① 승역지의 소유자는 지역권의 행사를 방해하지 아니하는 범위내에서 지역권자가 지역권의 행사를 위하여 승역지에 설치한 공작물을 사용할 수 있다.
  ② 전항의 경우에 승역지의 소유자는 수익정도의 비율로 공작물의 설치, 보존의 비용을 분담하여야 한다.

제301조 (ㄷㅊㄱ - 도착) : 준용규정
- 소유물 방해제거 제214조를 위해 도착하니 노골적이다.
  제214조의 규정은 지역권에 준용한다.

제302조 (ㄷㅊㄴ - 대추나무) : 특수지역권
- 대추나무 지역주민이 이용하는 특수지역에서 나물을 채취하다.
  어느 지역의 주민이 집합체의 관계로 각자가 타인의 토지에서 초목, 야생물 및 토사의 채취, 방목 기타의 수익을 하는 권리가 있는 경우에는 관습에 의하는 외에 본장의 규정을 준용한다.

제6장 전세권

제303조 (ㄷㅊㄷ - 대치동) : 전세권의 내용
- 대치동에 전세 값이 뛰다.

글자공식에 의한 민법 조문 연상 암기법

① 전세권자는 전세금을 지급하고 타인의 부동산을 점유하여 그 부동산의 용도에 좇아 사용·수익하며, 그 부동산 전부에 대하여 후순위권리자 기타 채권자보다 전세금의 우선변제를 받을 권리가 있다. 〈개정 1984.4.10.〉
② 농경지는 전세권의 목적으로 하지 못한다.

제304조 (ㄷㅅㄹ - 대출) : 건물의 전세권, 지상권, 임차권에 대한 효력
건물의 전세, 지상, 임대를 위해 은행에서 **대출**하다.
① 타인의 토지에 있는 건물에 전세권을 설정한 때에는 전세권의 효력은 그 건물의 소유를 목적으로 한 지상권 또는 임차권에 미친다.
② 전항의 경우에 전세권설정자는 전세권자의 동의없이 지상권 또는 임차권을 소멸하게 하는 행위를 하지 못한다.

제305조 (ㄷㅊㅁ - 대 처마) : 건물의 전세권과 법정지상권
전셋집 **대 처마** 밑에 법정지상권을 설정하다.
① 대지와 건물이 동일한 소유자에 속한 경우에 건물에 전세권을 설정한 때에는 그 대지소유권의 특별승계인은 전세권설정자에 대하여 지상권을 설정한 것으로 본다. 그러나 지료는 당사자의 청구에 의하여 법원이 이를 정한다.
② 전항의 경우에 대지소유자는 타인에게 그 대지를 임대하거나 이를 목적으로 한 지상권 또는 전세권을 설정하지 못한다.

제306조 (ㄷㅊㅂ - 살수대첩) : 전세권의 양도, 임대 등
대첩 시에 집을 양도, 임대하고 피난을 떠나다.
전세권자는 전세권을 타인에게 양도 또는 담보로 제공할 수 있고 그 존속기간내에서 그 목적물을 타인에게 전전세 또는 임대할 수 있다. 그러나 설정행위로 이를 금지한 때에는 그러하지 아니하다.

제307조 (ㄷㅊㅅ - 대체수입) : 전세권양도의 효력
전세권을 양도하여 **대체수**입을 올리다.
전세권양수인은 전세권설정자에 대하여 전세권양도인과 동일한 권리의무가 있다.

제308조 (ㄷㅊㅇ - 대청) : 전전세 등의 경우의 책임
대청마루 방을 전전세하여 책임을 지다.
전세권의 목적물을 전전세 또는 임대한 경우에는 전세권자는 전전세 또는 임대하지 아니하였으면 면할 수 있는 불가항력으로 인한 손해에 대하여 그 책임을 부담한다.

제309조 (ㄷㅊㅈ - 대 차주) : 전세권자의 유지, 수선의무
집 안을 유지, 수선하고 **대 차주**인 전세권자가 깨끗하게 하다.
전세권자는 목적물의 현상을 유지하고 그 통상의 관리에 속한 수선을 하여야 한다.

글자공식에 의한 민법 조문 연상 암기법

제310조 (ㄷㄱㅊ – 독채) : 전세권자의 상환청구권
독채에 대한 필요 유지비를 주인에게 상환청구하다.
① 전세권자가 목적물을 개량하기 위하여 지출한 금액 기타 유익비에 관하여는 그 가액의 증가가 현존한 경우에 한하여 소유자의 선택에 좇아 그 지출액이나 증가액의 상환을 청구할 수 있다.
② 전항의 경우에 법원은 소유자의 청구에 의하여 상당한 상환기간을 허여할 수 있다.

제311조 (ㄷㄱㄱ – 다가구) : 전세권의 소멸청구
다가구 세입자는 전세권기간의 만료로 소멸청구가 되다.
① 전세권자가 전세권설정계약 또는 그 목적물의 성질에 의하여 정하여진 용법으로 이를 사용, 수익하지 아니한 경우에는 전세권설정자는 전세권의 소멸을 청구할 수 있다.
② 전항의 경우에는 전세권설정자는 전세권자에 대하여 원상회복 또는 손해배상을 청구할 수 있다.

제312조 (ㄷㄱㄴ – 더 긴) : 전세권자의 존속기간
전세권자는 10년 이상 **더 긴** 존속기간을 넘지 못한다.
① 전세권의 존속기간은 10년을 넘지 못한다. 당사자의 약정기간이 10년을 넘는 때에는 이를 10년으로 단축한다.
② 건물에 대한 전세권의 존속기간을 1년 미만으로 정한 때에는 이를 1년으로 한다. 〈신설 1984.4.10.〉
③ 전세권의 설정은 이를 갱신할 수 있다. 그 기간은 갱신한 날로부터 10년을 넘지 못한다.
④ 건물의 전세권설정자가 전세권의 존속기간 만료전 6월부터 1월까지 사이에 전세권자에 대하여 갱신거절의 통지 또는 조건을 변경하지 아니하면 갱신하지 아니한다는 뜻의 통지를 하지 아니한 경우에는 그 기간이 만료된 때에 전전세권과 동일한 조건으로 다시 전세권을 설정한 것으로 본다. 이 경우 전세권의 존속기간은 그 정함이 없는 것으로 본다. 〈신설 1984.4.10.〉

제312조의2 (ㄷㄱㄴ – 더 긴) : 전세금 증감청구권
전세권자의 존속기간이 **더 긴** 것은 공과금을 증감하여 냈다.
전세금이 목적 부동산에 관한 조세·공과금 기타 부담의 증감이나 경제사정의 변동으로 인하여 상당하지 아니하게 된 때에는 당사자는 장래에 대하여 그 증감을 청구할 수 있다. 그러나 증액의 경우에는 대통령령이 정하는 기준에 따른 비율을 초과하지 못한다.
[본조신설 1984.4.10.]

제313조 (ㄷㄱㄷ – 독도) : 전세권의 소멸통고
독도의 외딴집에 전세 기간 소멸을 통고하였다.
전세권의 존속기간을 약정하지 아니한 때에는 각 당사자는 언제든지 상대방에 대하여 전세권의 소멸을 통고할 수 있고 상대방이 이 통고를 받은 날로부터 6월이 경과하면 전세권은 소멸한다.

글자공식에 의한 민법 조문 연상 암기법

제314조 (ㄷㄱㄹ - 대궐) : 불가항력으로 인한 멸실
대궐 같은 집이 불가항력으로 소멸되다.
① 전세권의 목적물의 전부 또는 일부가 불가항력으로 인하여 멸실된 때에는 그 멸실된 부분의 전세권은 소멸한다.
② 전항의 일부멸실의 경우에 전세권자가 그 잔존부분으로 전세권의 목적을 달성할 수 없는 때에는 전세권설정자에 대하여 전세권전부의 소멸을 통고하고 전세금의 반환을 청구할 수 있다.

제315조 (ㄷㄱㅁ - 대감) : 전세권자의 손해배상책임
대감 집을 태워 버렸으니 전세권자가 손해배상책임이 있다.
① 전세권의 목적물의 전부 또는 일부가 전세권자에 책임있는 사유로 인하여 멸실된 때에는 전세권자는 손해를 배상할 책임이 있다.
② 전항의 경우에 전세권설정자는 전세권이 소멸된 후 전세금으로써 손해의 배상에 충당하고 잉여가 있으면 반환하여야 하며 부족이 있으면 다시 청구할 수 있다.

제316조 (ㄷㄱㅂ - 도급) : 원상회복의무, 매수청구권
도급으로 지은 집을 원상회복시키다.
① 전세권이 그 존속기간의 만료로 인하여 소멸한 때에는 전세권자는 그 목적물을 원상에 회복하여야 하며 그 목적물에 부속시킨 물건은 수거할 수 있다. 그러나 전세권설정자가 그 부속물건의 대수를 청구한 때에는 전세권자는 정당한 이유없이 거절하지 못한다.
② 전항의 경우에 그 부속물건이 전세권설정자의 동의를 얻어 부속시킨 것인 때에는 전세권자는 전세권설정자에 대하여 그 부속물건의 매수를 청구할 수 있다. 그 부속물건이 전세권설정자로부터 매수한 것인 때에도 같다.

제317조 (ㄷㄱㅅ - 독수공방) : 전세권의 소멸과 동시이행
전세금을 반환받기 위하여 **독수**공방하다.
전세권이 소멸한 때에는 전세권설정자는 전세권자로부터 그 목적물의 인도 및 전세권설정등기의 말소등기에 필요한 서류의 교부를 받는 동시에 전세금을 반환하여야 한다.

제318조 (ㄷㄱㅇ - 도공) : 전세권자의 경매청구권
전세권자 **도공**이 전세금을 받기 위해 경매청구를 하다.
전세권설정자가 전세금의 반환을 지체한 때에는 전세권자는 민사집행법의 정한 바에 의하여 전세권의 목적물의 경매를 청구할 수 있다. 〈개정 1997.12.13., 2001.12.29.〉

제319조 (ㄷㄱㅈ - 독자) : 준용규정
제213조~제244조의 규정을 **독자**적으로 적용시키다.
제213조, 제214조, 제216조 내지 제244조의 규정은 전세권자간 또는 전세권자와 인지소유자 및 지상권자간에 이를 준용한다.

 **글자공식에 의한 민법 조문 연상 암기법**

제7장 유치권

제320조 (ㄷㄴㅊ - 단추) : 유치권의 내용
> 세탁비용 대신 호박 **단추**를 유치 보관하다.
>> ① 타인의 물건 또는 유가증권을 점유한 자는 그 물건이나 유가증권에 관하여 생긴 채권이 변제기에 있는 경우에는 변제를 받을 때까지 그 물건 또는 유가증권을 유치할 권리가 있다.
>> ② 전항의 규정은 그 점유가 불법행위로 인한 경우에 적용하지 아니한다.

제321조 (ㄷㄴㄱ - 단기) : 유치권의 불가분성
> **단기**간에 유치권의 불가분성이 성립되다.
>> 유치권자는 채권전부의 변제를 받을 때까지 유치물전부에 대하여 그 권리를 행사할 수 있다.

제322조 (ㄷㄴㄴ - 도난) : 경매, 간이변제충당
> **도난**당한 물건들을 경매하여 간이변제충당에 이용되다.
>> ① 유치권자는 채권의 변제를 받기 위하여 유치물을 경매할 수 있다.
>> ② 정당한 이유있는 때에는 유치권자는 감정인의 평가에 의하여 유치물로 직접 변제에 충당할 것을 법원에 청구할 수 있다. 이 경우에는 유치권자는 미리 채무자에게 통지하여야 한다.

제323조 (ㄷㄴㄷ - 단도) : 과실수취권
> **단도**직입적으로 과실을 수취한다.
>> ① 유치권자는 유치물의 과실을 수취하여 다른 채권보다 먼저 그 채권의 변제에 충당할 수 있다. 그러나 과실이 금전이 아닌 때에는 경매하여야 한다.
>> ② 과실은 먼저 채권의 이자에 충당하고 그 잉여가 있으면 원본에 충당한다.

제324조 (ㄷㄴㄹ - 떠날 때) : 유치권자의 선관의무
> 유치물이 **떠날** 때까지 선관의무를 진다.
>> ① 유치권자는 선량한 관리자의 주의로 유치물을 점유하여야 한다.
>> ② 유치권자는 채무자의 승낙없이 유치물의 사용, 대여 또는 담보제공을 하지 못한다. 그러나 유치물의 보존에 필요한 사용은 그러하지 아니하다.
>> ③ 유치권자가 전2항의 규정에 위반한 때에는 채무자는 유치권의 소멸을 청구할 수 있다.

제325조 (ㄷㄴㅁ - 떠남) : 유치권자의 상환청구권
> **떠나면** 그만, 그전에 쓴 비용에 대한 상환청구를 요구한다.
>> ① 유치권자가 유치물에 관하여 필요비를 지출한 때에는 소유자에게 그 상환을 청구할 수 있다.
>> ② 유치권자가 유치물에 관하여 유익비를 지출한 때에는 그 가액의 증가가 현존한 경우에 한하여 소유자의 선택에 좇아 그 지출한 금액이나 증가액의 상환을 청구할 수 있다. 그러나 법원은 소유자의 청구에 의하여 상당한 상환기간을 허여할 수 있다.

 **글자공식에 의한 민법 조문 연상 암기법**

제326조 (ㄷㄴㅂ - 돈벼락) : 피담보채권의 소멸시효
- 돈벼락으로 피담보채권의 소멸을 구하다.
  유치권의 행사는 채권의 소멸시효의 진행에 영향을 미치지 아니한다.

제327조 (ㄷㄴㅅ - 돈 써서) : 타담보제공과 유치권소멸
- 돈 써서 타담보제공으로 인한 유치권 소멸을 청구했다.
  채무자는 상당한 담보를 제공하고 유치권의 소멸을 청구할 수 있다.

제328조 (ㄷㄴㅇ - 태능) : 점유상실과 유치권소멸
- 태능 선수촌은 세입자점유권 상실로 유치권도 잃다.
  유치권은 점유의 상실로 인하여 소멸한다.

제8장 질권

[제1절 동산질권]

제329조 (ㄷㄴㅈ - 돈지갑) : 동산질권의 내용
- 돈지갑 속에 동산질권이 가득하다.
  동산질권자는 채권의 담보로 채무자 또는 제삼자가 제공한 동산을 점유하고 그 동산에 대하여 다른 채권자보다 자기채권의 우선변제를 받을 권리가 있다.

제330조 (ㄷㄷㅊ - 도대체) : 설정계약의 요물성
- 도대체 설정계약의 요물성은 요물단지다.
  질권의 설정은 질권자에게 목적물을 인도함으로써 그 효력이 생긴다.

제331조 (ㄷㄷㄱ - 도덕) : 질권의 목적물
- 질권의 목적은 도덕에 맞게 사용되어야 한다.
  질권은 양도할 수 없는 물건을 목적으로 하지 못한다.

제332조 (ㄷㄷㄴ - 떠든다고) : 설정자에 의한 대리점유의 금지
- 떠든다고 대리점유자를 내쫓는다.
  질권자는 설정자로 하여금 질물의 점유를 하게 하지 못한다.

제333조 (ㄷㄷㄷ - 따따따) : 동산질권의 순위

글자공식에 의한 민법 조문 연상 암기법

순위에 따라 따따따 나팔 붑니다.
수개의 채권을 담보하기 위하여 동일한 동산에 수개의 질권을 설정한 때에는 그 순위는 설정의 선후에 의한다.

제334조 (ㄷㄷㄹ - 토탈) : 피담보채권의 범위
피담보채권의 토탈 범위는 다음과 같다.
질권은 원본, 이자, 위약금, 질권실행의 비용, 질물보존의 비용 및 채무불이행 또는 질물의 하자로 인한 손해배상의 채권을 담보한다. 그러나 다른 약정이 있는 때에는 그 약정에 의한다.

제335조 (ㄷㄷㅁ - 토담) : 유치적효력
토담은 아담하여 유치적효력이 있다.
질권자는 전조의 채권의 변제를 받을 때까지 질물을 유치할 수 있다. 그러나 자기보다 우선권이 있는 채권자에게 대항하지 못한다.

제336조 (ㄷㄷㅂ - 대답) : 전질권
전질권에 대한 대답이 확실하다.
질권자는 그 권리의 범위내에서 자기의 책임으로 질물을 전질할 수 있다. 이 경우에는 전질을 하지 아니하였으면 면할 수 있는 불가항력으로 인한 손해에 대하여도 책임을 부담한다.

제337조 (ㄷㄷㅅ - 또다시) : 전질의 대항요건
질권의 확실한 대답을 또다시 묻다.
① 전조의 경우에 질권자가 채무자에게 전질의 사실을 통지하거나 채무자가 이를 승낙함이 아니면 전질로써 채무자, 보증인, 질권설정자 및 그 승계인에게 대항하지 못한다.
② 채무자가 전항의 통지를 받거나 승낙을 한 때에는 전질권자의 동의없이 질권자에게 채무를 변제하여도 이로써 전질권자에게 대항하지 못한다.

제338조 (ㄷㄷㅇ - 타당) : 경매, 간이변제충당
경매로 인한 간이변제충당은 타당하다.
① 질권자는 채권의 변제를 받기 위하여 질물을 경매할 수 있다.
② 정당한 이유있는 때에는 질권자는 감정인의 평가에 의하여 질물로 직접 변제에 충당할 것을 법원에 청구할 수 있다. 이 경우에는 질권자는 미리 채무자 및 질권설정자에게 통지하여야 한다.

제339조 (ㄷㄷㅈ - 두더지) : 유질계약의 금지
부드러운 땅을 파는 두더지는 유질계약의 금지 표현이다.
질권설정자는 채무변제기전의 계약으로 질권자에게 변제에 갈음하여 질물의 소유권을 취득하게 하거나 법률에 정한 방법에 의하지 아니하고 질물을 처분할 것을 약정하지 못한다. 〈개정 2014.12.30.〉

 글자공식에 의한 민법 조문 연상 암기법

제340조 (ㄷㄹㅊ - 탈취) : 질물 이외의 재산으로부터의 변제
● 두더지가 **탈취**한 질물 이외는 재산으로부터 변제
① 질권자는 질물에 의하여 변제를 받지 못한 부분의 채권에 한하여 채무자의 다른 재산으로부터 변제를 받을 수 있다.
② 전항의 규정은 질물보다 먼저 다른 재산에 관한 배당을 실시하는 경우에는 적용하지 아니한다. 그러나 다른 채권자는 질권자에게 그 배당금액의 공탁을 청구할 수 있다.

제341조 (ㄷㄹㄱ - 딸기) : 물상보증인의 구상권
● **딸기** 농사가 실패했을 때 물상보증인에게 구상권이 있다.
타인의 채무를 담보하기 위한 질권설정자가 그 채무를 변제하거나 질권의 실행으로 인하여 질물의 소유권을 잃은 때에는 보증채무에 관한 규정에 의하여 채무자에 대한 구상권이 있다.

제342조 (ㄷㄹㄴ - 토란) : 물상대위
● 딸기 대신 **토란**으로 물상대위하다.
질권은 질물의 멸실, 훼손 또는 공용징수로 인하여 질권설정자가 받을 금전 기타 물건에 대하여도 이를 행사할 수 있다. 이 경우에는 그 지급 또는 인도전에 압류하여야 한다.

제343조 (ㄷㄹㄷ - 탈 때) : 준용규정
● 제249조~제251조, 제321~제325조는 차 **탈 때** 부동산 질권에 준용한다.
제249조 내지 제251조, 제321조 내지 제325조의 규정은 동산질권에 준용한다.

제344조 (ㄷㄹㄹ - 달러) : 타법률에 의한 질권
● **달러**는 타법률에 의한 질권에 으뜸이다.
본절의 규정은 다른 법률의 규정에 의하여 설정된 질권에 준용한다.

[제2절 권리질권]
제345조 (ㄷㄹㅁ - 탈모) : 권리질권의 목적
● **탈모**방지 제약주는 새로운 권리의 목적이 되다.
질권은 재산권을 그 목적으로 할 수 있다. 그러나 부동산의 사용, 수익을 목적으로 하는 권리는 그러하지 아니하다.

제346조 (ㄷㄹㅂ - 돌비) : 권리질권의 설정방법
● **돌비**석에 권리질권의 설정방법이 새겨져 있다.
권리질권의 설정은 법률에 다른 규정이 없으면 그 권리의 양도에 관한 방법에 의하여야 한다.

글자공식에 의한 민법 조문 연상 암기법

제347조 (ㄷㄹㅅ - 탈수) : 설정계약의 요물성
● 탈수기 구입에 새로운 설정계약의 요물에 따르다.

채권을 질권의 목적으로 하는 경우에 채권증서가 있는 때에는 질권의 설정은 그 증서를 질권자에게 교부함으로써 그 효력이 생긴다.

제348조 (ㄷㄹㅇ - 도랑) : 저당채권에 대한 질권과 부기등기
● 도랑치고 가재 잡듯 저당권에 대한 질권과 부기등기를 동시 등재하였다.

저당권으로 담보한 채권을 질권의 목적으로 한 때에는 그 저당권등기에 질권의 부기등기를 하여야 그 효력이 저당권에 미친다.

제349조 (ㄷㄹㅈ - 들쥐) : 지명채권에 대한 질권의 대항요건
● 지명 높은 들쥐들이 질권에 대항하여 덤비다.

① 지명채권을 목적으로 한 질권의 설정은 설정자가 제450조의 규정에 의하여 제삼채무자에게 질권설정의 사실을 통지하거나 제삼채무자가 이를 승낙함이 아니면 이로써 제삼채무자 기타 제삼자에게 대항하지 못한다.
② 제451조의 규정은 전항의 경우에 준용한다.

제350조 (ㄷㅁㅊ - 대마초) : 지시채권에 대한 질권의 설정방법
● 대마초 구입은 지시에 따라 채권의 질권의 설정방법을 정하다.

지시채권을 질권의 목적으로 한 질권의 설정은 증서에 배서하여 질권자에게 교부함으로써 그 효력이 생긴다.

제351조 (ㄷㅁㄱ - 두목) : 무기명채권에 대한 질권의 설정방법
● 무기명 두목의 채권에 대한 질권의 설정방법

무기명채권을 목적으로 한 질권의 설정은 증서를 질권자에게 교부함으로써 그 효력이 생긴다.

제352조 (ㄷㅁㄴ - 태만) : 질권설정자의 권리처분제한
● 태만한 두목의 권리를 처분하고 제한한다.

질권설정자는 질권자의 동의없이 질권의 목적된 권리를 소멸하게 하거나 질권자의 이익을 해하는 변경을 할 수 없다.

제353조 (ㄷㅁㄷ - 토마토) : 질권의 목적이 된 채권의 실행방법
● 토마토에 질권이 목적이 된 채권의 실행방법

① 질권자는 질권의 목적이 된 채권을 직접 청구할 수 있다.
② 채권의 목적물이 금전인 때에는 질권자는 자기채권의 한도에서 직접 청구할 수 있다.

글자공식에 의한 민법 조문 연상 암기법

③ 전항의 채권의 변제기가 질권자의 채권의 변제기보다 먼저 도래한 때에는 질권자는 제삼채무자에 대하여 그 변제금액의 공탁을 청구할 수 있다. 이 경우에 질권은 그 공탁금에 존재한다.
④ 채권의 목적물이 금전 이외의 물건인 때에는 질권자는 그 변제를 받은 물건에 대하여 질권을 행사할 수 있다.

제354조 (ㄷㅁㄹ - 대물) : 동전

● 동전의 실행을 대물로 민사집행법원에 따라 대물로 처리할 수 있다.

질권자는 전조의 규정에 의하는 외에 민사집행법에 정한 집행방법에 의하여 질권을 실행할 수 있다. 〈개정 2001.12.29.〉

제355조 (ㄷㅁㅁ - 다 매매) : 준용규정

● 본질의 규정 외에 동산질권의 관한 규정을 적용 다 매매로 실행할 수 있다.

권리질권에는 본절의 규정외에 동산질권에 관한 규정을 준용한다.

제9장 저당권

제356조 (ㄷㅁㅂ - 담보) : 저당권의 내용

● 저당권은 담보 물건과 같다.

저당권자는 채무자 또는 제삼자가 점유를 이전하지 아니하고 채무의 담보로 제공한 부동산에 대하여 다른 채권자보다 자기채권의 우선변제를 받을 권리가 있다.

제357조 (ㄷㅁㅅ - 대못) : 근저당

● 근저당은 저당권에 대못을 친 격이다.

① 저당권은 그 담보할 채무의 최고액만을 정하고 채무의 확정을 장래에 보류하여 이를 설정할 수 있다. 이 경우에는 그 확정될 때까지의 채무의 소멸 또는 이전은 저당권에 영향을 미치지 아니한다.
② 전항의 경우에는 채무의 이자는 최고액 중에 산입한 것으로 본다.

제358조 (ㄷㅁㅇ - 도망) : 저당권의 효력의 범위

● 도망갈 옥탑방도 저당권 효력에 미친다.

저당권의 효력은 저당부동산에 부합된 물건과 종물에 미친다. 그러나 법률에 특별한 규정 또는 설정행위에 다른 약정이 있으면 그러하지 아니하다.

글자공식에 의한 민법 조문 연상 암기법

제359조 (ㄷㅁㅈ - 때맞춰) : 과실에 대한 효력
저당권 설정자의 압류통고에 때맞춰, 과실은 저당권자의 효력은 없다.
> 저당권의 효력은 저당부동산에 대한 압류가 있은 후에 저당권설정자가 그 부동산으로부터 수취한 과실 또는 수취할 수 있는 과실에 미친다. 그러나 저당권자가 그 부동산에 대한 소유권, 지상권 또는 전세권을 취득한 제삼자에 대하여는 압류한 사실을 통지한 후가 아니면 이로써 대항하지 못한다.

제360조 (ㄷㅂㅊ - 덮치다) : 피담보채권의 범위
채무불이행자에 대한 원본, 이자, 위약금을 있는 대로 덮치다.
> 저당권은 원본, 이자, 위약금, 채무불이행으로 인한 손해배상 및 저당권의 실행비용을 담보한다. 그러나 지연배상에 대하여는 원본의 이행기일을 경과한 후의 1년분에 한하여 저당권을 행사할 수 있다.

제361조 (ㄷㅂㄱ - 도박) : 저당권의 처분제한
도박 빚으로 저당 잡힌 재산은 처분제한한다.
> 저당권은 그 담보한 채권과 분리하여 타인에게 양도하거나 다른 채권의 담보로 하지 못한다.

제362조 (ㄷㅂㄴ - 태반) : 저당물의 보충
저당물의 태반이 부족하여 보충하다.
> 저당권설정자의 책임있는 사유로 인하여 저당물의 가액이 현저히 감소된 때에는 저당권자는 저당권설정자에 대하여 그 원상회복 또는 상당한 담보제공을 청구할 수 있다.

제363조 (ㄷㅂㄷ - 더 받다) : 저당권자의 경매청구권, 경매인
경매로 더 받은 저당물은 청산하여야 한다.
> ① 저당권자는 그 채권의 변제를 받기 위하여 저당물의 경매를 청구할 수 있다.
> ② 저당물의 소유권을 취득한 제삼자도 경매인이 될 수 있다.

제364조 (ㄷㅂㄹ - 더불어) : 제삼취득자의 변제
제삼취득자끼리 돈을 모아 변제하니 더불어 사는 사회의 모범이다.
> 저당부동산에 대하여 소유, 지상권 또는 전세권을 취득한 제삼자는 저당권자에게 그 부동산으로 담보된 채권을 변제하고 저당권의 소멸을 청구할 수 있다.

제365조 (ㄷㅂㅁ - 대범) : 저당지상의 건물에 대한 경매청구권
저당지상의 물건에 대하여 대범하게 경매청구하다.
> 토지를 목적으로 저당권을 설정한 후 그 설정자가 그 토지에 건물을 축조한 때에는 저당권자는 토지와 함께 그 건물에 대하여도 경매를 청구할 수 있다. 그러나 그 건물의 경매대가에 대하여는 우선변제를 받을 권리가 없다.

글자공식에 의한 민법 조문 연상 암기법

제366조 (ㄷㅂㅂ - 대법) : 법정지상권
대법에서 법정지상권이 인정되므로 재산권을 보호하다.

저당물의 경매로 인하여 토지와 그 지상건물이 다른 소유자에 속한 경우에는 토지소유자는 건물소유자에 대하여 지상권을 설정한 것으로 본다. 그러나 지료는 당사자의 청구에 의하여 법원이 이를 정한다.

제367조 (ㄷㅂㅅ - 덥수룩) : 제삼취득자의 비용상환청구권
덥수룩한 제삼취득자가 비용상환을 청구하다.

저당물의 제삼취득자가 그 부동산의 보존, 개량을 위하여 필요비 또는 유익비를 지출한 때에는 제203조 제1항, 제2항의 규정에 의하여 저당물의 경매대가에서 우선상환을 받을 수 있다.

제368조 (ㄷㅂㅇ - 다방) : 공동저당과 대가의 배당, 차순위자의 대위
공동저당자 차순위 대위자들이 대가배당을 받기 위해 **다방**에 모이다.

① 동일한 채권의 담보로 수개의 부동산에 저당권을 설정한 경우에 그 부동산의 경매대가를 동시에 배당하는 때에는 각부동산의 경매대가에 비례하여 그 채권의 분담을 정한다.
② 전항의 저당부동산중 일부의 경매대가를 먼저 배당하는 경우에는 그 대가에서 그 채권전부의 변제를 받을 수 있다. 이 경우에 그 경매한 부동산의 차순위저당권자는 선순위저당권자가 전항의 규정에 의하여 다른 부동산의 경매대가에서 변제를 받을 수 있는 금액의 한도에서 선순위자를 대위하여 저당권을 행사할 수 있다.

제369조 (ㄷㅂㅈ - 답지) : 부종성
담보된 채권의 시효 완성 시 저당권도 소멸됨이 **답지**에 부종성이다.

저당권으로 담보한 채권이 시효의 완성 기타 사유로 인하여 소멸한 때에는 저당권도 소멸한다.

제370조 (ㄷㅅㅊ - 다시 찾은) : 준용규정
제214조, 제321조, 제333조, 제340조, 제341조 및 제342조 규정은 **다시 찾**아 나갈, 단기, 따따따, 돌채, 딸기, 토란 주스이다.

제214조, 제321조, 제333조, 제340조, 제341조 및 제342조의 규정은 저당권에 준용한다.

제371조 (ㄷㅅㄱ - 타석) : 지상권, 전세권을 목적으로 하는 저당권
상, 전세권이 목적이 된 저당권을 **타석**에 앉은 여인이 흥정하고 있다.

① 본장의 규정은 지상권 또는 전세권을 저당권의 목적으로 한 경우에 준용한다.
② 지상권 또는 전세권을 목적으로 저당권을 설정한 자는 저당권자의 동의없이 지상권 또는 전세권을 소멸하게 하는 행위를 하지 못한다.

 ## 글자공식에 의한 민법 조문 연상 암기법

제372조 (ㄷㅅㄴ – 타산) : 타법률에 의한 저당권

연상기억 **타산**이 맞지 않은 다방을 저당하기 위해 타법률을 알아보다.

본장의 규정은 다른 법률에 의하여 설정된 저당권에 준용한다.

민법

제3편 채권

제1장 총 칙
제2장 계 약
제3장 사무관리
제4장 부당이득
제5장 불법행위

제3편　채권

제1장 총칙

[제1절 채권의 목적]

제373조 (ㄷㅅㄷ - 다시다) : 채권의 목적
🔖 **다시다** 건강식품을 목적으로 하여 채권을 발행하다.

　　금전으로 가액을 산정할 수 없는 것이라도 채권의 목적으로 할 수 있다.

제374조 (ㄷㅅㄹ - 다슬기) : 특정물인도채무자의 선관의무
🔖 낙동강 **다슬기**는 특정물인도채무자의 선관의무이다.

　　특정물의 인도가 채권의 목적인 때에는 채무자는 그 물건을 인도하기까지 선량한 관리자의 주의로 보존하여야 한다.

제375조 (ㄷㅅㅁ - 다시마) : 종류채권
🔖 **다시마**의 종류에 따라 식품 품질의 차이로 채권을 발행하다.

　① 채권의 목적을 종류로만 지정한 경우에 법률행위의 성질이나 당사자의 의사에 의하여 품질을 정할 수 없는 때에는 채무자는 중등품질의 물건으로 이행하여야 한다.
　② 전항의 경우에 채무자가 이행에 필요한 행위를 완료하거나 채권자의 동의를 얻어 이행할 물건을 지정한 때에는 그때로부터 그 물건을 채권의 목적물로 한다.

제376조 (ㄷㅅㅂ - 더 소비) : 금전채권
🔖 금전을 **더 소비**하므로 채권을 더 발행하다.

　　채권의 목적이 어느 종류의 통화로 지급할 것인 경우에 그 통화가 변제기에 강제통용력을 잃은 때에는 채무자는 다른 통화로 변제하여야 한다.

제377조 (ㄷㅅㅅ - 다 사서) : 외화채권
🔖 외화로 **다 사서** 더 살 것이 없다.

　① 채권의 목적이 다른 나라 통화로 지급할 것인 경우에는 채무자는 자기가 선택한 그 나라의 각 종류의 통화로 변제할 수 있다.
　② 채권의 목적이 어느 종류의 다른 나라 통화로 지급할 것인 경우에 그 통화가 변제기에 강제통용력을 잃은 때에는 그 나라의 다른 통화로 변제하여야 한다.

글자공식에 의한 민법 조문 연상 암기법

제378조 (ㄷㅅㅇ - 동전) : 동전
● 대상으로 받은 동전 채권을 우리나라 통화로 환급하다.
> 채권액이 다른 나라 통화로 지정된 때에는 채무자는 지급할 때에 있어서의 이행지의 환금시가에 의하여 우리나라 통화로 변제할 수 있다.

제379조 (ㄷㅅㅈ - 더 쓰자) : 법정이율
● 법정이율이 싸서 채권을 더 쓰자!
> 이자있는 채권의 이율은 다른 법률의 규정이나 당사자의 약정이 없으면 연 5분으로 한다.

제380조 (ㄷㅇㅊ - 당초) : 선택채권
● 애당초 선택된 채권을 쓰다.
> 채권의 목적이 수개의 행위 중에서 선택에 좇아 확정될 경우에 다른 법률의 규정이나 당사자의 약정이 없으면 선택권은 채무자에게 있다.

제381조 (ㄷㅇㄱ - 당기다) : 선택권의 이전
● 선택권의 이전을 위해 강하게 당기다.
> ① 선택권행사의 기간이 있는 경우에 선택권자가 그 기간내에 선택권을 행사하지 아니하는 때에는 상대방은 상당한 기간을 정하여 그 선택을 최고할 수 있고 선택권자가 그 기간내에 선택하지 아니하면 선택권은 상대방에게 있다.
> ② 선택권행사의 기간이 없는 경우에 채권의 기한이 도래한 후 상대방이 상당한 기간을 정하여 그 선택을 최고하여도 선택권자가 그 기간내에 선택하지 아니할 때에도 전항과 같다.

제382조 (ㄷㅇㄴ - 태안) : 당사자의 선택권의 행사
● 태안지역 피해 당사자끼리의 선택권 행사
> ① 채권자나 채무자가 선택하는 경우에는 그 선택은 상대방에 대한 의사표시로 한다.
> ② 전항의 의사표시는 상대방의 동의가 없으면 철회하지 못한다.

제383조 (ㄷㅇㄷ - 등대) : 제삼자의 선택권의 행사
● 등대를 보고 제삼자의 입장에서 방향을 선택하다.
> ① 제삼자가 선택하는 경우에는 그 선택은 채무자 및 채권자에 대한 의사표시로 한다.
> ② 전항의 의사표시는 채권자 및 채무자의 동의가 없으면 철회하지 못한다.

제384조 (ㄷㅇㄹ - 동해) : 제삼자의 선택권의 이전
● 등대를 보고 동해로 선택 이전하다.
> ① 선택할 제삼자가 선택할 수 없는 경우에는 선택권은 채무자에게 있다.
> ② 제삼자가 선택하지 아니하는 경우에는 채권자나 채무자는 상당한 기간을 정하여 그 선택을 최고할

 글자공식에 의한 민법 조문 연상 암기법

수 있고 제삼자가 그 기간내에 선택하지 아니하면 선택권은 채무자에게 있다.

제385조 (ㄷㅇㅁ - 통마늘) : 불능으로 인한 선택채권의 특정
성 불능자에게 **통마늘**이 좋다하여 선택채권으로 특정주문하다.
① 채권의 목적으로 선택할 수개의 행위 중에 처음부터 불능한 것이나 또는 후에 이행불능하게 된 것이 있으면 채권의 목적은 잔존한 것에 존재한다.
② 선택권없는 당사자의 과실로 인하여 이행불능이 된 때에는 전항의 규정을 적용하지 아니한다.

제386조 (ㄷㅇㅂ - 똥배) : 선택의 소급효
똥배 다이어트 훈련을 소급하여 선택하다.
선택의 효력은 그 채권이 발생한 때에 소급한다. 그러나 제삼자의 권리를 해하지 못한다.

[제2절 채권의 효력]
제387조 (ㄷㅇㅅ - 동시) : 이행기와 이행지체
이행기와 이행지체가 **동시**에 이루어지다.
① 채무이행의 확정한 기한이 있는 경우에는 채무자는 기한이 도래한 때로부터 지체책임이 있다. 채무이행의 불확정한 기한이 있는 경우에는 채무자는 기한이 도래함을 안 때로부터 지체책임이 있다.
② 채무이행의 기한이 없는 경우에는 채무자는 이행청구를 받은 때로부터 지체책임이 있다.

제388조 (ㄷㅇㅇ - 동아리) : 기한의 이익의 상실
채무자는 **동아리** 회원으로 기한의 이익을 주장하지 못한다.
채무자는 다음 각호의 경우에는 기한의 이익을 주장하지 못한다.
1. 채무자가 담보를 손상, 감소 또는 멸실하게 한 때
2. 채무자가 담보제공의 의무를 이행하지 아니한 때

제389조 (ㄷㅇㅈ - 동조) : 강제이행
채무자가 채무를 이행하지 않을 시 법원이 강제이행에 **동조**한다.
① 채무자가 임의로 채무를 이행하지 아니한 때에는 채권자는 그 강제이행을 법원에 청구할 수 있다. 그러나 채무의 성질이 강제이행을 하지 못할 것인 때에는 그러하지 아니하다.
② 전항의 채무가 법률행위를 목적으로 한 때에는 채무자의 의사표시에 갈음할 재판을 청구할 수 있고 채무자의 일신에 전속하지 아니한 작위를 목적으로 한 때에는 채무자의 비용으로 제삼자에게 이를 하게 할 것을 법원에 청구할 수 있다. 〈개정 2014.12.30.〉
③ 그 채무가 부작위를 목적으로 한 경우에 채무자가 이에 위반한 때에는 채무자의 비용으로써 그 위반한 것을 제각하고 장래에 대한 적당한 처분을 법원에 청구할 수 있다.
④ 전3항의 규정은 손해배상의 청구에 영향을 미치지 아니한다.

글자공식에 의한 민법 조문 연상 암기법

제390조 (ㄷㅊ - 더 지체) : 채무불이행과 손해배상
채무불이행에 더 지체할 수 없어 강제이행 수단으로 손해배상을 청구하다.

채무자가 채무의 내용에 좇은 이행을 하지 아니한 때에는 채권자는 손해배상을 청구할 수 있다. 그러나 채무자의 고의나 과실없이 이행할 수 없게 된 때에는 그러하지 아니하다.

제391조 (ㄷㅈㄱ - 다 죽고) : 이행보조자의 고의, 과실
이행보조자의 고의, 과실로 다 죽게 되다.

채무자의 법정대리인이 채무자를 위하여 이행하거나 채무자가 타인을 사용하여 이행하는 경우에는 법정대리인 또는 피용자의 고의나 과실은 채무자의 고의나 과실로 본다.

제392조 (ㄷㅈㄴ - 대전) : 이행지체 중의 손해배상
대전발 0시 50분 지체연착 중 손해배상

채무자는 자기에게 과실이 없는 경우에도 그 이행지체 중에 생긴 손해를 배상하여야 한다. 그러나 채무자가 이행기에 이행하여도 손해를 면할 수 없는 경우에는 그러하지 아니하다.

제393조 (ㄷㅈㄷ - 돼지 떼) : 손해배상의 범위
농촌 돼지 떼 출몰로 손해배상의 범위가 넓어지다.

① 채무불이행으로 인한 손해배상은 통상의 손해를 그 한도로 한다.
② 특별한 사정으로 인한 손해는 채무자가 그 사정을 알았거나 알 수 있었을 때에 한하여 배상의 책임이 있다.

제394조 (ㄷㅈㄹ - 대절) : 손해배상의 방법
대절한 버스 고장으로 인한 연착 때문에 생긴 손해배상 청구 방법을 구상중이다.

다른 의사표시가 없으면 손해는 금전으로 배상한다.

제395조 (ㄷㅈㅁ - 타지마) : 이행지체와 전보배상
이행지체로 전보배상받고 대절버스 타지마!

채무자가 채무의 이행을 지체한 경우에 채권자가 상당한 기간을 정하여 이행을 최고하여도 그 기간내에 이행하지 아니하거나 지체후의 이행이 채권자에게 이익이 없는 때에는 채권자는 수령을 거절하고 이행에 갈음한 손해배상을 청구할 수 있다. 〈개정 2014.12.30.〉

제396조 (ㄷㅈㅂ - 대접) : 과실상계
채권자의 대접 속 과실이 있을 시 금액을 참작하여야 한다.

채무불이행에 관하여 채권자에게 과실이 있는 때에는 법원은 손해배상의 책임 및 그 금액을 정함에 이를 참작하여야 한다.

 **글자공식에 의한 민법 조문 연상 암기법**

제397조 (ㄷㅈㅅ - 도지사) : 금전채무불이행에 대한 특칙
도지사가 금전채무 불이행으로 특칙을 받다.
① 금전채무불이행의 손해배상액은 법정이율에 의한다. 그러나 법령의 제한에 위반하지 아니한 약정이율이 있으면 그 이율에 의한다.
② 전항의 손해배상에 관하여는 채권자는 손해의 증명을 요하지 아니하고 채무자는 과실없음을 항변하지 못한다.

제398조 (ㄷㅈㅇ - 도장) : 배상액의 예정
도장을 찍고 배상액에 대한 예정을 세우다.
① 당사자는 채무불이행에 관한 손해배상액을 예정할 수 있다.
② 손해배상의 예정액이 부당히 과다한 경우에는 법원은 적당히 감액할 수 있다.
③ 손해배상액의 예정은 이행의 청구나 계약의 해제에 영향을 미치지 아니한다.
④ 위약금의 약정은 손해배상액의 예정으로 추정한다.
⑤ 당사자가 금전이 아닌 것으로써 손해의 배상에 충당할 것을 예정한 경우에도 전4항의 규정을 준용한다.

제399조 (ㄷㅈㅈ - 대지주) : 손해배상자의 대위
대지주가 손해배상자를 대위하여 보상하다.
채권자가 그 채권의 목적인 물건 또는 권리의 가액전부를 손해배상으로 받은 때에는 채무자는 그 물건 또는 권리에 관하여 당연히 채권자를 대위한다.

제400조 (ㅎㅊㅊ - 해체처리) : 채권자지체
회사 **해체처**리로 채무이행을 받을 수 없거나 하지 않을 때에는 채권자가 지체책임이 있다.
채권자가 이행을 받을 수 없거나 받지 아니한 때에는 이행의 제공있는 때로부터 지체책임이 있다.

제401조 (ㅎㅊㄱ - 화촉) : 채권자지체와 채무자의 책임
채권자와 채무자 사이의 자식들이 **화촉**을 밝히니 사돈이 되다.
채권자지체 중에는 채무자는 고의 또는 중대한 과실이 없으면 불이행으로 인한 모든 책임이 없다.

제402조 (ㅎㅊㄴ - 화친) : 동전
동전의 양자는 **화친**으로 채무이자를 지급할 필요가 없게 되다.
채권자지체 중에는 이자있는 채권이라도 채무자는 이자를 지급할 의무가 없다.

제403조 (ㅎㅊㄷ - 하객 초대) : 채권자지체와 채권자의 책임
하객 초대하여 식대 비용이 증가하면 채권자가 책임지다.
채권자지체로 인하여 그 목적물의 보관 또는 변제의 비용이 증가된 때에는 그 증가액은 채권자의 부담으로 한다.

글자공식에 의한 민법 조문 연상 암기법

제404조 (ㅎㅊㄹ – 호출) : 채권자대위권
채권자는 채무를 보전하기 위하여 당사자를 호출하다.
① 채권자는 자기의 채권을 보전하기 위하여 채무자의 권리를 행사할 수 있다. 그러나 일신에 전속한 권리는 그러하지 아니하다.
② 채권자는 그 채권의 기한이 도래하기 전에는 법원의 허가없이 전항의 권리를 행사하지 못한다. 그러나 보전행위는 그러하지 아니하다.

제405조 (ㅎㅊㅁ – 허참) : 채권자대위권행사의 통지
허참의 청첩장 통지로 대위권행사는 화해로 끝났다.
① 채권자가 전조제1항의 규정에 의하여 보전행위 이외의 권리를 행사한 때에는 채무자에게 통지하여야 한다.
② 채무자가 전항의 통지를 받은 후에는 그 권리를 처분하여도 이로써 채권자에게 대항하지 못한다.

제406조 (ㅎㅊㅂ – 화초밭) : 채권자취소권
화초밭에 과하게 물주듯 채권자의 재산이 소비될 때 원상회복을 법원에 청구할 수 있다.
① 채무자가 채권자를 해함을 알고 재산권을 목적으로 한 법률행위를 한 때에는 채권자는 그 취소 및 원상회복을 법원에 청구할 수 있다. 그러나 그 행위로 인하여 이익을 받은 자나 전득한 자가 그 행위 또는 전득당시에 채권자를 해함을 알지 못한 경우에는 그러하지 아니하다.
② 전항의 소는 채권자가 취소원인을 안 날로부터 1년, 법률행위있은 날로부터 5년내에 제기하여야 한다.

제407조 (ㅎㅊㅅ – 화초 씨) : 채권자취소의 효력
취소와 원상회복은 채권자에게 효력이 있다. 그러나 화초 씨는 나중에 꽃으로 보답할 것이다.
전조의 규정에 의한 취소와 원상회복은 모든 채권자의 이익을 위하여 그 효력이 있다.

[제3절 수인의 채권자 및 채무자]
제1관 총칙
제408조 (ㅎㅊㅇ – 호청) : 분할채권관계
채권 채무자의 수인의 호청으로 균등하게 이불을 만들다.
채권자나 채무자가 수인인 경우에 특별한 의사표시가 없으면 각 채권자 또는 각 채무자는 균등한 비율로 권리가 있고 의무를 부담한다.

제2관 불가분채권과 불가분채무
제409조 (ㅎㅊㅈ – 해초지) : 불가분채권
해초지에 불가사리가 살다. 채권 채무인의 수인인 경우 불가분 이행청구 의무를 진다.
채권의 목적이 그 성질 또는 당사자의 의사표시에 의하여 불가분인 경우에 채권자가 수인인 때에는 각

 **글자공식에 의한 민법 조문 연상 암기법**

채권자는 모든 채권자를 위하여 이행을 청구할 수 있고 채무자는 모든 채권자를 위하여 각 채권자에게 이행할 수 있다.

제410조 (ㅎㄱㅊ - 학칙) : 1인의 채권자에 생긴 사항의 효력
연상기억 1인에 생긴 장학혜택이 학칙상 다른 학생에게 도움이 된다.
① 전조의 규정에 의하여 모든 채권자에게 효력이 있는 사항을 제외하고는 불가분채권자중 1인의 행위나 1인에 관한 사항은 다른 채권자에게 효력이 없다.
② 불가분채권자 중의 1인과 채무자간에 경개나 면제있는 경우에 채무전부의 이행을 받은 다른 채권자는 그 1인이 권리를 잃지 아니하였으면 그에게 분급할 이익을 채무자에게 상환하여야 한다.

제411조 (ㅎㄱㄱ - 학교) : 불가분채무와 준용규정
연상기억 학교의 불가분채무는 제413조, 제415조, 제422조, 제424조의 규정에 준용
수인이 불가분채무를 부담한 경우에는 제413조 내지 제415조, 제422조, 제424조 내지 제427조 및 전조의 규정을 준용한다.

제412조 (ㅎㄱㄴ - 해군) : 가분채권, 가분채무에의 변경
연상기억 해군사관학교의 가분채권, 가분채무에의 변경
불가분채권이나 불가분채무가 가분채권 또는 가분채무로 변경된 때에는 각 채권자는 자기부분만의 이행을 청구할 권리가 있고 각 채무자는 자기부담부분만을 이행할 의무가 있다.

제3관 연대채무

제413조 (ㅎㄱㄷ - 확대) : 연대채무의 내용
연상기억 수인의 연대채무자의 이행을 확대하다.
수인의 채무자가 채무전부를 각자 이행할 의무가 있고 채무자 1인의 이행으로 다른 채무자도 그 의무를 면하게 되는 때에는 그 채무는 연대채무로 한다.

제414조 (ㅎㄱㄹ - 해결) : 각 연대채무자에 대한 이행청구
연상기억 각 연대채무자에 대한 이행청구로 해결할 수 있다.
채권자는 어느 연대채무자에 대하여 또는 동시나 순차로 모든 연대채무자에 대하여 채무의 전부나 일부의 이행을 청구할 수 있다.

제415조 (ㅎㄱㅁ - 호감) : 채무자에 생긴 무효, 취소
연상기억 채무자에 생긴 무효, 취소에 호감을 갖다.
어느 연대채무자에 대한 법률행위의 무효나 취소의 원인은 다른 연대채무자의 채무에 영향을 미치지 아니한다.

 **글자공식에 의한 민법 조문 연상 암기법**

제416조 (ㅎㄱㅂ – 학비) : 이행청구의 절대적 효력
 학비 청구는 절대적 효력을 갖는다.
  어느 연대채무자에 대한 이행청구는 다른 연대채무자에게도 효력이 있다.

제417조 (ㅎㄱㅅ – 혹시) : 경개의 절대적 효력
 경개의 잘못이 혹시 있을까 염려되다.
  어느 연대채무자와 채권자간에 채무의 경개가 있는 때에는 채권은 모든 연대채무자의 이익을 위하여 소멸한다.

제418조 (ㅎㄱㅇ – 호강) : 상계의 절대적 효력
 상계를 통한 채무해결로 호강을 하다.
  ① 어느 연대채무자가 채권자에 대하여 채권이 있는 경우에 그 채무자가 상계한 때에는 채권은 모든 연대채무자의 이익을 위하여 소멸한다.
  ② 상계할 채권이 있는 연대채무자가 상계하지 아니한 때에는 그 채무자의 부담부분에 한하여 다른 연대채무자가 상계할 수 있다.

제419조 (ㅎㄱㅈ – 학자) : 면제의 절대적 효력
 학자의 특혜로 면제의 절대적 효력을 주다.
  어느 연대채무자에 대한 채무면제는 그 채무자의 부담부분에 한하여 다른 연대채무자의 이익을 위하여 효력이 있다.

제420조 (ㅎㄴㅊ – 한치) : 혼동의 절대적 효력
 한치 앞을 제대로 내다보지 못하여 혼동하다.
  어느 연대채무자와 채권자간에 혼동이 있는 때에는 그 채무자의 부담부분에 한하여 다른 연대채무자도 의무를 면한다.

제421조 (ㅎㄴㄱ – 혼기) : 소멸시효의 절대적 효력
 여자의 혼기는 때를 놓치면 안되니 절대적 효력이 있다.
  어느 연대채무자에 대하여 소멸시효가 완성한 때에는 그 부담부분에 한하여 다른 연대채무자도 의무를 면한다.

제422조 (ㅎㄴㄴ – 화난) : 채권자지체의 절대적 효력
 채권자지체로 화난 모습은 절대적 모순이다.
  어느 연대채무자에 대한 채권자의 지체는 다른 연대채무자에게도 효력이 있다.

 **글자공식에 의한 민법 조문 연상 암기법**

제423조 (ㅎㄴㄷ – 한대) : 효력의 상대성의 원칙
🔖 한대 맞았을 때 상대방에 대한 효력의 원칙이 서다.
　　　전7조의 사항외에는 어느 연대채무자에 관한 사항은 다른 연대채무자에게 효력이 없다.

제424조 (ㅎㄴㄹ – 화낼) : 부담부분의 균등
🔖 부담부분이 균등치 않아 화낼 수 있다.
　　　연대채무자의 부담부분은 균등한 것으로 추정한다.

제425조 (ㅎㄴㅁ – 현모) : 출재채무자의 구상권
🔖 현모양처로 출재채무의 구상권을 책임지다.
　　① 어느 연대채무자가 변제 기타 자기의 출재로 공동면책이 된 때에는 다른 연대채무자의 부담부분에 대하여 구상권을 행사할 수 있다.
　　② 전항의 구상권은 면책된 날 이후의 법정이자 및 피할 수 없는 비용 기타 손해배상을 포함한다.

제426조 (ㅎㄴㅂ – 혼비백산) : 구상요건으로서의 통지
🔖 혼수품을 그런대로 구상하였으나 받은 측이 파헤쳐 혼비백산이 되다.
　　① 어느 연대채무자가 다른 연대채무자에게 통지하지 아니하고 변제 기타 자기의 출재로 공동면책이 된 경우에 다른 연대채무자가 채권자에게 대항할 수 있는 사유가 있었을 때에는 그 부담부분에 한하여 이 사유로 면책행위를 한 연대채무자에게 대항할 수 있고 그 대항사유가 상계인 때에는 상계로 소멸할 채권은 그 연대채무자에게 이전된다.
　　② 어느 연대채무자가 변제 기타 자기의 출재로 공동면책되었음을 다른 연대채무자에게 통지하지 아니한 경우에 다른 연대채무자가 선의로 채권자에게 변제 기타 유상의 면책행위를 한 때에는 그 연대채무자는 자기의 면책행위의 유효를 주장할 수 있다.

제427조 (ㅎㄴㅅ – 혼수) : 상환무자력자의 부담부분
🔖 혼수답례의 상환무자력자로 부담이 크다.
　　① 연대채무자 중에 상환할 자력이 없는 자가 있는 때에는 그 채무자의 부담부분은 구상권자 및 다른 자력이 있는 채무자가 그 부담부분에 비례하여 분담한다. 그러나 구상권자에게 과실이 있는 때에는 다른 연대채무자에 대하여 분담을 청구하지 못한다.
　　② 전항의 경우에 상환할 자력이 없는 채무자의 부담부분을 분담할 다른 채무자가 채권자로부터 연대의 면제를 받은 때에는 그 채무자의 분담할 부분은 채권자의 부담으로 한다.

제4관 보증채무
제428조 (ㅎㄴㅇ – 한 아름) : 보증채무의 내용
🔖 보증채무만 한 아름 안다.
　　① 보증인은 주채무자가 이행하지 아니하는 채무를 이행할 의무가 있다.
　　② 보증은 장래의 채무에 대하여도 할 수 있다.

글자공식에 의한 민법 조문 연상 암기법

제428조의2 (ㅎㄴㅇ – 한 아름) : 보증의 방식
한 아름 보증의 방식을 서명이 있는 서면으로 받다.
① 보증은 그 의사가 보증인의 기명날인 또는 서명이 있는 서면으로 표시되어야 효력이 발생한다. 다만, 보증의 의사가 전자적 형태로 표시된 경우에는 효력이 없다.
② 보증채무를 보증인에게 불리하게 변경하는 경우에도 제1항과 같다.
③ 보증인이 보증채무를 이행한 경우에는 그 한도에서 제1항과 제2항에 따른 방식의 하자를 이유로 보증의 무효를 주장할 수 없다.
[본조신설 2015.2.3.]
[시행일 : 2016.2.4.]

제428조의3 (ㅎㄴㅇ – 한 아름) : 근보증
한 아름 근본증으로 채무의 최고액을 서면 특정하여 받다.
① 보증은 불확정한 다수의 채무에 대해서도 할 수 있다. 이 경우 보증하는 채무의 최고액을 서면으로 특정하여야 한다.
② 제1항의 경우 채무의 최고액을 제428조의2제1항에 따른 서면으로 특정하지 아니한 보증계약은 효력이 없다.
[본조신설 2015.2.3.]
[시행일 : 2016.2.4.]

제429조 (ㅎㄴㅈ – 혼자) : 보증채무의 범위
보증채무의 범위를 **혼자**서 안는다.
① 보증채무는 주채무의 이자, 위약금, 손해배상 기타 주채무에 종속한 채무를 포함한다.
② 보증인은 그 보증채무에 관한 위약금 기타 손해배상액을 예정할 수 있다.

제430조 (ㅎㄷㅊ – 화투치다) : 목적, 형태상의 부종성
화투치는 목적, 형태상의 목적이 좋지 않다.
보증인의 부담이 주채무의 목적이나 형태보다 중한 때에는 주채무의 한도로 감축한다.

제431조 (ㅎㄷㄱ – 호떡) : 보증인의 조건
보증인의 조건으로 **호떡**장수는 적당하지 않다.
① 채무자가 보증인을 세울 의무가 있는 경우에는 그 보증인은 행위능력 및 변제자력이 있는 자로 하여야 한다.
② 보증인이 변제자력이 없게 된 때에는 채권자는 보증인의 변경을 청구할 수 있다.
③ 채권자가 보증인을 지명한 경우에는 전2항의 규정을 적용하지 아니한다.

제432조 (ㅎㄷㄴ – 허튼) : 타담보의 제공
허튼수작 안 하도록 타담보 제공을 하다.
채무자는 다른 상당한 담보를 제공함으로써 보증인을 세울 의무를 면할 수 있다.

 **글자공식에 의한 민법 조문 연상 암기법**

제433조 (ㅎㄷㄷ - 해태 타이거) : 보증인과 주채무자항변권
> 해태 타이거 시절 감독, 코치가 보증서서 대신하여 항변하다.
> ① 보증인은 주채무자의 항변으로 채권자에게 대항할 수 있다.
> ② 주채무자의 항변포기는 보증인에게 효력이 없다.

제434조 (ㅎㄷㄹ - 해탈) : 보증인과 주채무자상계권
> 보증인과 주채무자간의 상계로 해탈이 이루어지다.
> 보증인은 주채무자의 채권에 의한 상계로 채권자에게 대항할 수 있다.

제435조 (ㅎㄷㅁ - 회담) : 보증인과 주채무자의 취소권 등
> 보증인과 주채무자 사이에 회담이 잘 성사되다.
> 주채무자가 채권자에 대하여 취소권 또는 해제권이나 해지권이 있는 동안은 보증인은 채권자에 대하여 채무의 이행을 거절할 수 있다.

제436조 (ㅎㄷㅂ - 화답) : 취소할 수 있는 채무의 보증 - 삭제 〈2015.2.3.〉
> 취소할 수 있는 채무의 보증이 화답으로 이루어지다.
> 취소의 원인있는 채무를 보증한 자가 보증계약당시에 그 원인있음을 안 경우에 주채무의 불이행 또는 취소가 있는 때에는 주채무와 동일한 목적의 독립채무를 부담한 것으로 본다.

제436조의2 (ㅎㄷㅂ - 화답) : 채권자의 정보제공의무와 통지의무 등
> 채권자의 정보제공의무를 통지로 화답하다.
> ① 채권자는 보증계약을 체결할 때 보증계약의 체결 여부 또는 그 내용에 영향을 미칠 수 있는 주채무자의 채무 관련 신용정보를 보유하고 있거나 알고 있는 경우에는 보증인에게 그 정보를 알려야 한다. 보증계약을 갱신할 때에도 또한 같다.
> ② 채권자는 보증계약을 체결한 후에 다음 각 호의 어느 하나에 해당하는 사유가 있는 경우에는 지체 없이 보증인에게 그 사실을 알려야 한다.
> 1. 주채무자가 원본, 이자, 위약금, 손해배상 또는 그 밖에 주채무에 종속한 채무를 3개월 이상 이행하지 아니하는 경우
> 2. 주채무자가 이행기에 이행할 수 없음을 미리 안 경우
> 3. 주채무자의 채무 관련 신용정보에 중대한 변화가 생겼음을 알게 된 경우
> ③ 채권자는 보증인의 청구가 있으면 주채무의 내용 및 그 이행 여부를 알려야 한다.
> ④ 채권자가 제1항부터 제3항까지의 규정에 따른 의무를 위반하여 보증인에게 손해를 입힌 경우에는 법원은 그 내용과 정도 등을 고려하여 보증채무를 감경하거나 면제할 수 있다.
> [본조신설 2015.2.3.]
> [시행일 2016.2.4.]

글자공식에 의한 민법 조문 연상 암기법

제437조 (ㅎㄷㅅ – 하듯) : 보증인의 최고, 검색의 항변
● 항변하듯 보증인의 최고 검색하다.

채권자가 보증인에게 채무의 이행을 청구한 때에는 보증인은 주채무자의 변제자력이 있는 사실 및 그 집행이 용이할 것을 증명하여 먼저 주채무자에게 청구할 것과 그 재산에 대하여 집행할 것을 항변할 수 있다. 그러나 보증인이 주채무자와 연대하여 채무를 부담한 때에는 그러하지 아니하다.

제438조 (ㅎㄷㅇ – 허탕) : 최고, 검색의 해태의 효과
● 최고, 검색의 해태로 허탕이 되다.

전조의 규정에 의한 보증인의 항변에 불구하고 채권자의 해태로 인하여 채무자로부터 전부나 일부의 변제를 받지 못한 경우에는 채권자가 해태하지 아니하였으면 변제받았을 한도에서 보증인은 그 의무를 면한다.

제439조 (ㅎㄷㅈ – 흩어져) : 공동보증의 분별의 이익
● 보증인이 흩어져 분별함으로 이득이 되다.

수인의 보증인이 각자의 행위로 보증채무를 부담한 경우에도 제408조의 규정을 적용한다.

제440조 (ㅎㄹㅊ – 허리춤) : 시효중단의 보증인에 대한 효력
● 주채무자에 대한 시효의 중단은 보증인도 효력이 있어 허리춤을 추다.

주채무자에 대한 시효의 중단은 보증인에 대하여 그 효력이 있다.

제441조 (ㅎㄹㄱ – 헬기) : 수탁보증인의 구상권
● 헬기 구입 시 수탁보증인의 구상권

① 주채무자의 부탁으로 보증인이 된 자가 과실없이 변제 기타의 출재로 주채무를 소멸하게 한 때에는 주채무자에 대하여 구상권이 있다.
② 제425조제2항의 규정은 전항의 경우에 준용한다.

제442조 (ㅎㄹㄴ – 흐린) : 수탁보증인의 사전구상권
● 흐린 날은 사전에 일기예보에 의하여 헬기 조종이 이루어져야 사전 구상권이 보장된다.

① 주채무자의 부탁으로 보증인이 된 자는 다음 각호의 경우에 주채무자에 대하여 미리 구상권을 행사할 수 있다.
1. 보증인이 과실없이 채권자에게 변제할 재판을 받은 때
2. 주채무자가 파산선고를 받은 경우에 채권자가 파산재단에 가입하지 아니한 때
3. 채무의 이행기가 확정되지 아니하고 그 최장기도 확정할 수 없는 경우에 보증계약후 5년을 경과한 때
4. 채무의 이행기가 도래한 때
② 전항제4호의 경우에는 보증계약후에 채권자가 주채무자에게 허여한 기한으로 보증인에게 대항하지 못한다.

 **글자공식에 의한 민법 조문 연상 암기법**

제443조 (ㅎㄹㄷ - 홀트) : 주채무자의 면책청구
- 홀트 복지재단의 주채무는 면책이 되어야 당연하다.

  전조의 규정에 의하여 주채무자가 보증인에게 배상하는 경우에 주채무자는 자기를 면책하게 하거나 자기에게 담보를 제공할 것을 보증인에게 청구할 수 있고 또는 배상할 금액을 공탁하거나 담보를 제공하거나 보증인을 면책하게 함으로써 그 배상의무를 면할 수 있다.

제444조 (ㅎㄹㄹ - 홀로) : 부탁없는 보증인의 구상권
- 홀로 사니 부탁할 보증인이 없는 구상권

  ① 주채무자의 부탁없이 보증인이 된 자가 변제 기타 자기의 출재로 주채무를 소멸하게 한 때에는 주채무자는 그 당시에 이익을 받은 한도에서 배상하여야 한다.
  ② 주채무자의 의사에 반하여 보증인이 된 자가 변제 기타 자기의 출재로 주채무를 소멸하게 한 때에는 주채무자는 현존이익의 한도에서 배상하여야 한다.
  ③ 전항의 경우에 주채무자가 구상한 날 이전에 상계원인이 있음을 주장한 때에는 그 상계로 소멸할 채권은 보증인에게 이전된다.

제445조 (ㅎㄹㅁ - 할매) : 구상요건으로서의 통지
- 할매께서 구상요건으로서 통지하다.

  ① 보증인이 주채무자에게 통지하지 아니하고 변제 기타 자기의 출재로 주채무를 소멸하게 한 경우에 주채무자가 채권자에게 대항할 수 있는 사유가 있었을 때에는 이 사유로 보증인에게 대항할 수 있고 그 대항사유가 상계인 때에는 상계로 소멸할 채권은 보증인에게 이전된다.
  ② 보증인이 변제 기타 자기의 출재로 면책되었음을 주채무자에게 통지하지 아니한 경우에 주채무자가 선의로 채권자에게 변제 기타 유상의 면책행위를 한 때에는 주채무자는 자기의 면책행위의 유효를 주장할 수 있다.

제446조 (ㅎㄹㅂ - 할배) : 주채무자의 보증인에 대한 면책통지의무
- 할배께서 보증인에 대한 면책통지의무를 지다.

  주채무자가 자기의 행위로 면책하였음을 그 부탁으로 보증인이 된 자에게 통지하지 아니한 경우에 보증인이 선의로 채권자에게 변제 기타 유상의 면책행위를 한 때에는 보증인은 자기의 면책행위의 유효를 주장할 수 있다.

제447조 (ㅎㄹㅅ - 할 수 없이) : 연대, 불가분채무의 보증인의 구상권
- 할 수 없이 연대채무의 의무를 지다.

  어느 연대채무자나 어느 불가분채무자를 위하여 보증인이 된 자는 다른 연대채무자나 다른 불가분채무자에 대하여 그 부담부분에 한하여 구상권이 있다.

제448조 (ㅎㄹㅇ - 호랑이) : 공동보증인간의 구상권
- 쌍 호랑이의 공동보증인의 구상권

글자공식에 의한 민법 조문 연상 암기법

① 수인의 보증인이 있는 경우에 어느 보증인이 자기의 부담부분을 넘은 변제를 한 때에는 제444조의 규정을 준용한다.
② 주채무가 불가분이거나 각 보증인이 상호연대 또는 주채무자와 연대로 채무를 부담한 경우에 어느 보증인이 자기의 부담부분을 넘은 변제를 한 때에는 제425조 내지 제427조의 규정을 준용한다.

[제4절 채권의 양도]

제449조 (ㅎㄹㅈ - 활자) : 채권의 양도성

● 채권 양도성 증서를 한국 최초 활자로 치다.
① 채권은 양도할 수 있다. 그러나 채권의 성질이 양도를 허용하지 아니하는 때에는 그러하지 아니하다.
② 채권은 당사자가 반대의 의사를 표시한 경우에는 양도하지 못한다. 그러나 그 의사표시로써 선의의 제삼자에게 대항하지 못한다.

제450조 (ㅎㅁㅊ - 훔쳐서) : 지명채권양도의 대항요건

● 활자를 훔쳐서 지명채권양도의 대항요건을 만들다.
① 지명채권의 양도는 양도인이 채무자에게 통지하거나 채무자가 승낙하지 아니하면 채무자 기타 제삼자에게 대항하지 못한다.
② 전항의 통지나 승낙은 확정일자있는 증서에 의하지 아니하면 채무자 이외의 제삼자에게 대항하지 못한다.

제451조 (ㅎㅁㄱ - 해묵은) : 승낙, 통지의 효과

● 해묵은 일에 승낙의 통지를 받은 효과는 크다.
① 채무자가 이의를 보류하지 아니하고 전조의 승낙을 한 때에는 양도인에게 대항할 수 있는 사유로써 양수인에게 대항하지 못한다. 그러나 채무자가 채무를 소멸하게 하기 위하여 양도인에게 급여한 것이 있으면 이를 회수할 수 있고 양도인에 대하여 부담한 채무가 있으면 그 성립되지 아니함을 주장할 수 있다.
② 양도인이 양도통지만을 한 때에는 채무자는 그 통지를 받은 때까지 양도인에 대하여 생긴 사유로써 양수인에게 대항할 수 있다.

제452조 (ㄹㅁㄴ - 라면) : 양도통지와 금반언

● 라면공장 양도통지와 금반언 하였다.
① 양도인이 채무자에게 채권양도를 통지한 때에는 아직 양도하지 아니하였거나 그 양도가 무효인 경우에도 선의인 채무자는 양수인에게 대항할 수 있는 사유로 양도인에게 대항할 수 있다.
② 전항의 통지는 양수인의 동의가 없으면 철회하지 못한다.

[제5절 채무의 인수]

제453조 (ㅎㅁㄷ - 함대) : 채권자와의 계약에 의한 채무인수

● 함대 위에서 채권자와 계약하고 채무인수를 하다.

 **글자공식에 의한 민법 조문 연상 암기법**

① 제삼자는 채권자와의 계약으로 채무를 인수하여 채무자의 채무를 면하게 할 수 있다. 그러나 채무의 성질이 인수를 허용하지 아니하는 때에는 그러하지 아니하다.
② 이해관계없는 제삼자는 채무자의 의사에 반하여 채무를 인수하지 못한다.

제454조 (ㅎㅁㄹ – 해물) : 채무자와의 계약에 의한 채무인수
● 채무자와의 계약 후 해물탕으로 한잔하다.
① 제삼자가 채무자와의 계약으로 채무를 인수한 경우에는 채권자의 승낙에 의하여 그 효력이 생긴다.
② 채권자의 승낙 또는 거절의 상대방은 채무자나 제삼자이다.

제455조 (ㅎㅁㅁ – 함마) : 승낙여부의 최고
● 승낙여부의 최고를 함마로 쳐서 알리다.
① 전조의 경우에 제삼자나 채무자는 상당한 기간을 정하여 승낙여부의 확답을 채권자에게 최고할 수 있다.
② 채권자가 그 기간내에 확답을 발송하지 아니한 때에는 거절한 것으로 본다.

제456조 (ㅎㅁㅂ – 함부로) : 채무인수의 철회, 변경
● 채무인수를 함부로 하여 철회, 변경을 할 수 없다.
제삼자와 채무자간의 계약에 의한 채무인수는 채권자의 승낙이 있을 때까지 당사자는 이를 철회하거나 변경할 수 있다.

제457조 (ㅎㅁㅅ – 해모수) : 채무인수의 소급효
● 해모수 임금이 채무인수를 소급해 받았다.
채권자의 채무인수에 대한 승낙은 다른 의사표시가 없으면 채무를 인수한 때에 소급하여 그 효력이 생긴다. 그러나 제삼자의 권리를 침해하지 못한다.

제458조 (ㅎㅁㅇ – 해명) : 전채무자의 항변사유
● 전채무자의 항변사유를 해명하다.
인수인은 전채무자의 항변할 수 있는 사유로 채권자에게 대항할 수 있다.

제459조 (ㅎㅁㅈ – 함지) : 채무인수와 보증, 담보의 소멸
● 함지 속에 채무인수 보증서 담보의 소멸되다.
전채무자의 채무에 대한 보증이나 제삼자가 제공한 담보는 채무인수로 인하여 소멸한다. 그러나 보증인이나 제삼자가 채무인수에 동의한 경우에는 그러하지 아니하다.

 글자공식에 의한 민법 조문 연상 암기법

[제6절 채권의 소멸]
제1관 변제

제460조 (ㅎㅂㅊ - 합쳐) : 변제제공의 방법
▶ 모든 방법을 합쳐 변제제공하다.

변제는 채무내용에 좇은 현실제공으로 이를 하여야 한다. 그러나 채권자가 미리 변제받기를 거절하거나 채무의 이행에 채권자의 행위를 요하는 경우에는 변제준비의 완료를 통지하고 그 수령을 최고하면 된다.

제461조 (ㅎㅂㄱ - 합기도) : 변제제공의 효과
▶ 합기도의 효과로 변제제공하다.

변제의 제공은 그때로부터 채무불이행의 책임을 면하게 한다.

제462조 (ㅎㅂㄴ - 해변) : 특정물의 현상인도
▶ 특정물을 해변에서 현상인도하다.

특정물의 인도가 채권의 목적인 때에는 채무자는 이행기의 현상대로 그 물건을 인도하여야 한다.

제463조 (ㅎㅂㄷ - 해보다) : 변제로서의 타인의 물건의 인도
▶ 타인의 물건을 인도하여 변제 해보다.

채무의 변제로 타인의 물건을 인도한 채무자는 다시 유효한 변제를 하지 아니하면 그 물건의 반환을 청구하지 못한다.

제464조 (ㄹㅂㄹ - 라벨) : 양도능력없는 소유자의 물건인도
▶ 라벨 상표 양도능력없는 소유자의 물건인도가 이루어졌다.

양도할 능력없는 소유자가 채무의 변제로 물건을 인도한 경우에는 그 변제가 취소된 때에도 다시 유효한 변제를 하지 아니하면 그 물건의 반환을 청구하지 못한다.

제465조 (ㅎㅂㅁ - 해보면) : 채권자의 선의소비, 양도와 구상권
▶ 채권자의 선의 소비는 제삼자로부터 해보면 구상권을 행할 수 있다.

① 전2조의 경우에 채권자가 변제로 받은 물건을 선의로 소비하거나 타인에게 양도한 때에는 그 변제는 효력이 있다.
② 전항의 경우에 채권자가 제삼자로부터 배상의 청구를 받은 때에는 채무자에 대하여 구상권을 행사할 수 있다.

제466조 (ㅎㅂㅂ - 해법) : 대물변제
▶ 채무자가 대물변제의 해법을 찾는다.

 **글자공식에 의한 민법 조문 연상 암기법**

　　채무자가 채권자의 승낙을 얻어 본래의 채무이행에 갈음하여 다른 급여를 한 때에는 변제와 같은 효력이 있다. 〈개정 2014.12.30.〉

제467조 (ㅎㅂㅅ - 흡수) : 변제의 장소
흡수하여 받을 수 있는 곳을 변제의 장소로 택하라.
　① 채무의 성질 또는 당사자의 의사표시로 변제장소를 정하지 아니한 때에는 특정물의 인도는 채권성립 당시에 그 물건이 있던 장소에서 하여야 한다.
　② 전항의 경우에 특정물인도 이외의 채무변제는 채권자의 현주소에서 하여야 한다. 그러나 영업에 관한 채무의 변제는 채권자의 현영업소에서 하여야 한다.

제468조 (ㅎㅂㅇ - 해방) : 변제기전의 변제
변제하기 전 미리 변제하여 **해방**되다.
　당사자의 특별한 의사표시가 없으면 변제기전이라도 채무자는 변제할 수 있다. 그러나 상대방의 손해는 배상하여야 한다.

제469조 (ㅎㅂㅈ - 흡족) : 제삼자의 변제
제삼자의 변제로 **흡족**하다.
　① 채무의 변제는 제삼자도 할 수 있다. 그러나 채무의 성질 또는 당사자의 의사표시로 제삼자의 변제를 허용하지 아니하는 때에는 그러하지 아니하다.
　② 이해관계없는 제삼자는 채무자의 의사에 반하여 변제하지 못한다.

제470조 (ㅎㅅㅊ - 회사채) : 채권의 준점유자에 대한 변제
회사채 채권의 준점유자에 대한 변제의 효력은 다음과 같다.
　채권의 준점유자에 대한 변제는 변제자가 선의이며 과실없는 때에 한하여 효력이 있다.

제471조 (ㅎㅅㄱ - 하숙) : 영수증소지자에 대한 변제
하숙비 영수증 소지로 변제의 혜택을 받다.
　영수증을 소지한 자에 대한 변제는 그 소지자가 변제를 받을 권한이 없는 경우에도 효력이 있다. 그러나 변제자가 그 권한없음을 알았거나 알 수 있었을 경우에는 그러하지 아니하다.

제472조 (ㅎㅅㄴ - 해산) : 권한없는 자에 대한 변제
하숙집에서 **해산**한 권한없는 미혼모의 변제
　전2조의 경우외에 변제받을 권한없는 자에 대한 변제는 채권자가 이익을 받은 한도에서 효력이 있다.

제473조 (ㅎㅅㄷ - 핫도그) : 변제비용의 부담

글자공식에 의한 민법 조문 연상 암기법

- 핫도그 값의 인상으로 변제의 금액의 증가된 때 채권자가 부담한다.
  변제비용은 다른 의사표시가 없으면 채무자의 부담으로 한다. 그러나 채권자의 주소이전 기타의 행위로 인하여 변제비용이 증가된 때에는 그 증가액은 채권자의 부담으로 한다.

제474조 (ㅎㅅㄹ - 화살) : 영수증청구권
- 화살에 영수증을 꿰어놓다.
  변제자는 변제를 받는 자에게 영수증을 청구할 수 있다.

제475조 (ㅎㅅㅁ - 해삼) : 채권증서반환청구권
- 해삼공급채권 현금반환청구
  채권증서가 있는 경우에 변제자가 채무전부를 변제한 때에는 채권증서의 반환을 청구할 수 있다. 채권이 변제 이외의 사유로 전부 소멸한 때에도 같다.

제476조 (ㅎㅅㅂ - 헛 비용) : 지정변제충당
- 지정하지 않을 시 변제충당은 헛 비용 쓰는 격이다.
  ① 채무자가 동일한 채권자에 대하여 같은 종류를 목적으로 한 수개의 채무를 부담한 경우에 변제의 제공이 그 채무전부를 소멸하게 하지 못하는 때에는 변제자는 그 당시 어느 채무를 지정하여 그 변제에 충당할 수 있다.
  ② 변제자가 전항의 지정을 하지 아니할 때에는 변제받는 자는 그 당시 어느 채무를 지정하여 변제에 충당할 수 있다. 그러나 변제자가 그 충당에 대하여 즉시 이의를 한 때에는 그러하지 아니하다.
  ③ 전2항의 변제충당은 상대방에 대한 의사표시로써 한다.

제477조 (ㅎㅅㅅ - 헛수고) : 법정변제충당
- 법원의 충당도 헛 비용 쓰고 헛수고로 끝난다.
  당사자가 변제에 충당할 채무를 지정하지 아니한 때에는 다음 각호의 규정에 의한다.
  1. 채무중에 이행기가 도래한 것과 도래하지 아니한 것이 있으면 이행기가 도래한 채무의 변제에 충당한다.
  2. 채무전부의 이행기가 도래하였거나 도래하지 아니한 때에는 채무자에게 변제이익이 많은 채무의 변제에 충당한다.
  3. 채무자에게 변제이익이 같으면 이행기가 먼저 도래한 채무나 먼저 도래할 채무의 변제에 충당한다.
  4. 전2호의 사항이 같은 때에는 그 채무액에 비례하여 각 채무의 변제에 충당한다.

제478조 (ㅎㅅㅇ - 화상) : 부족변제의 충당
- 화상치료의 부족 부분을 변제 충당하다.
  1개의 채무에 수개의 급여를 요할 경우에 변제자가 그 채무전부를 소멸하게 하지 못한 급여를 한 때에는 전2조의 규정을 준용한다.

 **글자공식에 의한 민법 조문 연상 암기법**

제479조 (ㅎㅅㅈ - 헛 지랄) : 비용, 이자, 원본에 대한 변제충당의 순서
  비용, 이자, 원본의 순서로 못하면 변제충당에 대한 것은 헛 지랄이다.
    ① 채무자가 1개 또는 수개의 채무의 비용 및 이자를 지급할 경우에 변제자가 그 전부를 소멸하게 하지 못한 급여를 한 때에는 비용, 이자, 원본의 순서로 변제에 충당하여야 한다.
    ② 전항의 경우에 제477조의 규정을 준용한다.

제480조 (ㅎㅇㅊ - 홍차) : 변제자의 임의대위
  변제자는 홍차로 임의대위 변제
    ① 채무자를 위하여 변제한 자는 변제와 동시에 채권자의 승낙을 얻어 채권자를 대위할 수 있다.
    ② 전항의 경우에 제450조 내지 제452조의 규정을 준용한다.

제481조 (ㅎㅇㄱ - 항구) : 변제자의 법정대위
  항구에서 법정대위자와 홍차 한 잔하다.
  변제할 정당한 이익이 있는 자는 변제로 당연히 채권자를 대위한다.

제482조 (ㅎㅇㄴ - 해안) : 변제자대위의 효과, 대위자간의 관계
  해안에서 대위자간 만나서 홍차 항구의 정경을 즐기다.
    ① 전2조의 규정에 의하여 채권자를 대위한 자는 자기의 권리에 의하여 구상할 수 있는 범위에서 채권 및 그 담보에 관한 권리를 행사할 수 있다.
    ② 전항의 권리행사는 다음 각호의 규정에 의하여야 한다.
    1. 보증인은 미리 전세권이나 저당권의 등기에 그 대위를 부기하지 아니하면 전세물이나 저당물에 권리를 취득한 제삼자에 대하여 채권자를 대위하지 못한다.
    2. 제삼취득자는 보증인에 대하여 채권자를 대위하지 못한다.
    3. 제삼취득자 중의 1인은 각 부동산의 가액에 비례하여 다른 제삼취득자에 대하여 채권자를 대위한다.
    4. 자기의 재산을 타인의 채무의 담보로 제공한 자가 수인인 경우에는 전호의 규정을 준용한다.
    5. 자기의 재산을 타인의 채무의 담보로 제공한 자와 보증인간에는 그 인원수에 비례하여 채권자를 대위한다. 그러나 자기의 재산을 타인의 채무의 담보로 제공한 자가 수인인 때에는 보증인의 부담부분을 제외하고 그 잔액에 대하여 각 재산의 가액에 비례하여 대위한다. 이 경우에 그 재산이 부동산인 때에는 제1호의 규정을 준용한다.

제483조 (ㅎㅇㄷ - 홍도) : 일부의 대위
  홍도지킴이가 일부의 대위를 담당하다.
    ① 채권의 일부에 대하여 대위변제가 있는 때에는 대위자는 그 변제한 가액에 비례하여 채권자와 함께 그 권리를 행사한다.
    ② 전항의 경우에 채무불이행을 원인으로 하는 계약의 해지 또는 해제는 채권자만이 할 수 있고 채권자는 대위자에게 그 변제한 가액과 이자를 상환하여야 한다.

 **글자공식에 의한 민법 조문 연상 암기법**

제484조 (ㅎㅇㄹ - 해일) : 대위변제와 채권증서, 담보물
> 채권증서와 담보물이 해일에 떠밀려내려 갔다.
> ① 채권전부의 대위변제를 받은 채권자는 그 채권에 관한 증서 및 점유한 담보물을 대위자에게 교부하여야 한다.
> ② 채권의 일부에 대한 대위변제가 있는 때에는 채권자는 채권증서에 그 대위를 기입하고 자기가 점유한 담보물의 보존에 관하여 대위자의 감독을 받아야 한다.

제485조 (ㅎㅇㅁ - 호암 아트홀) : 채권자의 담보상실, 감소행위와 법정대위자의 면책
> 호암 아트홀에서 채권자의 담보상실 감소로 면책되다.
> 제481조의 규정에 의하여 대위할 자가 있는 경우에 채권자의 고의나 과실로 담보가 상실되거나 감소된 때에는 대위할 자는 그 상실 또는 감소로 인하여 상환을 받을 수 없는 한도에서 그 책임을 면한다.

제486조 (ㅎㅇㅂ - 행보) : 변제 이외의 방법에 의한 채무소멸과 대위
> 채무소멸의 행보, 변제 이외의 방법은 전6조에 준용한다.
> 제삼자가 공탁 기타 자기의 출재로 채무자의 채무를 면하게 한 경우에도 전6조의 규정을 준용한다.

제2관 공탁

제487조 (ㅎㅇㅅ - 항시) : 변제공탁의 요건, 효과
> 항시 변제공탁의 요건과 효과를 갖추고 있다.
> 채권자가 변제를 받지 아니하거나 받을 수 없는 때에는 변제자는 채권자를 위하여 변제의 목적물을 공탁하여 그 채무를 면할 수 있다. 변제자가 과실없이 채권자를 알 수 없는 경우에도 같다.

제488조 (ㅎㅇㅇ - 항아리) : 공탁의 방법
> 공탁물을 항아리 속에 보관하다.
> ① 공탁은 채무이행지의 공탁소에 하여야 한다.
> ② 공탁소에 관하여 법률에 특별한 규정이 없으면 법원은 변제자의 청구에 의하여 공탁소를 지정하고 공탁물보관자를 선임하여야 한다.
> ③ 공탁자는 지체없이 채권자에게 공탁통지를 하여야 한다.

제489조 (ㅎㅇㅈ - 행주) : 공탁물의 회수
> 항아리 속의 공탁물은 회수 전 늘 깨끗이 행주로 닦다.
> ① 채권자가 공탁을 승인하거나 공탁소에 대하여 공탁물을 받기를 통고하거나 공탁유효의 판결이 확정되기까지는 변제자는 공탁물을 회수할 수 있다. 이 경우에는 공탁하지 아니한 것으로 본다.
> ② 전항의 규정은 질권 또는 저당권이 공탁으로 인하여 소멸한 때에는 적용하지 아니한다.

글자공식에 의한 민법 조문 연상 암기법

제490조 (ㅎㅈㅊ - 해저 차) : 자조매각금의 공탁
- 해저 차를 자조매각하여 공탁하다.

  변제의 목적물이 공탁에 적당하지 아니하거나 멸실 또는 훼손될 염려가 있거나 공탁에 과다한 비용을 요하는 경우에는 변제자는 법원의 허가를 얻어 그 물건을 경매하거나 시가로 방매하여 대금을 공탁할 수 있다.

제491조 (ㅎㅈㄱ - 해적) : 공탁물수령과 상대의무이행
- 해적이 공탁물수령과 의무이행을 갖추다.

  채무자가 채권자의 상대의무이행과 동시에 변제할 경우에는 채권자는 그 의무이행을 하지 아니하면 공탁물을 수령하지 못한다.

제3관 상계

제492조 (ㅎㅈㄴ - 허전) : 상계의 요건
- 상계의 요건이 해결되니 허전하다.

  ① 쌍방이 서로 같은 종류를 목적으로 한 채무를 부담한 경우에 그 쌍방의 채무의 이행기가 도래한 때에는 각 채무자는 대등액에 관하여 상계할 수 있다. 그러나 채무의 성질이 상계를 허용하지 아니할 때에는 그러하지 아니하다.
  ② 전항의 규정은 당사자가 다른 의사를 표시한 경우에는 적용하지 아니한다. 그러나 그 의사표시로써 선의의 제삼자에게 대항하지 못한다.

제493조 (ㅎㅈㄷ - 화조도) : 상계의 방법, 효과
- 화조도를 상대방에 대한 의사표시로 주니 상계의 방법 효과가 좋다.

  ① 상계는 상대방에 대한 의사표시로 한다. 이 의사표시에는 조건 또는 기한을 붙이지 못한다.
  ② 상계의 의사표시는 각 채무가 상계할 수 있는 때에 대등액에 관하여 소멸한 것으로 본다.

제494조 (ㅎㅈㄹ - 해저로) : 이행지를 달리하는 채무의 상계
- 해저로 통해 이행지를 달리한 장소에서 채무를 상계하다.

  각 채무의 이행지가 다른 경우에도 상계할 수 있다. 그러나 상계하는 당사자는 상대방에게 상계로 인한 손해를 배상하여야 한다.

제495조 (ㅎㅈㅁ - 허점) : 소멸시효완성된 채권에 의한 상계
- 소멸시효완성된 채권에 허점이 있었다.

  소멸시효가 완성된 채권이 그 완성전에 상계할 수 있었던 것이면 그 채권자는 상계할 수 있다.

 **글자공식에 의한 민법 조문 연상 암기법**

제496조 (ㅎㅈㅂ – 회집) : 불법행위채권을 수동채권으로 하는 상계의 금지
● 회집(횟집)에서 불법행위채권을 사용하다.
채무가 고의의 불법행위로 인한 것인 때에는 그 채무자는 상계로 채권자에게 대항하지 못한다.

제497조 (ㅎㅈㅅ – 호젓한 곳) : 압류금지채권을 수동채권으로 하는 상계의 금지
● 압류금지된 채권을 호젓한 곳에서 사용하다.
채권이 압류하지 못할 것인 때에는 그 채무자는 상계로 채권자에게 대항하지 못한다.

제498조 (ㅎㅈㅇ – 해장국집) : 지급금지채권을 수동채권으로 하는 상계의 금지
● 지급금지채권을 해장국집에서 사용하다.
지급을 금지하는 명령을 받은 제삼채무자는 그 후에 취득한 채권에 의한 상계로 그 명령을 신청한 채권자에게 대항하지 못한다.

제499조 (ㅎㅈㅈ – 해지자) : 준용규정
● 해지자 해상에서 제476조 내지 제478조, 제479조의 규정은 상계에서 준용한다.
제476조 내지 제479조의 규정은 상계에 준용한다.

제4관 경개

제500조 (ㅁㅊㅊ – 마차 축) : 경개의 요건, 효과
● 채무의 중요한 부분처럼 마차 축을 변경하는 계약은 소멸한다.
당사자가 채무의 중요한 부분을 변경하는 계약을 한 때에는 구채무는 경개로 인하여 소멸한다.

제501조 (ㅁㅊㄱ – 무척) : 채무자변경으로 인한 경개
● 채무자는 무척 힘든 변경으로 인한 경개
채무자의 변경으로 인한 경개는 채권자와 신채무자간의 계약으로 이를 할 수 있다. 그러나 구채무자의 의사에 반하여 이를 하지 못한다.

제502조 (ㅁㅊㄴ – 모친) : 채권자변경으로 인한 경개
● 모친의 채권자변경으로 인한 경개는 확정일자가 있다.
채권자의 변경으로 인한 경개는 확정일자있는 증서로 하지 아니하면 이로써 제삼자에게 대항하지 못한다.

제503조 (ㅁㅊㄷ – 마치다) : 채권자변경의 경개와 채무자승낙의 효과
● 채권자 변경과 채무자 승낙으로 마치다.
제451조제1항의 규정은 채권자의 변경으로 인한 경개에 준용한다.

글자공식에 의한 민법 조문 연상 암기법

제504조 (ㅁㅊㄹ – 마찰) : 구채무불소멸의 경우
> 마찰 없이 구채무자가 신채무로 이전하다.

경개로 인한 신채무가 원인의 불법 또는 당사자가 알지 못한 사유로 인하여 성립되지 아니하거나 취소된 때에는 구채무는 소멸되지 아니한다.

제505조 (ㅁㅊㅁ – 마침) : 신채무자에의 담보이전
> 구채무의 담보를 신채무 담보물에 이전하여 마침표를 찍다.

경개의 당사자는 구채무의 담보를 그 목적의 한도에서 신채무의 담보로 할 수 있다. 그러나 제삼자가 제공한 담보는 그 승낙을 얻어야 한다.

제5관 면제
제506조 (ㅁㅊㅂ – 무차별) : 면제의 요건, 효과
> 채권자가 채무자에게 채무를 면제할 의사를 밝힌 때에는 채무는 무차별 소멸한다.

채권자가 채무자에게 채무를 면제하는 의사를 표시한 때에는 채권은 소멸한다. 그러나 면제로써 정당한 이익을 가진 제삼자에게 대항하지 못한다.

제6관 혼동
제507조 (ㅁㅊㅅ – 미쳐서) : 혼동의 요건, 효과
> 채권과 채무가 동일한 주체에 귀속된 때에는 그 영향이 미쳐서 혼동으로 채무는 소멸된다.

채권과 채무가 동일한 주체에 귀속한 때에는 채권은 소멸한다. 그러나 그 채권이 제삼자의 권리의 목적인 때에는 그러하지 아니하다.

[제7절 지시채권]
제508조 (ㅁㅊㅇ – 마차 아이) : 지시채권의 양도방식
> 마차 아이가 지시채권을 양도하다.

지시채권은 그 증서에 배서하여 양수인에게 교부하는 방식으로 양도할 수 있다.

제509조 (ㅁㅊㅈ – 마차 주인) : 환배서
> 마차 주인에게 환배서하다.

① 지시채권은 그 채무자에 대하여도 배서하여 양도할 수 있다.
② 배서로 지시채권을 양수한 채무자는 다시 배서하여 이를 양도할 수 있다.

제510조 (ㅁㄱㅊ – 목차) : 배서의 방식
> 민법책의 목차에서 배서의 방식과 증서에 기명날인하다.

① 배서는 증서 또는 그 보충지에 그 뜻을 기재하고 배서인이 서명 또는 기명날인함으로써 이를 한다.

글자공식에 의한 민법 조문 연상 암기법

② 배서는 피배서인을 지정하지 아니하고 할 수 있으며 또 배서인의 서명 또는 기명날인만으로 할 수 있다.

제511조 (ㅁㄱㄱ - 매각) : 약식배서의 처리방식

매각할 대상에게 약식처리 방식으로 배서한다.

배서가 전조제2항의 약식에 의한 때에는 소지인은 다음 각호의 방식으로 처리할 수 있다.
1. 자기나 타인의 명칭을 피배서인으로 기재할 수 있다.
2. 약식으로 또는 타인을 피배서인으로 표시하여 다시 증서에 배서할 수 있다.
3. 피배서인을 기재하지 아니하고 배서없이 증서를 제삼자에게 교부하여 양도할 수 있다.

제512조 (ㅁㄱㄴ - 무관) : 소지인출급배서의 효력

소지인출급배서와 **무관**하다.

소지인출급의 배서는 약식배서와 같은 효력이 있다.

제513조 (ㅁㄱㄷ - 맥도날드) : 배서의 자격수여력

맥도날드 주문서에 아이들에게 배서의 자격수여력이 있다.

① 증서의 점유자가 배서의 연속으로 그 권리를 증명하는 때에는 적법한 소지인으로 본다. 최후의 배서가 약식인 경우에도 같다.
② 약식배서 다음에 다른 배서가 있으면 그 배서인은 약식배서로 증서를 취득한 것으로 본다.
③ 말소된 배서는 배서의 연속에 관하여 그 기재가 없는 것으로 본다.

제514조 (ㅁㄱㄹ - 미결) : 동전 - 선의취득

미결된 상태에서 동전을 선의취득하다.

누구든지 증서의 적법한 소지인에 대하여 그 반환을 청구하지 못한다. 그러나 소지인이 취득한 때에 양도인이 권리없음을 알았거나 중대한 과실로 알지 못한 때에는 그러하지 아니하다.

제515조 (ㅁㄱㅁ - 마감) : 이전배서와 인적항변

마감 전 선의취득한 문서에 이전배서하다.

지시채권의 채무자는 소지인의 전자에 대한 인적관계의 항변으로 소지인에게 대항하지 못한다. 그러나 소지인이 그 채무자를 해함을 알고 지시채권을 취득한 때에는 그러하지 아니하다.

제516조 (ㅁㄱㅂ - 묵비권) : 변제의 장소

변제의 장소에 대해 **묵비**권을 행사하다.

증서에 변제장소를 정하지 아니한 때에는 채무자의 현영업소를 변제장소로 한다. 영업소가 없는 때에는 현주소를 변제장소로 한다.

제3편 채권 · 183

 **글자공식에 의한 민법 조문 연상 암기법**

제517조 (ㅁㄱㅅ – 목사) : 증서의 제시와 이행지체
목사가 증서의 제시와 이행지체를 일삼는다.

증서에 변제기한이 있는 경우에도 그 기한이 도래한 후에 소지인이 증서를 제시하여 이행을 청구한 때로부터 채무자는 지체책임이 있다.

제518조 (ㅁㄱㅇ – 무궁화) : 채무자의 조사권리의무
채무자의 **무궁**화동산 경비 조사권리를 가진다.

채무자는 배서의 연속여부를 조사할 의무가 있으며 배서인의 서명 또는 날인의 진위나 소지인의 진위를 조사할 권리는 있으나 의무는 없다. 그러나 채무자가 변제하는 때에 소지인이 권리자 아님을 알았거나 중대한 과실로 알지 못한 때에는 그 변제는 무효로 한다.

제519조 (ㅁㄱㅈ – 목재) : 변제와 증서교부
목재구입 증서교부와 대가의 변제가 이루어지다.

채무자는 증서와 교환하여서만 변제할 의무가 있다.

제520조 (ㅁㄴㅊ – 만취) : 영수의 기입청구권
만취된 상태에서 영수를 기입하여 청구하다.

① 채무자는 변제하는 때에 소지인에 대하여 증서에 영수를 증명하는 기재를 할 것을 청구할 수 있다.
② 일부변제의 경우에 채무자의 청구가 있으면 채권자는 증서에 그 뜻을 기재하여야 한다.

제521조 (ㅁㄴㄱ – 만기) : 공시최고절차에 의한 증서의 실효
증서 실효가 **만기**가 되어 공시최고의 절차에 의하여 무효되다.

멸실한 증서나 소지인의 점유를 이탈한 증서는 공시최고의 절차에 의하여 무효로 할 수 있다.

제522조 (ㅁㄴㄴ – 무난히) : 공시최고절차에 의한 공탁, 변제
공탁변제에 대하여 **무난**히 코스를 밟다.

공시최고의 신청이 있는 때에는 채무자로 하여금 채무의 목적물을 공탁하게 할 수 있고 소지인이 상당한 담보를 제공하면 변제하게 할 수 있다.

[제8절 무기명채권]
제523조 (ㅁㄴㄷ – 만두) : 무기명채권의 양도방식
만두집 무기명 채권의 양도방식은 다음과 같다.

무기명채권은 양수인에게 그 증서를 교부함으로써 양도의 효력이 있다.

글자공식에 의한 민법 조문 연상 암기법

제524조 (ㅁㄹ - 마늘) : 준용규정
마늘을 제514조 내지 제522조의 규정, 무기명채권의 준용하다.

제514조 내지 제522조의 규정은 무기명채권에 준용한다.

제525조 (ㅁㄴㅁ - 미남) : 지명소지인출급채권
미남이 지명소지인출급채권을 발취하다.

채권자를 지정하고 소지인에게도 변제할 것을 부기한 증서는 무기명채권과 같은 효력이 있다.

제526조 (ㅁㄴㅂ - 미납) : 면책증서
미납이어서 미납이어도 면책증서를 받는다.

제516조, 제517조 및 제520조의 규정은 채무자가 증서소지인에게 변제하여 그 책임을 면할 목적으로 발행한 증서에 준용한다.

제2장 계약

[제1절 총칙]
제1관 계약의 성립

제527조 (ㅁㄴㅅ - 문서) : 계약의 청약의 구속력
계약청구는 불요식 행위이므로 반드시 **문서**를 요하지 않는다.

계약의 청약은 이를 철회하지 못한다.

제528조 (ㅁㄴㅇ - 마냥) : 승낙기간을 정한 계약의 청약
승낙기간을 정하였어도 **마냥** 기다릴 수 없다.

① 승낙의 기간을 정한 계약의 청약은 청약자가 그 기간 내에 승낙의 통지를 받지 못한 때에는 그 효력을 잃는다.
② 승낙의 통지가 전항의 기간후에 도달한 경우에 보통 그 기간내에 도달할 수 있는 발송인 때에는 청약자는 지체없이 상대방에게 그 연착의 통지를 하여야 한다. 그러나 그 도달전에 지연의 통지를 발송한 때에는 그러하지 아니하다.
③ 청약자가 전항의 통지를 하지 아니한 때에는 승낙의 통지는 연착되지 아니한 것으로 본다.

제529조 (ㅁㄴㅈ - 문제) : 승낙기간을 정하지 아니한 계약의 청약
승낙기간을 정하지 아니하여도 **문제**될 것은 없다.

승낙의 기간을 정하지 아니한 계약의 청약은 청약자가 상당한 기간내에 승낙의 통지를 받지 못한 때에는 그 효력을 잃는다.

글자공식에 의한 민법 조문 연상 암기법

제530조 (ㅁㄷㅊ - 미도착) : 연착된 승낙의 효력
연상기억 미도착으로 연착된 승낙의 효력은 다음과 같다.

전2조의 경우에 연착된 승낙은 청약자가 이를 새 청약으로 볼 수 있다.

제531조 (ㅁㄷㄱ - 모독) : 격지자간의 계약성립시기
연상기억 격지자간 승낙의 통지가 도착 전 계약의 성립은 모독이다.

격지자간의 계약은 승낙의 통지를 발송한 때에 성립한다.

제532조 (ㅁㄷㄴ - 무단) : 의사실현에 의한 계약성립
연상기억 청약자의 의사표시는 관습에 의하여 무단히 계약 성립이 되다.

청약자의 의사표시나 관습에 의하여 승낙의 통지가 필요하지 아니한 경우에는 계약은 승낙의 의사표시로 인정되는 사실이 있는 때에 성립한다.

제533조 (ㅁㄷㄷ - 믿다) : 교차청약
연상기억 교차청약은 계약의 성립으로 믿다.

당사자간에 동일한 내용의 청약이 상호교차된 경우에는 양청약이 상대방에게 도달한 때에 계약이 성립한다.

제534조 (ㅁㄷㄹ - 모델) : 변경을 가한 승낙
연상기억 청바지를 입은 모델이 계속 변경한 것은 청약의 거절과 동시에 새로 청약한 것으로 본다.

승낙자가 청약에 대하여 조건을 붙이거나 변경을 가하여 승낙한 때에는 그 청약의 거절과 동시에 새로 청약한 것으로 본다.

제535조 (ㅁㄷㅁ - 마담) : 계약체결상의 과실
연상기억 처음부터 불능한 계약의 체결로, 마담의 재주로 이루어진 계약이다.

① 목적이 불능한 계약을 체결할 때에 그 불능을 알았거나 알 수 있었을 자는 상대방이 그 계약의 유효를 믿었음으로 인하여 받은 손해를 배상하여야 한다. 그러나 그 배상액은 계약이 유효함으로 인하여 생길 이익액을 넘지 못한다.
② 전항의 규정은 상대방이 그 불능을 알았거나 알 수 있었을 경우에는 적용하지 아니한다.

제2관 계약의 효력

제536조 (ㅁㄷㅂ - 미덥지 못하여) : 동시이행의 항변권
연상기억 미덥지 못하여 돈을 주고받고 동시에 진행하여 매매를 성립시켰다.

① 쌍무계약의 당사자 일방은 상대방이 그 채무이행을 제공할 때까지 자기의 채무이행을 거절할 수 있다. 그러나 상대방의 채무가 변제기에 있지 아니하는 때에는 그러하지 아니하다.

 **글자공식에 의한 민법 조문 연상 암기법**

② 당사자 일방이 상대방에게 먼저 이행하여야 할 경우에 상대방의 이행이 곤란할 현저한 사유가 있는 때에는 전항 본문과 같다.

제537조 (ㅁㄷㅅ - 김매듯) : 채무자위험부담주의

● 김매듯 계약 후 채무자의 귀책사유 위험에 의하여 생길 일이 있을 경우 상대방에게 이행을 청구할 수 없다.

쌍무계약의 당사자 일방의 채무가 당사자쌍방의 책임없는 사유로 이행할 수 없게 된 때에는 채무자는 상대방의 이행을 청구하지 못한다.

제538조 (ㅁㄷㅇ - 못마땅) : 채권자귀책사유로 인한 이행불능

● 채권자 귀책사유에 의한 지체 중 못마땅한 이유로 이행이 불가능하게 된 경우

① 쌍무계약의 당사자 일방의 채무가 채권자의 책임있는 사유로 이행할 수 없게 된 때에는 채무자는 상대방의 이행을 청구할 수 있다. 채권자의 수령지체 중에 당사자쌍방의 책임없는 사유로 이행할 수 없게 된 때에도 같다.
② 전항의 경우에 채무자는 자기의 채무를 면함으로써 이익을 얻은 때에는 이를 채권자에게 상환하여야 한다.

제539조 (ㅁㄷㅅ - 모두 줘) : 제삼자를 위한 계약

● 제삼자를 위한 이행계약으로 모두 줘도 된다.

① 계약에 의하여 당사자 일방이 제삼자에게 이행할 것을 약정한 때에는 그 제삼자는 채무자에게 직접 그 이행을 청구할 수 있다.
② 전항의 경우에 제삼자의 권리는 그 제삼자가 채무자에 대하여 계약의 이익을 받을 의사를 표시한 때에 생긴다.

제540조 (ㅁㄹㅊ - 말초신경) : 채무자의 제삼자에 대한 최고권

● 제삼자의 채무를 위해 위임받은 대리인의 최고권으로 제삼자의 말초신경을 건드리다.

전조의 경우에 채무자는 상당한 기간을 정하여 계약의 이익의 향수여부의 확답을 제삼자에게 최고할 수 있다. 채무자가 그 기간내에 확답을 받지 못한 때에는 제삼자가 계약의 이익을 받을 것을 거절한 것으로 본다.

제541조 (ㅁㄹㄱ - 말기) : 제삼자의 권리의 확정

● 말기 암 환자의 제삼자에게 변제될 권리의 확정이 있어야 채무자로 항변권이 생긴다.

제539조의 규정에 의하여 제삼자의 권리가 생긴 후에는 당사자는 이를 변경 또는 소멸시키지 못한다.

제542조 (ㅁㄹㄴ - 미련) : 채무자의 항변권

● 위임된 채무자의 항변권이 있어야 미련 없이 제삼자를 위한다.

채무자는 제539조의 계약에 기한 항변으로 그 계약의 이익을 받을 제삼자에게 대항할 수 있다.

제3편 채권 · **187**

 **글자공식에 의한 민법 조문 연상 암기법**

제3관 계약의 해지, 해제

제543조 (ㅁㄹㄷ – 마라톤) : 해지, 해제권

> 마라톤 불참으로 대회가 해지, 해제되다.
>
> ① 계약 또는 법률의 규정에 의하여 당사자의 일방이나 쌍방이 해지 또는 해제의 권리가 있는 때에는 그 해지 또는 해제는 상대방에 대한 의사표시로 한다.
> ② 전항의 의사표시는 철회하지 못한다.

제544조 (ㅁㄹㄹ – 멀리서) : 이행지체와 해제

> 멀리서 뛰자니 이행지체로 늦어 기권하다.
>
> 당사자 일방이 그 채무를 이행하지 아니하는 때에는 상대방은 상당한 기간을 정하여 그 이행을 최고하고 그 기간내에 이행하지 아니한 때에는 계약을 해제할 수 있다. 그러나 채무자가 미리 이행하지 아니할 의사를 표시한 경우에는 최고를 요하지 아니한다.

제545조 (ㅁㄹㅁ – 멀미) : 정기행위와 해제

> 정기적 행위로 일어나는 멀미 때문에 대회의 해제로 불참하다.
>
> 계약의 성질 또는 당사자의 의사표시에 의하여 일정한 시일 또는 일정한 기간내에 이행하지 아니하면 계약의 목적을 달성할 수 없을 경우에 당사자 일방이 그 시기에 이행하지 아니한 때에는 상대방은 전조의 최고를 하지 아니하고 계약을 해제할 수 있다.

제546조 (ㅁㄹㅂ – 미흡) : 이행불능과 해제

> 준비 미흡으로 이행불능에 이르다.
>
> 채무자의 책임있는 사유로 이행이 불능하게 된 때에는 채권자는 계약을 해제할 수 있다.

제547조 (ㅁㄹㅅ – 몰수) : 해지, 해제권의 불가분성

> 해지, 해제권으로 경기 장비를 몰수당하다.
>
> ① 당사자의 일방 또는 쌍방이 수인인 경우에는 계약의 해지나 해제는 그 전원으로부터 또는 전원에 대하여 하여야 한다.
> ② 전항의 경우에 해지나 해제의 권리가 당사자 1인에 대하여 소멸한 때에는 다른 당사자에 대하여도 소멸한다.

제548조 (ㅁㄹㅇ – 무릉도원) : 해제의 효과, 원상회복의무

> 무릉도원의 출입이 해제되고 옛길이 원상회복되다.
>
> ① 당사자 일방이 계약을 해제한 때에는 각 당사자는 그 상대방에 대하여 원상회복의 의무가 있다. 그러나 제삼자의 권리를 해하지 못한다.
> ② 전항의 경우에 반환할 금전에는 그 받은 날로부터 이자를 가하여야 한다.

 글자공식에 의한 민법 조문 연상 암기법

제549조 (ㅁㄹㅈ - 밀주) : 원상회복의무와 동시이행
- 옛 밀주의 원상회복과 동시에 현장판매를 하다.
  제536조의 규정은 전조의 경우에 준용한다.

제550조 (ㅁㅁㅊ - 매미 채) : 해지의 효과
- 매미 채에 걸린 매미가 해지되어 풀리므로 영원히 해방되다.
  당사자 일방이 계약을 해지한 때에는 계약은 장래에 대하여 그 효력을 잃는다.

제551조 (ㅁㅁㄱ - 매매가) : 해지, 해제와 손해배상
- 매미가 울다 그치어 이제 소리가 해지되었으나 잠 못 이룬 손해는 소급하여 해제권을 갖는다.
  계약의 해지 또는 해제는 손해배상의 청구에 영향을 미치지 아니한다.

제552조 (ㅁㅁㄴ - 메만) : 해제권행사여부의 최고권
- 해제권이 있어서 메만 높다하더니, 확답을 해제권자에게 최고한다.
  ① 해제권의 행사의 기간을 정하지 아니한 때에는 상대방은 상당한 기간을 정하여 해제권행사여부의 확답을 해제권자에게 최고할 수 있다.
  ② 전항의 기간내에 해제의 통지를 받지 못한 때에는 해제권은 소멸한다.

제553조 (ㅁㅁㄷ - 매머드) : 훼손 등으로 인한 해제권의 소멸
- 매머드가 건물의 훼손으로 건물에 오를 해제권이 소멸되다.
  해제권자의 고의나 과실로 인하여 계약의 목적물이 현저히 훼손되거나 이를 반환할 수 없게 된 때 또는 가공이나 개조로 인하여 다른 종류의 물건으로 변경된 때에는 해제권은 소멸한다.

[제2절 증여]

제554조 (ㅁㅁㄹ - 매몰) : 증여의 의의
- 증여할 물건이 매몰되다.
  증여는 당사자 일방이 무상으로 재산을 상대방에 수여하는 의사를 표시하고 상대방이 이를 승낙함으로써 그 효력이 생긴다.

제555조 (ㅁㅁㅁ - 무 메모) : 서면에 의하지 아니한 증여와 해제
- 무 메모에 의한 서면이 없어 해지하다.
  증여의 의사가 서면으로 표시되지 아니한 경우에는 각 당사자는 이를 해제할 수 있다.

글자공식에 의한 민법 조문 연상 암기법

제556조 (ㅁㅁㅂ - 몸뻬) : 수증자의 행위와 증여의 해제
● 증여자 **몸뻬** 속에 범죄행위가 있어 해지하다.
① 수증자가 증여자에 대하여 다음 각호의 사유가 있는 때에는 증여자는 그 증여를 해제할 수 있다.
1. 증여자 또는 그 배우자나 직계혈족에 대한 범죄행위가 있는 때
2. 증여자에 대하여 부양의무있는 경우에 이를 이행하지 아니하는 때
② 전항의 해제권은 해제원인있음을 안 날로부터 6월을 경과하거나 증여자가 수증자에 대하여 용서의 의사를 표시한 때에는 소멸한다.

제557조 (ㅁㅁㅅ - 몸소) : 증여자의 재산상태변경과 증여의 해제
● 증여자가 **몸소** 재산을 탕진하면서 재산상태가 변경되어 증여를 해제하다.
증여계약후에 증여자의 재산상태가 현저히 변경되고 그 이행으로 인하여 생계에 중대한 영향을 미칠 경우에는 증여자는 증여를 해제할 수 있다.

제558조 (ㅁㅁㅇ - 미망인) : 해제와 이행완료부분
● **미망인**에 대한 이행완료부분은 영향을 미치지 아니한다.
전3조의 규정에 의한 계약의 해제는 이미 이행한 부분에 대하여는 영향을 미치지 아니한다.

제559조 (ㅁㅁㅈ - 메모지) : 증여자의 담보책임
● **메모지**에 증여자 담보책임에 대한 내용을 적다.
① 증여자는 증여의 목적인 물건 또는 권리의 하자나 흠결에 대하여 책임을 지지 아니한다. 그러나 증여자가 그 하자나 흠결을 알고 수증자에게 고지하지 아니한 때에는 그러하지 아니하다.
② 상대부담있는 증여에 대하여는 증여자는 그 부담의 한도에서 매도인과 같은 담보의 책임이 있다.

제560조 (ㅁㅂㅊ - 매부 차) : 정기증여와 사망으로 인한 실효
● 정기 증여되던 **매부 차** 유지비도 장인 사망으로 실효되다.
정기의 급여를 목적으로 한 증여는 증여자 또는 수증자의 사망으로 인하여 그 효력을 잃는다.

제561조 (ㅁㅂㄱ - 매부가) : 부담부증여
● 장인이 처남들을 돌보라고 **매부가** 부담부증여받다.
상대부담있는 증여에 대하여는 본절의 규정외에 쌍무계약에 관한 규정을 적용한다.

제562조 (ㅁㅂㄴ - 마분지) : 사인증여
● **마분지**에 유증과 같은 사인증여를 하다.
증여자의 사망으로 인하여 효력이 생길 증여에는 유증에 관한 규정을 준용한다.

 글자공식에 의한 민법 조문 연상 암기법

[제3절 매매]
제1관 총칙
제563조 (ㅁㅂㄷ - 마부도) : 매매의 의의
> 마부도 매매의 의의를 알아 마방을 차리다.
>> 매매는 당사자 일방이 재산권을 상대방에게 이전할 것을 약정하고 상대방이 그 대금을 지급할 것을 약정함으로써 그 효력이 생긴다.

제564조 (ㅁㅂㄹ - 미불) : 매매의 일방예약
> 중도, 잔금이 미불된 채 매매의 일방예약을 하다.
>> ① 매매의 일방예약은 상대방이 매매를 완결할 의사를 표시하는 때에 매매의 효력이 생긴다.
>> ② 전항의 의사표시의 기간을 정하지 아니한 때에는 예약자는 상당한 기간을 정하여 매매완결여부의 확답을 상대방에게 최고할 수 있다.
>> ③ 예약자가 전항의 기간내에 확답을 받지 못한 때에는 예약은 그 효력을 잃는다.

제565조 (ㅁㅂㅁ - 모범) : 해약금
> 해약금의 지급은 계약금에 포함된 모범 케이스이다.
>> ① 매매의 당사자 일방이 계약당시에 금전 기타 물건을 계약금, 보증금등의 명목으로 상대방에게 교부한 때에는 당사자간에 다른 약정이 없는 한 당사자의 일방이 이행에 착수할 때까지 교부자는 이를 포기하고 수령자는 그 배액을 상환하여 매매계약을 해제할 수 있다.
>> ② 제551조의 규정은 전항의 경우에 이를 적용하지 아니한다.

제566조 (ㅁㅂㅂ - 무법) : 매매계약의 비용의 부담
> 매매계약의 부담은 처음부터 무법이다.
>> 매매계약에 관한 비용은 당사자 쌍방이 균분하여 부담한다.

제567조 (ㅁㅂㅅ - 무보수) : 유상계약에의 준용
> 무보수로 국내 은행의 매입을 유상계약하다.
>> 본절의 규정은 매매 이외의 유상계약에 준용한다. 그러나 그 계약의 성질이 이를 허용하지 아니하는 때에는 그러하지 아니하다.

제2관 매매의 효력
제568조 (ㅁㅂㅇ - 마방) : 매매의 효력
> 마방(마부의 점포)을 차려 매매의 효력을 보다.
>> ① 매도인은 매수인에 대하여 매매의 목적이 된 권리를 이전하여야 하며 매수인은 매도인에게 그 대금을 지급하여야 한다.
>> ② 전항의 쌍방의무는 특별한 약정이나 관습이 없으면 동시에 이행하여야 한다.

 **글자공식에 의한 민법 조문 연상 암기법**

제569조 (ㅁㅂㅈ – 무비자) : 타인의 권리의 매매
무비자로 입국하여 타인의 권리를 매매하다.
> 매매의 목적이 된 권리가 타인에게 속한 경우에는 매도인은 그 권리를 취득하여 매수인에게 이전하여야 한다.

제570조 (ㅁㅅㅊ – 못 친) : 동전 – 매도인의 담보책임
못 친자리가 잘못되어 매도인의 담보책임을 지다.
> 전조의 경우에 매도인이 그 권리를 취득하여 매수인에게 이전할 수 없는 때에는 매수인은 계약을 해제할 수 있다. 그러나 매수인이 계약당시 그 권리가 매도인에게 속하지 아니함을 안 때에는 손해배상을 청구하지 못한다.

제571조 (ㅁㅅㄱ – 못가서) : 동전 – 선의의 매도인의 담보책임
선의의 매도인이 **못가서** 담보책임을 못 갚다.
> ① 매도인이 계약당시에 매매의 목적이 된 권리가 자기에게 속하지 아니함을 알지 못한 경우에 그 권리를 취득하여 매수인에게 이전할 수 없는 때에는 매도인은 손해를 배상하고 계약을 해제할 수 있다.
> ② 전항의 경우에 매수인이 계약당시 그 권리가 매도인에게 속하지 아니함을 안 때에는 매도인은 매수인에 대하여 그 권리를 이전할 수 없음을 통지하고 계약을 해제할 수 있다.

제572조 (ㅁㅅㄴ – 무산) : 권리의 일부가 타인에게 속한 경우와 매도인의 담보책임
권리의 일부가 타인에게 소속되어 일부 계약이 **무산**되다.
> ① 매매의 목적이 된 권리의 일부가 타인에게 속함으로 인하여 매도인이 그 권리를 취득하여 매수인에게 이전할 수 없는 때에는 매수인은 그 부분의 비율로 대금의 감액을 청구할 수 있다.
> ② 전항의 경우에 잔존한 부분만이면 매수인이 이를 매수하지 아니하였을 때에는 선의의 매수인은 계약 전부를 해제할 수 있다.
> ③ 선의의 매수인은 감액청구 또는 계약해제외에 손해배상을 청구할 수 있다.

제573조 (ㅁㅅㄷ – 못 다한) : 전조의 권리행사의 기간
못 다한 권리의 행사기간은 1년이다.
> 전조의 권리는 매수인이 선의인 경우에는 사실을 안 날로부터, 악의인 경우에는 계약한 날로부터 1년내에 행사하여야 한다.

제574조 (ㅁㅅㄹ – 매실) : 수량부족, 일부멸실의 경우와 매도인의 담보책임
매실의 수량부족은 매도인의 담보책임으로 이어진다.
> 전2조의 규정은 수량을 지정한 매매의 목적물이 부족되는 경우와 매매목적물의 일부가 계약당시에 이미 멸실된 경우에 매수인이 그 부족 또는 멸실을 알지 못한 때에 준용한다.

제575조 (ㅁㅅㅁ – 무심코) : 제한물권있는 경우와 매도인의 담보책임
무심코 제한한 물건이 있는 줄 몰랐다.

 **글자공식에 의한 민법 조문 연상 암기법**

① 매매의 목적물이 지상권, 지역권, 전세권, 질권 또는 유치권의 목적이 된 경우에 매수인이 이를 알지 못한 때에는 이로 인하여 계약의 목적을 달성할 수 없는 경우에 한하여 매수인은 계약을 해제할 수 있다. 기타의 경우에는 손해배상만을 청구할 수 있다.
② 전항의 규정은 매매의 목적이 된 부동산을 위하여 존재할 지역권이 없거나 그 부동산에 등기된 임대차계약이 있는 경우에 준용한다.
③ 전2항의 권리는 매수인이 그 사실을 안 날로부터 1년내에 행사하여야 한다.

제576조 (ㅁㅅㅂ - 무섭게) : 저당권, 전세권의 행사와 매도인의 담보책임

저당권 전세권 행사에 무섭게 느껴지다.

① 매매의 목적이 된 부동산에 설정된 저당권 또는 전세권의 행사로 인하여 매수인이 그 소유권을 취득할 수 없거나 취득한 소유권을 잃은 때에는 매수인은 계약을 해제할 수 있다.
② 전항의 경우에 매수인의 출재로 그 소유권을 보존한 때에는 매도인에 대하여 그 상환을 청구할 수 있다.
③ 전2항의 경우에 매수인이 손해를 받은 때에는 그 배상을 청구할 수 있다.

제577조 (ㅁㅅㅅ - 맛소금) : 저당권의 목적이 된 지상권, 전세권의 매매와 매도인의 담보책임

맛소금 장사가 저당권자이니 지상권 전세권 매매 목적을 준용한다.

전조의 규정은 저당권의 목적이 된 지상권 또는 전세권이 매매의 목적이 된 경우에 준용한다.

제578조 (ㅁㅅㅇ - 마상) : 경매와 매도인의 담보책임

마상의 주인공이 경매로 매도인의 담보를 책임지다.

① 경매의 경우에는 경락인은 전8조의 규정에 의하여 채무자에게 계약의 해제 또는 대금감액의 청구를 할 수 있다.
② 전항의 경우에 채무자가 자력이 없는 때에는 경락인은 대금의 배당을 받은 채권자에 대하여 그 대금 전부나 일부의 반환을 청구할 수 있다.
③ 전2항의 경우에 채무자가 물건 또는 권리의 흠결을 알고 고지하지 아니하거나 채권자가 이를 알고 경매를 청구한 때에는 경락인은 그 흠결을 안 채무자나 채권자에 대하여 손해배상을 청구할 수 있다.

제579조 (ㅁㅅㅈ - 마사지) : 채권매매와 매도인의 담보책임

마사지 받으며 채권매매와 매도인의 채무자의 자력을 담보하다.

① 채권의 매도인이 채무자의 자력을 담보한 때에는 매매계약당시의 자력을 담보한 것으로 추정한다.
② 변제기에 도달하지 아니한 채권의 매도인이 채무자의 자력을 담보한 때에는 변제기의 자력을 담보한 것으로 추정한다.

제580조 (ㅁㅇㅊ - 망치) : 매도인의 하자담보책임

망치질하니 매도인의 하자담보책임이 있다.

① 매매의 목적물에 하자가 있는 때에는 제575조제1항의 규정을 준용한다. 그러나 매수인이 하자있는 것을 알았거나 과실로 인하여 이를 알지 못한 때에는 그러하지 아니하다.
② 전항의 규정은 경매의 경우에 적용하지 아니한다.

글자공식에 의한 민법 조문 연상 암기법

제581조 (ㅁㅇㄱ – 몽키) : 종류매매와 매도인의 담보책임
- 몽키의 종류와 매도인의 담보책임은 다음과 같다.
  ① 매매의 목적물을 종류로 지정한 경우에도 그 후 특정된 목적물에 하자가 있는 때에는 전조의 규정을 준용한다.
  ② 전항의 경우에 매수인은 계약의 해제 또는 손해배상의 청구를 하지 아니하고 하자없는 물건을 청구할 수 있다.

제582조 (ㅁㅇㄴ – 미안) : 전2조의 권리행사기간
- 권리행사기간을 안 날부터 6개월 동안 미안함을 느끼다.
  전2조에 의한 권리는 매수인이 그 사실을 안 날로부터 6월내에 행사하여야 한다.

제583조 (ㅁㅇㄷ – 망태) : 담보책임과 동시이행
- 망태를 메고 담보책임과 동시이행하다.
  제536조의 규정은 제572조 내지 제575조, 제580조 및 제581조의 경우에 준용한다.

제584조 (ㅁㅇㄹ – 명료) : 담보책임면제의 특약
- 담보책임면제의 특약을 명료하게 처리하다.
  매도인은 전15조에 의한 담보책임을 면하는 특약을 한 경우에도 매도인이 알고 고지하지 아니한 사실 및 제삼자에게 권리를 설정 또는 양도한 행위에 대하여는 책임을 면하지 못한다.

제585조 (ㅁㅇㅁ – 몽매) : 동일기한의 추정
- 몽매한 사람이 동일기한으로 추정하다.
  매매의 당사자 일방에 대한 의무이행의 기한이 있는 때에는 상대방의 의무이행에 대하여도 동일한 기한이 있는 것으로 추정한다.

제586조 (ㅁㅇㅂ – 망보다) : 대금지급장소
- 대금지급장소에서 망보다.
  매매의 목적물의 인도와 동시에 대금을 지급할 경우에는 그 인도장소에서 이를 지급하여야 한다.

제587조 (ㅁㅇㅅ – 망신) : 과실의 귀속, 대금의 이자
- 대금의 이자 과실의 귀속으로 망신을 떨다.
  매매계약있은 후에도 인도하지 아니한 목적물로부터 생긴 과실은 매도인에게 속한다. 매수인은 목적물의 인도를 받은 날로부터 대금의 이자를 지급하여야 한다. 그러나 대금의 지급에 대하여 기한이 있는 때에는 그러하지 아니하다.

글자공식에 의한 민법 조문 연상 암기법

제588조 (ㅁㅇㅇ - 망아지) : 권리주장자가 있는 경우와 대금지급거절권
● 망아지 대금지급거절권과 권리주장자가 있는 경우

매매의 목적물에 대하여 권리를 주장하는 자가 있는 경우에 매수인이 매수한 권리의 전부나 일부를 잃을 염려가 있는 때에는 매수인은 그 위험의 한도에서 대금의 전부나 일부의 지급을 거절할 수 있다. 그러나 매도인이 상당한 담보를 제공한 때에는 그러하지 아니하다.

제589조 (ㅁㅇㅈ - 맹지) : 대금공탁청구권
● 맹지의 지가를 대금공탁하다.

전조의 경우에 매도인은 매수인에 대하여 대금의 공탁을 청구할 수 있다.

제3관 환매

제590조 (ㅁㅈㅊ - 매주 초) : 환매의 의의
● 매주 초에 환매 의의를 밝히다.

① 매도인이 매매계약과 동시에 환매할 권리를 보류한 때에는 그 영수한 대금 및 매수인이 부담한 매매비용을 반환하고 그 목적물을 환매할 수 있다.
② 전항의 환매대금에 관하여 특별한 약정이 있으면 그 약정에 의한다.
③ 전2항의 경우에 목적물의 과실과 대금의 이자는 특별한 약정이 없으면 이를 상계한 것으로 본다.

제591조 (ㅁㅈㄱ - 무작정) : 환매기간
● 무작정 환매기간을 지키다.

① 환매기간은 부동산은 5년, 동산은 3년을 넘지 못한다. 약정기간이 이를 넘는 때에는 부동산은 5년, 동산은 3년으로 단축한다.
② 환매기간을 정한 때에는 다시 이를 연장하지 못한다.
③ 환매기간을 정하지 아니한 때에는 그 기간은 부동산은 5년, 동산은 3년으로 한다.

제592조 (ㅁㅈㄴ - 미진) : 환매등기
● 미진한 환매등기를 제삼자가 마치다.

매매의 목적물이 부동산인 경우에 매매등기와 동시에 환매권의 보류를 등기한 때에는 제삼자에 대하여 그 효력이 있다.

제593조 (ㅁㅈㄷ - 맞대다) : 환매권의 대위행사와 매수인의 권리
● 환매권의 대위와 매수인이 맞대어 서다.

매도인의 채권자가 매도인을 대위하여 환매하고자 하는 때에는 매수인은 법원이 선정한 감정인의 평가액에서 매도인이 반환할 금액을 공제한 잔액으로 매도인의 채무를 변제하고 잉여액이 있으면 이를 매도인에게 지급하여 환매권을 소멸시킬 수 있다.

글자공식에 의한 민법 조문 연상 암기법

제594조 (ㅁㅈㄹ – 매절) : 환매의 실행
> 환매하여 매절하기로 실행하다.
> ① 매도인은 기간내에 대금과 매매비용을 매수인에게 제공하지 아니하면 환매할 권리를 잃는다.
> ② 매수인이나 전득자가 목적물에 대하여 비용을 지출한 때에는 매도인은 제203조의 규정에 의하여 이를 상환하여야 한다. 그러나 유익비에 대하여는 법원은 매도인의 청구에 의하여 상당한 상환기간을 허여할 수 있다.

제595조 (ㅁㅈㅁ – 매점) : 공유지분의 환매
> 공유지분에 있는 매점을 환매하기로 하다.
> 공유자의 1인이 환매할 권리를 보류하고 그 지분을 매도한 후 그 목적물의 분할이나 경매가 있는 때에는 매도인은 매수인이 받은 또는 받을 부분이나 대금에 대하여 환매권을 행사할 수 있다. 그러나 매도인에게 통지하지 아니한 매수인은 그 분할이나 경매로써 매도인에게 대항하지 못한다.

[제4절 교환]
제596조 (ㅁㅈㅂ – 무자비) : 교환의 의미
> 교환을 무자비하게 행하다.
> 교환은 당사자 쌍방이 금전 이외의 재산권을 상호이전할 것을 약정함으로써 그 효력이 생긴다.

제597조 (ㅁㅈㅅ – 모자 속) : 금전의 보충지급의 경우
> 모자 속에 금전의 보충지급을 담다.
> 당사자 일방이 전조의 재산권이전과 금전의 보충지급을 약정한 때에는 그 금전에 대하여는 매매대금에 관한 규정을 준용한다.

[제5절 소비대차]
제598조 (ㅁㅈㅇ – 미장원) : 소비대차의 의의
> 미장원을 소비대차로 빌리다.
> 소비대차는 당사자 일방이 금전 기타 대체물의 소유권을 상대방에게 이전할 것을 약정하고 상대방은 그와 같은 종류, 품질 및 수량으로 반환할 것을 약정함으로써 그 효력이 생긴다.

제599조 (ㅁㅈㅈ – 무 재주) : 파산과 소비대차의 실효
> 무 재주로 파산선고 시 소비대차는 효력을 잃는다.
> 대주가 목적물을 차주에게 인도하기 전에 당사자 일방이 파산선고를 받은 때에는 소비대차는 그 효력을 잃는다.

글자공식에 의한 민법 조문 연상 암기법

제600조 (ㅂㅊㅊ - 부채처리) : 이자계산의 시기
부채처리를 위한 이자계산의 시기를 잡다.

이자있는 소비대차는 차주가 목적물의 인도를 받은 때로부터 이자를 계산하여야 하며 차주가 그 책임있는 사유로 수령을 지체할 때에는 대주가 이행을 제공한 때로부터 이자를 계산하여야 한다.

제601조 (ㅂㅊㄱ - 배척) : 무이자소비대차와 해제권
무이자소비대차의 해제권을 **배척**하다.

이자없는 소비대차의 당사자는 목적물의 인도전에는 언제든지 계약을 해제할 수 있다. 그러나 상대방에게 생긴 손해가 있는 때에는 이를 배상하여야 한다.

제602조 (ㅂㅊㄴ - 부친) : 대주의 담보책임
부친이 대주로 담보책임을 지다.

① 이자있는 소비대차의 목적물에 하자가 있는 경우에는 제580조 내지 제582조의 규정을 준용한다.
② 이자없는 소비대차의 경우에는 차주는 하자있는 물건의 가액으로 반환할 수 있다. 그러나 대주가 그 하자를 알고 차주에게 고지하지 아니한 때에는 전항과 같다.

제603조 (ㅂㅊㄷ - 부채 도로 돌려주기) : 반환시기
부채 도로 돌려주는 반환시기를 정하여야 한다.

① 차주는 약정시기에 차용물과 같은 종류, 품질 및 수량의 물건을 반환하여야 한다.
② 반환시기의 약정이 없는 때에는 대주는 상당한 기간을 정하여 반환을 최고하여야 한다. 그러나 차주는 언제든지 반환할 수 있다.

제604조 (ㅂㅊㄹ - 보철) : 반환불능으로 인한 시가상환
보철의 반환불능으로 인하여 시가상환으로 보상하다.

차주가 차용물과 같은 종류, 품질 및 수량의 물건을 반환할 수 없는 때에는 그때의 시가로 상환하여야 한다. 그러나 제376조 및 제377조제2항의 경우에는 그러하지 아니하다.

제605조 (ㅂㅊㅁ - 비참) : 준소비대차
대체물을 지급할 의무가 있는 경우 **비참**하게 물건을 준소비대차하다.

당사자 쌍방이 소비대차에 의하지 아니하고 금전 기타의 대체물을 지급할 의무가 있는 경우에 당사자가 그 목적물을 소비대차의 목적으로 할 것을 약정한 때에는 소비대차의 효력이 생긴다.

제606조 (ㅂㅊㅂ - 배추밭) : 대물대차
배추밭에 대물대차로 차를 세워두다.

금전대차의 경우에 차주가 금전에 갈음하여 유가증권 기타 물건의 인도를 받은 때에는 그 인도시의 가액으로써 차용액으로 한다. 〈개정 2014.12.30.〉

글자공식에 의한 민법 조문 연상 암기법

제607조 (ㅂㅊㅅ - 배추씨) : 대물반환의 예약
배추씨로 대신 대물반환하다.

차용물의 반환에 관하여 차주가 차용물에 갈음하여 다른 재산권을 이전할 것을 예약한 경우에는 그 재산의 예약당시의 가액이 차용액 및 이에 붙인 이자의 합산액을 넘지 못한다. 〈개정 2014.12.30.〉

제608조 (ㅂㅊㅇ - 보충) : 차주에 불이익한 약정의 금지
차주에 불리한 것은 **보충**하여도 그 효과는 없다.

전2조의 규정에 위반한 당사자의 약정으로서 차주에 불리한 것은 환매 기타 여하한 명목이라도 그 효력이 없다.

[제6절 사용대차]

제609조 (ㅂㅊㅈ - 배추 주인) : 사용대차의 의의
배추 주인은 사용대차의 임대 없이 사용한다.

사용대차는 당사자 일방이 상대방에게 무상으로 사용, 수익하게 하기 위하여 목적물을 인도할 것을 약정하고 상대방은 이를 사용, 수익한 후 그 물건을 반환할 것을 약정함으로써 그 효력이 생긴다.

제610조 (ㅂㄱㅊ - 백차) : 차주의 사용, 수익권
백차의 차 주인은 사용 수익권이 있다.

① 차주는 계약 또는 그 목적물의 성질에 의하여 정하여진 용법으로 이를 사용, 수익하여야 한다.
② 차주는 대주의 승낙이 없으면 제삼자에게 차용물을 사용, 수익하게 하지 못한다.
③ 차주가 전2항의 규정에 위반한 때에는 대주는 계약을 해지할 수 있다.

제611조 (ㅂㄱㄱ - 비각) : 비용의 부담
차주는 **비각** 차용물에 대하여 비용 부담을 한다.

① 차주는 차용물의 통상의 필요비를 부담한다.
② 기타의 비용에 대하여는 제594조제2항의 규정을 준용한다.

제612조 (ㅂㄱㄴ - 보관) : 준용규정
제559조, 제601조 메모지 배척규정의 **보관**은 사용대차의 준용된다.

제559조, 제601조의 규정은 사용대차에 준용한다.

제613조 (ㅂㄱㄷ - 복대) : 차용물의 반환시기
복대 속에 찬 차용물의 반환시기를 정하다.

① 차주는 약정시기에 차용물을 반환하여야 한다.
② 시기의 약정이 없는 경우에는 차주는 계약 또는 목적물의 성질에 의한 사용, 수익이 종료한 때에 반환하여야 한다. 그러나 사용, 수익에 족한 기간이 경과한 때에는 대주는 언제든지 계약을 해지할 수 있다.

 **글자공식에 의한 민법 조문 연상 암기법**

제614조 (ㅂㄱㄹ - 비굴) : 차주의 사망, 파산과 해지
- 차주의 사망, 파산해지는 아랑곳없으니 비굴하다.
  차주가 사망하거나 파산선고를 받은 때에는 대주는 계약을 해지할 수 있다.

제615조 (ㅂㄱㅁ - 보금자리) : 차주의 원상회복의무와 철거권
- 차주의 보금자리도 철거의 대상이다.
  차주가 차용물을 반환하는 때에는 이를 원상에 회복하여야 한다. 이에 부속시킨 물건은 철거할 수 있다.

제616조 (ㅂㄱㅂ - 비겁) : 공동차주의 연대의무
- 공동차주로 연대의무까지 지게 하니 비겁하다.
  수인이 공동하여 물건을 차용한 때에는 연대하여 그 의무를 부담한다.

제617조 (ㅂㄱㅅ - 복수) : 손해배상, 비용상환청구의 기간
- 손해배상, 비용상환청구기간은 복수기간이다.
  계약 또는 목적물의 성질에 위반한 사용, 수익으로 인하여 생긴 손해배상의 청구와 차주가 지출한 비용의 상환청구는 대주가 물건의 반환을 받은 날로부터 6월내에 하여야 한다.

[제7절 임대차]

제618조 (ㅂㄱㅇ - 보강) : 임대차의 의의
- 임대차는 수익낼 것을 보강해야 한다.
  임대차는 당사자 일방이 상대방에게 목적물을 사용, 수익하게 할 것을 약정하고 상대방이 이에 대하여 차임을 지급할 것을 약정함으로써 그 효력이 생긴다.

제619조 (ㅂㄱㅈ - 바가지) : 처분능력, 권한없는 자의 할 수 있는 단기임대차
- 바가지가 새어 처분능력이 없이 10년, 5년, 3년, 6월을 넘지 못한다.
  처분의 능력 또는 권한없는 자가 임대차를 하는 경우에는 그 임대차는 다음 각호의 기간을 넘지 못한다.
  1. 식목, 채염 또는 석조, 석회조, 연와조 및 이와 유사한 건축을 목적으로 한 토지의 임대차는 10년
  2. 기타 토지의 임대차는 5년
  3. 건물 기타 공작물의 임대차는 3년
  4. 동산의 임대차는 6월

제620조 (ㅂㄴㅊ - 본체) : 단기임대차의 갱신
- 컴퓨터의 본체를 단기 임대하다.
  전조의 기간은 갱신할 수 있다. 그러나 그 기간만료전 토지에 대하여는 1년, 건물 기타 공작물에 대하여는 3월, 동산에 대하여는 1월내에 갱신하여야 한다.

글자공식에 의한 민법 조문 연상 암기법

제621조 (ㅂㄴㄱ - 반기다) : 임대차의 등기
- 임대차등기를 하여야 대항요건이 생겨 반기다.
  ① 부동산임차인은 당사자간에 반대약정이 없으면 임대인에 대하여 그 임대차등기절차에 협력할 것을 청구할 수 있다.
  ② 부동산임대차를 등기한 때에는 그때부터 제삼자에 대하여 효력이 생긴다.

제622조 (ㅂㄴㄴ - 비난) : 건물등기있는 차지권의 대항력
- 건물등기 대항력을 갖추니 비난의 대상이다.
  ① 건물의 소유를 목적으로 한 토지임대차는 이를 등기하지 아니한 경우에도 임차인이 그 지상건물을 등기한 때에는 제삼자에 대하여 임대차의 효력이 생긴다.
  ② 건물이 임대차기간만료전에 멸실 또는 후폐한 때에는 전항의 효력을 잃는다.

제623조 (ㅂㄴㄷ - 반대) : 임대인의 의무
- 임대인의 의무를 반대하지 않는 임차인이 대부분이다.
  임대인은 목적물을 임차인에게 인도하고 계약존속중 그 사용, 수익에 필요한 상태를 유지하게 할 의무를 부담한다.

제624조 (ㅂㄴㄹ - 비닐) : 임대인의 보존행위, 인용의무
- 임대인의 비닐하우스도 보존의 가치가 지나칠 정도다.
  임대인이 임대물의 보존에 필요한 행위를 하는 때에는 임차인은 이를 거절하지 못한다.

제625조 (ㅂㄴㅁ - 변모) : 임차인의 의사에 반대하는 보존행위와 해지권
- 변모하는 시대에 임차인은 계약을 해지할 수 있다.
  임대인이 임차인의 의사에 반하여 보존행위를 하는 경우에 임차인이 이로 인하여 임차의 목적을 달성할 수 없는 때에는 계약을 해지할 수 있다.

제626조 (ㅂㄴㅂ - 본부) : 임차인의 상환청구권
- 임차인의 본부에서 임대인에 대하여 필요비 지출을 청구할 수 있다.
  ① 임차인이 임차물의 보존에 관한 필요비를 지출한 때에는 임대인에 대하여 그 상환을 청구할 수 있다.
  ② 임차인이 유익비를 지출한 경우에는 임대인은 임대차종료시에 그 가액의 증가가 현존한 때에 한하여 임차인의 지출한 금액이나 그 증가액을 상환하여야 한다. 이 경우에 법원은 임대인의 청구에 의하여 상당한 상환기간을 허여할 수 있다.

제627조 (ㅂㄴㅅ - 변수) : 일부멸실 등과 감액청구, 해지권
- 임차물의 일부멸실 변수로 임차인은 감액청구하다.

 글자공식에 의한 민법 조문 연상 암기법

① 임차물의 일부가 임차인의 과실없이 멸실 기타 사유로 인하여 사용, 수익할 수 없는 때에는 임차인은 그 부분의 비율에 의한 차임의 감액을 청구할 수 있다.
② 전항의 경우에 그 잔존부분으로 임차의 목적을 달성할 수 없는 때에는 임차인은 계약을 해지할 수 있다.

제628조 (ㅂㄴㅇ - 배낭) : 차임증감청구권
연상기억 경제사정 변동으로 차감증감청구서를 **배낭**에 넣다.
임대물에 대한 공과부담의 증감 기타 경제사정의 변동으로 인하여 약정한 차임이 상당하지 아니하게 된 때에는 당사자는 장래에 대한 차임의 증감을 청구할 수 있다.

제629조 (ㅂㄴㅈ - 번지) : 임차권의 양도, 전대의 제한
연상기억 문패도, **번지**수도 없는 판잣집을 임대인 동의 없이는 양도나 전대하지 못한다.
① 임차인은 임대인의 동의없이 그 권리를 양도하거나 임차물을 전대하지 못한다.
② 임차인이 전항의 규정에 위반한 때에는 임대인은 계약을 해지할 수 있다.

제630조 (ㅂㄷㅊ - 받침) : 전대의 효과
연상기억 전대한 전세집을 집주인이 뒷**받침**해야 한다.
① 임차인이 임대인의 동의를 얻어 임차물을 전대한 때에는 전차인은 직접 임대인에 대하여 의무를 부담한다. 이 경우에 전차인은 전대인에 대한 차임의 지급으로써 임대인에게 대항하지 못한다.
② 전항의 규정은 임대인의 임차인에 대한 권리행사에 영향을 미치지 아니한다.

제631조 (ㅂㄷㄱ - 바닥) : 전차인의 권리의 확정
연상기억 **바닥**을 정리하여 전차인의 권리를 확정지어야 한다.
임차인이 임대인의 동의를 얻어 임차물을 전대한 경우에는 임대인과 임차인의 합의로 계약을 종료한 때에도 전차인의 권리는 소멸하지 아니한다.

제632조 (ㅂㄷㄴ - 비단) : 임차건물의 소부분을 타인에게 사용케 하는 경우
연상기억 바닥에 **비단**을 깔고 일부를 타인에게 세준 경우이다.
전3조의 규정은 건물의 임차인이 그 건물의 소부분을 타인에게 사용하게 하는 경우에 적용하지 아니한다.

제633조 (ㅂㄷㄷ - 받다) : 차임지급의 시기
연상기억 월말, 연말에 농작물에 따라 임대료를 지급**받다**.
차임은 동산, 건물이나 대지에 대하여는 매월말에, 기타 토지에 대하여는 매년말에 지급하여야 한다. 그러나 수확기있는 것에 대하여는 그 수확후 지체없이 지급하여야 한다.

글자공식에 의한 민법 조문 연상 암기법

제634조 (ㅂㄷㄹ – 비둘기) : 임차인의 통지의무
연상기억 임차인은 비둘기가 전달하듯 사항의 변화에 통지할 의무가 있다.

임차물의 수리를 요하거나 임차물에 대하여 권리를 주장하는 자가 있는 때에는 임차인은 지체없이 임대인에게 이를 통지하여야 한다. 그러나 임대인이 이미 이를 안 때에는 그러하지 아니하다.

제635조 (ㅂㄷㅁ – 부담) : 기간의 약정없는 임대차의 해지통고
연상기억 기간의 약정이 없어 부담스러워 해지통고하다.

① 임대차기간의 약정이 없는 때에는 당사자는 언제든지 계약해지의 통고를 할 수 있다.
② 상대방이 전항의 통고를 받은 날로부터 다음 각호의 기간이 경과하면 해지의 효력이 생긴다.
  1. 토지, 건물 기타 공작물에 대하여는 임대인이 해지를 통고한 경우에는 6월, 임차인이 해지를 통고한 경우에는 1월
  2. 동산에 대하여는 5일

제636조 (ㅂㄷㅂ – 보답) : 기간의 약정있는 임대차의 해지통고
연상기억 기간의 약정있는 임대차의 해지통고는 부담이 없어서 부동산에 보답하다.

임대차기간의 약정이 있는 경우에도 당사자일방 또는 쌍방이 그 기간내에 해지할 권리를 보류한 때에는 전조의 규정을 준용한다.

제637조 (ㅂㄷㅅ – 불 보듯) : 임차인의 파산과 해지통고
연상기억 임차인의 파산은 불 보듯 사건이 연속되니 해지통고하다.

① 임차인이 파산선고를 받은 경우에는 임대차기간의 약정이 있는 때에도 임대인 또는 파산관재인은 제635조의 규정에 의하여 계약해지의 통고를 할 수 있다.
② 전항의 경우에 각 당사자는 상대방에 대하여 계약해지로 인하여 생긴 손해의 배상을 청구하지 못한다.

제638조 (ㅂㄷㅇ – 부당) : 해지통고의 전차인에 대한 통지
연상기억 전차인에게 통지를 안해 부당한 손해발생 시 전대인의 책임이 있다.

① 임대차계약이 해지의 통고로 인하여 종료된 경우에 그 임대물이 적법하게 전대되었을 때에는 임대인은 전차인에 대하여 그 사유를 통지하지 아니하면 해지로써 전차인에게 대항하지 못한다.
② 전차인이 전항의 통지를 받은 때에는 제635조제2항의 규정을 준용한다.

제639조 (ㅂㄷㅈ – 받자) : 묵시의 갱신
연상기억 6월에서 1월 사이 해지통고가 없으면 묵시갱신이다. 갱신이 없으면 주인은 임대한 것으로 보고 돈 받자!

① 임대차기간이 만료한 후 임차인이 임차물의 사용, 수익을 계속하는 경우에 임대인이 상당한 기간내에 이의를 하지 아니한 때에는 전임대차와 동일한 조건으로 다시 임대차한 것으로 본다. 그러나 당사자는 제635조의 규정에 의하여 해지의 통고를 할 수 있다.
② 전항의 경우에 전임대차에 대하여 제삼자가 제공한 담보는 기간의 만료로 인하여 소멸한다.

 글자공식에 의한 민법 조문 연상 암기법

제640조 (ㅂㄹㅊ - 별채) : 차임연체와 해지
- **별채**의 차임이 2기 이상 밀려 해제조건이 된다.
  건물 기타 공작물의 임대차에는 임차인의 차임연체액이 2기의 차임액에 달하는 때에는 임대인은 계약을 해지할 수 있다.

제641조 (ㅂㄹㄱ - 벌기) : 동전
- 돈 **벌기** 힘들어 동전을 모으다.
  건물 기타 공작물의 소유 또는 식목, 채염, 목축을 목적으로 한 토지임대차의 경우에도 전조의 규정을 준용한다.

제642조 (ㅂㄹㄴ - 뿌린 씨) : 토지임대차의 해지와 지상건물 등에 대한 담보물권자에의 통지
- 토지에 **뿌린** 씨앗대로 거두고, 제288조 규정을 준용한다.
  전조의 경우에 그 지상에 있는 건물 기타 공작물이 담보물권의 목적이 된 때에는 제288조의 규정을 준용한다.

제643조 (ㅂㄹㄷ - 별도) : 임차인의 갱신청구권, 매수청구권
- 임차인은 **별도**의 갱신청구권을 갖는다.
  건물 기타 공작물의 소유 또는 식목, 채염, 목축을 목적으로 한 토지임대차의 기간이 만료한 경우에 건물, 수목 기타 지상시설이 현존한 때에는 제283조의 규정을 준용한다.

제644조 (ㅂㄹㄹ - 빌라) : 전차인의 임대청구권, 매수청구권
- **빌라** 전차인의 임대청구권
  ① 건물 기타 공작물의 소유 또는 식목, 채염, 목축을 목적으로 한 토지임차인이 적법하게 그 토지를 전대한 경우에 임대차 및 전대차의 기간이 동시에 만료되고 건물, 수목 기타 지상시설이 현존한 때에는 전차인은 임대인에 대하여 전전대차와 동일한 조건으로 임대할 것을 청구할 수 있다.
  ② 전항의 경우에 임대인이 임대할 것을 원하지 아니하는 때에는 제283조제2항의 규정을 준용한다.

제645조 (ㅂㄹㅁ - 불모지) : 지상권목적토지의 임차인의 임대청구권, 매수청구권
- 지상권자가 **불모지** 땅 임대차계약을 했다.
  전조의 규정은 지상권자가 그 토지를 임대한 경우에 준용한다.

제646조 (ㅂㅎㅂ - 부합) : 임차인의 부속물매수청구권
- 임차인의 부속물이 잘 **부합**되다.
  ① 건물 기타 공작물의 임차인이 그 사용의 편익을 위하여 임대인의 동의를 얻어 이에 부속한 물건이 있는 때에는 임대차의 종료시에 임대인에 대하여 그 부속물의 매수를 청구할 수 있다.
  ② 임대인으로부터 매수한 부속물에 대하여도 전항과 같다.

글자공식에 의한 민법 조문 연상 암기법

제647조 (ㅂㄹㅅ - 볼 수) : 전차인의 부속물매수청구권
● 별을 볼 수 있는 첨성대를 전차인의 부속물매수청구권
① 건물 기타 공작물의 임차인이 적법하게 전대한 경우에 전차인이 그 사용의 편익을 위하여 임대인의 동의를 얻어 이에 부속한 물건이 있는 때에는 전대차의 종료시에 임대인에 대하여 그 부속물의 매수를 청구할 수 있다.
② 임대인으로부터 매수하였거나 그 동의를 얻어 임차인으로부터 매수한 부속물에 대하여도 전항과 같다.

제648조 (ㅂㄹㅇ - 벼랑) : 임차지의 부속물, 과실 등에 대한 법정질권
● 임차인의 소유동산 및 토지 압류한 때는 법정질권에 해당되어 벼랑 끝에 몰리다.
토지임대인이 임대차에 관한 채권에 의하여 임차지에 부속 또는 그 사용의 편익에 공용한 임차인의 소유동산 및 그 토지의 과실을 압류한 때에는 질권과 동일한 효력이 있다.

제649조 (ㅂㄹㅈ - 별지) : 임차지상의 건물에 대한 법정저당권
● 별지 지상의 건물은 법정저당권에 속한다.
토지임대인이 변제기를 경과한 최후 2년의 차임채권에 의하여 그 지상에 있는 임차인소유의 건물을 압류한 때에는 저당권과 동일한 효력이 있다.

제650조 (ㅂㅁㅊ - 밤차) : 임차건물등의 부속물에 대한 법정질권
● 임차건물, 부속물에 대한 법정질권의 실행을 위하여 밤차를 타다.
건물 기타 공작물의 임대인이 임대차에 관한 채권에 의하여 그 건물 기타 공작물에 부속한 임차인소유의 동산을 압류한 때에는 질권과 동일한 효력이 있다.

제651조 (ㅂㅁㄱ - 비목) : 임대차존속기간 - 삭제 〈2016.1.6.〉
● 비목이 사라지다.
[2016.1.6. 법률 제13710호에 의하여 2013.12.26. 헌법재판소에서 위헌결정 된 이 조를 삭제함.]

제652조 (ㅂㅁㄴ - 배만 보면) : 강행규정
● 뚱뚱한 사람 배만 보면 강행하여 규정하다.
제627조, 제628조, 제631조, 제635조, 제638조, 제640조, 제641조, 제643조 내지 제647조의 규정에 위반하는 약정으로 임차인이나 전차인에게 불리한 것은 그 효력이 없다.

제653조 (ㅂㅁㄷ - 배 밑) : 일시사용을 위한 임대차의 특례
● 제628조, 제638조, 제640조, 제646조, 제648조, 제650조, 배 밑에서 일시 사용한 것은 임대차의 특례이다.
제628조, 제638조, 제640조, 제646조 내지 제648조, 제650조 및 전조의 규정은 일시사용하기 위한 임대차 또는 전대차인 것이 명백한 경우에는 적용하지 아니한다.

 **글자공식에 의한 민법 조문 연상 암기법**

제654조 (ㅂㅁㄹ – 보물) : 준용규정
　　제610조1항, 제615조, 제617조의 규정은 임대차에 있어 보물과 같다.
　　제610조제1항, 제615조 내지 제617조의 규정은 임대차에 이를 준용한다.

[제8절 고용]

제655조 (ㅂㅁㅁ – 밤무대) : 고용의 의의
　　밤무대에서 노는 고용의 의의, 보수를 지급하다.
　　고용은 당사자 일방이 상대방에 대하여 노무를 제공할 것을 약정하고 상대방이 이에 대하여 보수를 지급할 것을 약정함으로써 그 효력이 생긴다.

제656조 (ㅂㅁㅂ – 붐비는) : 보수액과 그 지급시기
　　붐비는 무대에서 그 보수액과 지급시기를 정하다.
　　① 보수 또는 보수액의 약정이 없는 때에는 관습에 의하여 지급하여야 한다.
　　② 보수는 약정한 시기에 지급하여야 하며 시기의 약정이 없으면 관습에 의하고 관습이 없으면 약정한 노무를 종료한 후 지체없이 지급하여야 한다.

제657조 (ㅂㅁㅅ – 밤새워) : 권리의무의 전속성
　　밤새워 일하는 권리의무의 전속성
　　① 사용자는 노무자의 동의없이 그 권리를 제삼자에게 양도하지 못한다.
　　② 노무자는 사용자의 동의없이 제삼자로 하여금 자기에 갈음하여 노무를 제공하게 하지 못한다.
　　〈개정 2014.12.30.〉
　　③ 당사자 일방이 전2항의 규정에 위반한 때에는 상대방은 계약을 해지할 수 있다.

제658조 (ㅂㅁㅇ – 비망록) : 노무의 내용과 해지권
　　비망록 노무의 내용과 해지권의 고용내용을 적다.
　　① 사용자가 노무자에 대하여 약정하지 아니한 노무의 제공을 요구한 때에는 노무자는 계약을 해지할 수 있다.
　　② 약정한 노무가 특수한 기능을 요하는 경우에 노무자가 그 기능이 없는 때에는 사용자는 계약을 해지할 수 있다.

제659조 (ㅂㅁㅈ – 범주) : 3년 이상의 경과와 해지통고권
　　3년의 범주를 넘어서 해지통고권을 발휘하다.
　　① 고용의 약정기간이 3년을 넘거나 당사자의 일방 또는 제삼자의 종신까지로 된 때에는 각 당사자는 3년을 경과한 후 언제든지 계약해지의 통고를 할 수 있다.
　　② 전항의 경우에는 상대방이 해지의 통고를 받은 날로부터 3월이 경과하면 해지의 효력이 생긴다.

글자공식에 의한 민법 조문 연상 암기법

제660조 (ㅂㅂㅊ - 법치) : 기간의 약정이 없는 고용의 해지통고

법치주의 원칙에 따라 고용의 해지통고를 하다.

① 고용기간의 약정이 없는 때에는 당사자는 언제든지 계약해지의 통고를 할 수 있다.
② 전항의 경우에는 상대방이 해지의 통고를 받은 날로부터 1월이 경과하면 해지의 효력이 생긴다.
③ 기간으로 보수를 정한 때에는 상대방이 해지의 통고를 받은 당기후의 일기를 경과함으로써 해지의 효력이 생긴다.

제661조 (ㅂㅂㄱ - 보복) : 부득이한 사유와 해지권

보복이 아닌 부득이한 사유로 인한 해지권이다.

고용기간의 약정이 있는 경우에도 부득이한 사유있는 때에는 각 당사자는 계약을 해지할 수 있다. 그러나 그 사유가 당사자 일방의 과실로 인하여 생긴 때에는 상대방에 대하여 손해를 배상하여야 한다.

제662조 (ㅂㅂㄴ - 배반) : 묵시의 갱신

고용기간 만료한 노무자, **배반**하지 않아 묵시의 갱신으로 재갱신하다.

① 고용기간이 만료한 후 노무자가 계속하여 그 노무를 제공하는 경우에 사용자가 상당한 기간내에 이의를 하지 아니한 때에는 전고용과 동일한 조건으로 다시 고용한 것으로 본다. 그러나 당사자는 제660조의 규정에 의하여 해지의 통고를 할 수 있다.
② 전항의 경우에는 전고용에 대하여 제삼자가 제공한 담보는 기간의 만료로 인하여 소멸한다.

제663조 (ㅂㅂㄷ - 법대로) : 사용자파산과 해지통고

사용자의 파산으로 **법대**로 절차를 밟다.

① 사용자가 파산선고를 받은 경우에는 고용기간의 약정이 있는 때에도 노무자 또는 파산관재인은 계약을 해지할 수 있다.
② 전항의 경우에는 각 당사자는 계약해지로 인한 손해의 배상을 청구하지 못한다.

[제9절 도급]

제664조 (ㅂㅂㄹ - 배불리) : 도급의 의의

도급인은 인부들이 세끼 식사를 **배불리** 먹도록 해야 한다.

도급은 당사자 일방이 어느 일을 완성할 것을 약정하고 상대방이 그 일의 결과에 대하여 보수를 지급할 것을 약정함으로써 그 효력이 생긴다.

제665조 (ㅂㅂㅁ - 비범한) : 보수의 지급시기

비범한 솜씨의 대가로 보수액과 지급시기를 정하여야 한다.

① 보수는 그 완성된 목적물의 인도와 동시에 지급하여야 한다. 그러나 목적물의 인도를 요하지 아니하는 경우에는 그 일을 완성한 후 지체없이 지급하여야 한다.
② 전항의 보수에 관하여는 제656조제2항의 규정을 준용한다.

 **글자공식에 의한 민법 조문 연상 암기법**

제666조 (ㅂㅂㅂ - 비법) : 수급인의 목적부동산에 대한 저당권설정청구권
● 저당권설정청구권만이 수급인의 담보 비법이다.
부동산공사의 수급인은 전조의 보수에 관한 채권을 담보하기 위하여 그 부동산을 목적으로 한 저당권의 설정을 청구할 수 있다.

제667조 (ㅂㅂㅅ - 밥 수저) : 수급인의 담보책임
● 수급인의 기술이 담보되어 밥 수저 챙기는 책임이 있다.
① 완성된 목적물 또는 완성전의 성취된 부분에 하자가 있는 때에는 도급인은 수급인에 대하여 상당한 기간을 정하여 그 하자의 보수를 청구할 수 있다. 그러나 하자가 중요하지 아니한 경우에 그 보수에 과다한 비용을 요할 때에는 그러하지 아니하다.
② 도급인은 하자의 보수에 갈음하여 또는 보수와 함께 손해배상을 청구할 수 있다. 〈개정 2014.12.30.〉
③ 전항의 경우에는 제536조의 규정을 준용한다.

제668조 (ㅂㅂㅇ - 비방) : 동전 - 도급인의 해제권
● 도급인의 해제권이 정당치 않을 때 비방의 대상이 되다.
도급인이 완성된 목적물의 하자로 인하여 계약의 목적을 달성할 수 없는 때에는 계약을 해제할 수 있다. 그러나 건물 기타 토지의 공작물에 대하여는 그러하지 아니하다.

제669조 (ㅂㅂㅈ - 법주) : 동전 - 하자가 도급인의 제공한 재료 또는 지시에 기인한 경우의 면책
● 법주 만드는 공정의 잘못이 주인에게 있을 때 그 책임이 면제된다.
전2조의 규정은 목적물의 하자가 도급인이 제공한 재료의 성질 또는 도급인의 지시에 기인한 때에는 적용하지 아니한다. 그러나 수급인이 그 재료 또는 지시의 부적당함을 알고 도급인에게 고지하지 아니한 때에는 그러하지 아니하다.

제670조 (ㅂㅅㅊ - 보수처리) : 담보책임의 존속기간
● 보수처리 책임은 계약해지 목적물 인도일로부터 1년내 한다.
① 전3조의 규정에 의한 하자의 보수, 손해배상의 청구 및 계약의 해제는 목적물의 인도를 받은 날로부터 1년내에 하여야 한다.
② 목적물의 인도를 요하지 아니하는 경우에는 전항의 기간은 일의 종료한 날로부터 기산한다.

제671조 (ㅂㅅㄱ - 부속) : 수급인의 담보책임 - 토지, 건물 등에 대한 특칙
● 부속 건물, 토지에 대하여 특칙을 정하다.
① 토지, 건물 기타 공작물의 수급인은 목적물 또는 지반공사의 하자에 대하여 인도후 5년간 담보의 책임이 있다. 그러나 목적물이 석조, 석회조, 연와조, 금속 기타 이와 유사한 재료로 조성된 것인 때에는 그 기간을 10년으로 한다.
② 전항의 하자로 인하여 목적물이 멸실 또는 훼손된 때에는 도급인은 그 멸실 또는 훼손된 날로부터 1년내에 제667조의 권리를 행사하여야 한다.

 **글자공식에 의한 민법 조문 연상 암기법**

제672조 (ㅂㅅㄴ - 버선) : 담보책임면제의 특약
▶ 버선을 꼼꼼히 만들어 담보책임면제 특약을 받다.

수급인은 제667조, 제668조의 담보책임이 없음을 약정한 경우에도 알고 고지하지 아니한 사실에 대하여는 그 책임을 면하지 못한다.

제673조 (ㅂㅅㄷ - 벗다) : 완성전의 도급인의 해제권
▶ 도급인의 해제로 완성 전 책임을 벗다.

수급인이 일을 완성하기 전에는 도급인은 손해를 배상하고 계약을 해제할 수 있다.

제674조 (ㅂㅅㄹ - 배수로) : 도급인의 파산과 해제권
▶ 사막의 배수로 공사 중 도급인의 파산으로 공사가 무산되다.

① 도급인이 파산선고를 받은 때에는 수급인 또는 파산관재인은 계약을 해제할 수 있다. 이 경우에는 수급인은 일의 완성된 부분에 대한 보수 및 보수에 포함되지 아니한 비용에 대하여 파산재단의 배당에 가입할 수 있다.
② 전항의 경우에는 각 당사자는 상대방에 대하여 계약해제로 인한 손해의 배상을 청구하지 못한다.

[제9절의2 여행계약]

제674조의2 (ㅂㅅㄹ - 배수로) : 여행계약의 의의
▶ 배수로 도급으로 여행계약을 하다.

여행계약은 당사자 한쪽이 상대방에게 운송, 숙박, 관광 또는 그 밖의 여행 관련 용역을 결합하여 제공하기로 약정하고 상대방이 그 대금을 지급하기로 약정함으로써 효력이 생긴다.
[본조신설 2015.2.3.] [시행일 2016.2.4.]

제674조의3 (ㅂㅅㄹ - 배수로) : 여행 개시 전의 계약 해제
▶ 배수로 공사 무산으로 여행 개시 전 계약이 해지되다.

여행자는 여행을 시작하기 전에는 언제든지 계약을 해제할 수 있다. 다만, 여행자는 상대방에게 발생한 손해를 배상하여야 한다.
[본조신설 2015.2.3.] [시행일 2016.2.4.]

제674조의4 (ㅂㅅㄹ - 배수로) : 부득이한 사유로 인한 계약 해지
▶ 배수로 공사의 부득이한 사유로 인한 계약해지되다.

① 부득이한 사유가 있는 경우에는 각 당사자는 계약을 해지할 수 있다. 다만, 그 사유가 당사자 한쪽의 과실로 인하여 생긴 경우에는 상대방에게 손해를 배상하여야 한다.
② 제1항에 따라 계약이 해지된 경우에도 계약상 귀환운송(歸還運送) 의무가 있는 여행주최자는 여행자를 귀환운송할 의무가 있다.
③ 제1항의 해지로 인하여 발생하는 추가 비용은 그 해지 사유가 어느 당사자의 사정에 속하는 경우에는 그 당사자가 부담하고, 누구의 사정에도 속하지 아니하는 경우에는 각 당사자가 절반씩 부담한다.

 **글자공식에 의한 민법 조문 연상 암기법**

[본조신설 2015.2.3.] [시행일 2016.2.4.]

제674조의5 (ㅂㅅㄹ – 배수로) : 대금의 지급시기
연상기억 배수로 공사 대금의 지급시기를 약정하다.
여행자는 약정한 시기에 대금을 지급하여야 하며, 그 시기의 약정이 없으면 관습에 따르고, 관습이 없으면 여행의 종료 후 지체 없이 지급하여야 한다.
[본조신설 2015.2.3.] [시행일 2016.2.4.]

제674조의6 (ㅂㅅㄹ – 배수로) : 여행주최자의 담보책임
연상기억 배수로 공사 여행주최자의 담보책임 시정을 하다.
① 여행에 하자가 있는 경우에는 여행자는 여행주최자에게 하자의 시정 또는 대금의 감액을 청구할 수 있다. 다만, 그 시정에 지나치게 많은 비용이 들거나 그 밖에 시정을 합리적으로 기대할 수 없는 경우에는 시정을 청구할 수 없다.
② 제1항의 시정 청구는 상당한 기간을 정하여 하여야 한다. 다만, 즉시 시정할 필요가 있는 경우에는 그러하지 아니하다.
③ 여행자는 시정 청구, 감액 청구를 갈음하여 손해배상을 청구하거나 시정 청구, 감액 청구와 함께 손해배상을 청구할 수 있다.
[본조신설 2015.2.3.] [시행일 2016.2.4.]

제674조의7 (ㅂㅅㄹ – 배수로) : 여행주최자의 담보책임과 여행자의 해지권
연상기억 배수로 공사 해지도 여행주최자의 담보책임이 해지되다.
① 여행자는 여행에 중대한 하자가 있는 경우에 그 시정이 이루어지지 아니하거나 계약의 내용에 따른 이행을 기대할 수 없는 경우에는 계약을 해지할 수 있다.
② 계약이 해지된 경우에는 여행주최자는 대금청구권을 상실한다. 다만, 여행자가 실행된 여행으로 이익을 얻은 경우에는 그 이익을 여행주최자에게 상환하여야 한다.
③ 여행주최자는 계약의 해지로 인하여 필요하게 된 조치를 할 의무를 지며, 계약상 귀환운송 의무가 있으면 여행자를 귀환운송하여야 한다. 이 경우 상당한 이유가 있는 때에는 여행주최자는 여행자에게 그 비용의 일부를 청구할 수 있다.
[본조신설 2015.2.3.] [시행일 2016.2.4.]

제674조의8 (ㅂㅅㄹ – 배수로) : 담보책임의 존속기간
연상기억 배수로 공사 담보책임의 존속기간은 종료일로부터 6개월내 행사한다.
제674조의6과 제674조의7에 따른 권리는 여행 기간 중에도 행사할 수 있으며, 계약에서 정한 여행 종료일부터 6개월 내에 행사하여야 한다.
[본조신설 2015.2.3.] [시행일 2016.2.4.]

제674조의9 (ㅂㅅㄹ – 배수로) : 강행규정
연상기억 배수로 공사를 강행하여 규정한 것은 불리하므로 효력이 없다.

글자공식에 의한 민법 조문 연상 암기법

제674조의3, 제674조의4 또는 제674조의6부터 제674조의8까지의 규정을 위반하는 약정으로서 여행자에게 불리한 것은 효력이 없다.
[본조신설 2015.2.3.] [시행일 2016.2.4.]

[제10절 현상광고]

제675조 (ㅂㅅㅁ - 보쌈) : 현상광고의 의의

> 처녀 보쌈으로 현상광고가 붙다.

현상광고는 광고자가 어느 행위를 한 자에게 일정한 보수를 지급할 의사를 표시하고 이에 응한 자가 그 광고에 정한 행위를 완료함으로써 그 효력이 생긴다.

제676조 (ㅂㅅㅂ - 보습학원) : 보수수령권자

> 보습학원 강사의 보수가 수령권자 부인의 통장으로 들어가다.

① 광고에 정한 행위를 완료한 자가 수인인 경우에는 먼저 그 행위를 완료한 자가 보수를 받을 권리가 있다.
② 수인이 동시에 완료한 경우에는 각각 균등한 비율로 보수를 받을 권리가 있다. 그러나 보수가 그 성질상 분할할 수 없거나 광고에 1인만이 보수를 받을 것으로 정한 때에는 추첨에 의하여 결정한다.

제677조 (ㅂㅅㅅ - 비슷) : 광고부지의 행위

> 광고부지에 붙은 광고의 사나이와 비슷하다.

전조의 규정은 광고있음을 알지 못하고 광고에 정한 행위를 완료한 경우에 준용한다.

제678조 (ㅂㅅㅇ - 보상) : 우수현상광고

> 우수현상광고에 대해 보상을 지급하다.

① 광고에 정한 행위를 완료한 자가 수인인 경우에 그 우수한 자에 한하여 보수를 지급할 것을 정하는 때에는 그 광고에 응모기간을 정한 때에 한하여 그 효력이 생긴다.
② 전항의 경우에 우수의 판정은 광고 중에 정한 자가 한다. 광고 중에 판정자를 정하지 아니한 때에는 광고자가 판정한다.
③ 우수한 자 없다는 판정은 이를 할 수 없다. 그러나 광고 중에 다른 의사표시가 있거나 광고의 성질상 판정의 표준이 정하여져 있는 때에는 그러하지 아니하다.
④ 응모자는 전2항의 판정에 대하여 이의를 하지 못한다.
⑤ 수인의 행위가 동등으로 판정된 때에는 제676조제2항의 규정을 준용한다.

제679조 (ㅂㅅㅈ - 벗자) : 현상광고의 철회

> 너무 벗자고 하니 광고를 철회하다.

① 광고에 그 지정한 행위의 완료기간을 정한 때에는 그 기간만료전에 광고를 철회하지 못한다.
② 광고에 행위의 완료기간을 정하지 아니한 때에는 그 행위를 완료한 자 있기 전에는 그 광고와 동일한 방법으로 광고를 철회할 수 있다.

글자공식에 의한 민법 조문 연상 암기법

③ 전광고와 동일한 방법으로 철회할 수 없는 때에는 그와 유사한 방법으로 철회할 수 있다. 이 철회는 철회한 것을 안 자에 대하여만 그 효력이 있다.

[제11절 위임]

제680조 (ㅂㅇㅊ - 방치) : 위임의 의의
- 위임된 내용을 방치하다.

위임은 당사자 일방이 상대방에 대하여 사무의 처리를 위탁하고 상대방이 이를 승낙함으로써 그 효력이 생긴다.

제681조 (ㅂㅇㄱ - 봉고) : 수임인의 선관의무
- 봉고의 새 차를 수임인이 선관하여 관리하다.

수임인은 위임의 본지에 따라 선량한 관리자의 주의로써 위임사무를 처리하여야 한다.

제682조 (ㅂㅇㄴ - 보완) : 복임권의 제한
- 봉고의 선관 복임권의 제한을 보완하다.

① 수임인은 위임인의 승낙이나 부득이한 사유없이 제삼자로 하여금 자기에 갈음하여 위임사무를 처리하게 하지 못한다. 〈개정 2014.12.30.〉
② 수임인이 전항의 규정에 의하여 제삼자에게 위임사무를 처리하게 한 경우에는 제121조, 제123조의 규정을 준용한다.

제683조 (ㅂㅇㄷ - 방대) : 수임인의 보고의무
- 수임된 일이 방대하여 보고의무를 잊을 수가 있다.

수임인은 위임인의 청구가 있는 때에는 위임사무의 처리상황을 보고하고 위임이 종료한 때에는 지체없이 그 전말을 보고하여야 한다.

제684조 (ㅂㅇㅎ - 봉하마을) : 수임인의 취득물 등의 인도, 이전의무
- 봉하마을에 간 취득물을 청와대로 이전하였다.

① 수임인은 위임사무의 처리로 인하여 받은 금전 기타의 물건 및 그 수취한 과실을 위임인에게 인도하여야 한다.
② 수임인이 위임인을 위하여 자기의 명의로 취득한 권리는 위임인에게 이전하여야 한다.

제685조 (ㅂㅇㅁ - 부임) : 수임인의 금전소비의 책임
- 새로 부임된 직원의 금전소비가 책임 있게 처리되어야 한다.

수임인이 위임인에게 인도할 금전 또는 위임인의 이익을 위하여 사용할 금전을 자기를 위하여 소비한 때에는 소비한 날 이후의 이자를 지급하여야 하며 그 외의 손해가 있으면 배상하여야 한다.

글자공식에 의한 민법 조문 연상 암기법

제686조 (ㅂㅇㅂ – 방비) : 수임인의 보수청구권
🔖 여러 **방비**공사로 생긴 보수, 지방예산에 보수청구하였다.
　① 수임인은 특별한 약정이 없으면 위임인에 대하여 보수를 청구하지 못한다.
　② 수임인이 보수를 받을 경우에는 위임사무를 완료한 후가 아니면 이를 청구하지 못한다. 그러나 기간으로 보수를 정한 때에는 그 기간이 경과한 후에 이를 청구할 수 있다.
　③ 수임인이 위임사무를 처리하는 중에 수임인의 책임없는 사유로 인하여 위임이 종료된 때에는 수임인은 이미 처리한 사무의 비율에 따른 보수를 청구할 수 있다.

제687조 (ㅂㅇㅅ – 방수) : 수임인의 비용선급청구권
🔖 **방수**공사에 쓰일 비용을 선급청구하다.
　위임사무의 처리에 비용을 요하는 때에는 위임인은 수임인의 청구에 의하여 이를 선급하여야 한다.

제688조 (ㅂㅇㅇ – 비용) : 수임인의 비용상환청구권 등
🔖 수임인의 필요비 지출시 **비용**상환청구하다.
　① 수임인이 위임사무의 처리에 관하여 필요비를 지출한 때에는 위임인에 대하여 지출한 날 이후의 이자를 청구할 수 있다.
　② 수임인이 위임사무의 처리에 필요한 채무를 부담한 때에는 위임인에게 자기에 갈음하여 이를 변제하게 할 수 있고 그 채무가 변제기에 있지 아니한 때에는 상당한 담보를 제공하게 할 수 있다.
　〈개정 2014.12.30.〉
　③ 수임인이 위임사무의 처리를 위하여 과실없이 손해를 받은 때에는 위임인에 대하여 그 배상을 청구할 수 있다.

제689조 (ㅂㅇㅈ – 방자) : 위임의 상호해지의 자유
🔖 **방자**의 비원별장 위임은 상호해지자유로 해지할 수 있다.
　① 위임계약은 각 당사자가 언제든지 해지할 수 있다.
　② 당사자 일방이 부득이한 사유없이 상대방의 불리한 시기에 계약을 해지한 때에는 그 손해를 배상하여야 한다.

제690조 (ㅂㅈㅊ – 빚 채무) : 사망, 파산 등과 위임의 종료
🔖 **빚 채**무 남기고 사망, 파산하다.
　위임은 당사자 한쪽의 사망이나 파산으로 종료된다. 수임인이 성년후견개시의 심판을 받은 경우에도 이와 같다.
　[전문개정 2011.3.7.]

제691조 (ㅂㅈㄱ – 부족) : 위임종료시의 긴급처리
🔖 위임종료시 **부족**한 빚부터 긴급처리하다.
　위임종료의 경우에 급박한 사정이 있는 때에는 수임인, 그 상속인이나 법정대리인은 위임인, 그 상속인

 글자공식에 의한 민법 조문 연상 암기법

이나 법정대리인이 위임사무를 처리할 수 있을 때까지 그 사무의 처리를 계속하여야 한다. 이 경우에는 위임의 존속과 동일한 효력이 있다.

제692조 (ㅂㅈㄴ - 비전) : 위임종료의 대항요건
- 위임종료시 대항요건의 **비전**은 빚부터 청산하는 것이다.

  위임종료의 사유는 이를 상대방에게 통지하거나 상대방이 이를 안 때가 아니면 이로써 상대방에게 대항하지 못한다.

[제12절 임치]

제693조 (ㅂㅈㄷ - 빚 때문) : 임치의 의의
- **빚 때문**에 임치시키다.

  임치는 당사자 일방이 상대방에 대하여 금전이나 유가증권 기타 물건의 보관을 위탁하고 상대방이 이를 승낙함으로써 효력이 생긴다.

제694조 (ㅂㅈㄹ - 보잘 것 없어도) : 수치인의 임치물사용금지
- **보잘** 것 없어도 임치물에 손대지 마라.

  수치인은 임치인의 동의없이 임치물을 사용하지 못한다.

제695조 (ㅂㅈㅁ - 배점) : 무상수치인의 주의의무
- 임치물과 자기재산의 동일한 **배점**에 주의하여 보관하여야 한다.

  보수없이 임치를 받은 자는 임치물을 자기재산과 동일한 주의로 보관하여야 한다.

제696조 (ㅂㅈㅂ - 비좁다) : 수치인의 통지의무
- 수치인은 **비좁**은 골목도 빠져나와 임치인에게 통지하다.

  임치물에 대한 권리를 주장하는 제삼자가 수치인에 대하여 소를 제기하거나 압류한 때에는 수치인은 지체없이 임치인에게 이를 통지하여야 한다.

제697조 (ㅂㅈㅅ - 부잣집) : 임치물의 성질, 하자로 인한 임치인의 손해배상의무
- 임치물의 하자로 생긴 손해 **부잣**집이니 손해배상이 크다.

  임치인은 임치물의 성질 또는 하자로 인하여 생긴 손해를 수치인에게 배상하여야 한다. 그러나 수치인이 그 성질 또는 하자를 안 때에는 그러하지 아니하다.

제698조 (ㅂㅈㅇ - 보장) : 기간의 약정있는 임치의 해지
- 임치의 해지는 기간의 약정대로 **보장**된다.

  임치기간의 약정이 있는 때에는 수치인은 부득이한 사유없이 그 기간만료전에 계약을 해지하지 못한다. 그러나 임치인은 언제든지 계약을 해지할 수 있다.

 **글자공식에 의한 민법 조문 연상 암기법**

제699조 (ㅂㅈㅈ - 부자재) : 기간의 약정없는 임치의 해지
- 부자재 맡기면서 약정이 없다면 언제든지 계약해지할 수 있다.
  임치기간의 약정이 없는 때에는 각 당사자는 언제든지 계약을 해지할 수 있다.

제700조 (ㅅㅊㅊ - 숯 처리장) : 임치물의 반환장소
- 숯 처리장을 임치물의 반환장소로 정하다.
  임치물은 그 보관한 장소에서 반환하여야 한다. 그러나 수치인이 정당한 사유로 인하여 그 물건을 전치한 때에는 현존하는 장소에서 반환할 수 있다.

제701조 (ㅅㅊㄱ - 세척) : 준용규정
- 임치물이 숯에 검어져 세척을 요하다.
  제682조, 제684조 내지 제687조 및 제688조제1항, 제2항의 규정은 임치에 준용한다.

제702조 (ㅅㅊㄴ - 사촌) : 소비임치
- 사촌이 소비할 수 있어 소비대차 규정을 적용하여야 한다.
  수치인이 계약에 의하여 임치물을 소비할 수 있는 경우에는 소비대차에 관한 규정을 준용한다. 그러나 반환시기의 약정이 없는 때에는 임치인은 언제든지 그 반환을 청구할 수 있다.

[제13절 조합]

제703조 (ㅅㅊㄷ - 새 추대) : 조합의 의의
- 새 조합을 형성해 조합장을 새 추대하다.
  ① 조합은 2인 이상이 상호출자하여 공동사업을 경영할 것을 약정함으로써 그 효력이 생긴다.
  ② 전항의 출자는 금전 기타 재산 또는 노무로 할 수 있다.

제704조 (ㅅㅊㄹ - 사찰) : 조합재산의 합유
- 조합재산의 합유를 사찰하다.
  조합원의 출자 기타 조합재산은 조합원의 합유로 한다.

제705조 (ㅅㅊㅁ - 새침 떼기) : 금전출자지체의 책임
- 금전출자지체를 하면서 새침을 떼다.
  금전을 출자의 목적으로 한 조합원이 출자시기를 지체한 때에는 연체이자를 지급하는 외에 손해를 배상하여야 한다.

글자공식에 의한 민법 조문 연상 암기법

제706조 (ㅅㅊㅂ – 수첩) : 사무집행의 방법
사무집행의 방법을 수첩에 적다.
① 조합계약으로 업무집행자를 정하지 아니한 경우에는 조합원의 3분의 2 이상의 찬성으로써 이를 선임한다.
② 조합의 업무집행은 조합원의 과반수로써 결정한다. 업무집행자 수인인 때에는 그 과반수로써 결정한다.
③ 조합의 통상사무는 전항의 규정에 불구하고 각 조합원 또는 각 업무집행자가 전행할 수 있다. 그러나 그 사무의 완료전에 다른 조합원 또는 다른 업무집행자의 이의가 있는 때에는 즉시 중지하여야 한다.

제707조 (ㅅㅊㅅ – 새 차사다) : 준용규정
제681조~제688조 준용, (봉고) 새 차사서 비용이 많이 들다.
조합업무를 집행하는 조합원에는 제681조 내지 제688조의 규정을 준용한다.

제708조 (ㅅㅊㅇ – 새 청사) : 업무집행자의 사임, 해임
새 청사에서 업무집행자를 사임, 해임하다.
업무집행자인 조합원은 정당한 사유없이 사임하지 못하며 다른 조합원의 일치가 아니면 해임하지 못한다.

제709조 (ㅅㅊㅈ – 사치 제) : 업무집행자의 대리권추정
업무집행의 대리인이 사치 제만 쓴다.
조합의 업무를 집행하는 조합원은 그 업무집행의 대리권있는 것으로 추정한다.

제710조 (ㅅㄱㅊ – 속치마) : 조합원의 업무, 재산상태검사권
속치마 판매 조합원의 업무, 속치마 속의 비자금 검사를 하였다.
각 조합원은 언제든지 조합의 업무 및 재산상태를 검사할 수 있다.

제711조 (ㅅㄱㄱ – 소각) : 손익분배의 비율
제품의 자투리 소각 시 손익분배 비율이 절단방법에 따라 다르다.
① 당사자가 손익분배의 비율을 정하지 아니한 때에는 각 조합원의 출자가액에 비례하여 이를 정한다.
② 이익 또는 손실에 대하여 분배의 비율을 정한 때에는 그 비율은 이익과 손실에 공통된 것으로 추정한다.

제712조 (ㅅㄱㄴ – 수건) : 조합원에 대한 채권자의 권리행사
채권자들이 모여 머리에 붉은 수건을 두르고 권리행사를 하다.
조합채권자는 그 채권발생 당시에 조합원의 손실부담의 비율을 알지 못한 때에는 각 조합원에게 균분하여 그 권리를 행사할 수 있다.

글자공식에 의한 민법 조문 연상 암기법

제713조 (ㅅㄱㄷ - 쑥대밭) : 무자력조합원의 채무와 타조합원의 변제책임

무자력조합원과 타조합원의 대립 속 쑥대밭이 되다.

조합원 중에 변제할 자력없는 자가 있는 때에는 그 변제할 수 없는 부분은 다른 조합원이 균분하여 변제할 책임이 있다.

제714조 (ㅅㄱㄹ - 소굴) : 지분에 대한 압류의 효력

소굴 속의 도둑들의 지분을 두목이 압류하다.

조합원의 지분에 대한 압류는 그 조합원의 장래의 이익배당 및 지분의 반환을 받을 권리에 대하여 효력이 있다.

제715조 (ㅅㄱㅁ - 소금) : 조합채무자의 상계의 금지

조합의 채무는 소금채권으로 상계하지 못한다.

조합의 채무자는 그 채무와 조합원에 대한 채권으로 상계하지 못한다.

제716조 (ㅅㄱㅂ - 수갑) : 임의탈퇴

수갑을 찬 채 임의탈퇴하다.

① 조합계약으로 조합의 존속기간을 정하지 아니하거나 조합원의 종신까지 존속할 것을 정한 때에는 각 조합원은 언제든지 탈퇴할 수 있다. 그러나 부득이한 사유없이 조합의 불리한 시기에 탈퇴하지 못한다.
② 조합의 존속기간을 정한 때에도 조합원은 부득이한 사유가 있으면 탈퇴할 수 있다.

제717조 (ㅅㄱㅅ - 속수무책) : 비임의 탈퇴

수갑을 찬 채 달아났으니 수배는 속수무책 탈퇴되다.

제716조의 경우 외에 조합원은 다음 각 호의 어느 하나에 해당하는 사유가 있으면 탈퇴된다.
1. 사망
2. 파산
3. 성년후견의 개시
4. 제명(除名)
[전문개정 2011.3.7.]

제718조 (ㅅㄱㅇ - 수강) : 제명

수강생 중 제명을 당하니 탈퇴할 수밖에 없다.

① 조합원의 제명은 정당한 사유있는 때에 한하여 다른 조합원의 일치로써 이를 결정한다.
② 전항의 제명결정은 제명된 조합원에게 통지하지 아니하면 그 조합원에게 대항하지 못한다.

제719조 (ㅅㄱㅈ - 삭제) : 탈퇴조합원의 지분의 계산

탈퇴한 조합원의 이름을 삭제와 동시에 지분을 계산하다.

 **글자공식에 의한 민법 조문 연상 암기법**

① 탈퇴한 조합원과 다른 조합원간의 계산은 탈퇴당시의 조합재산상태에 의하여 한다.
② 탈퇴한 조합원의 지분은 그 출자의 종류여하에 불구하고 금전으로 반환할 수 있다.
③ 탈퇴당시에 완결되지 아니한 사항에 대하여는 완결후에 계산할 수 있다.

제720조 (ㅅㄴㅊ - 선체) : 부득이한 사유로 인한 해산청구
연상기억 배의 선체를 부득이한 이유로 해체 해산할 것을 청구하다.
부득이한 사유가 있는 때에는 각 조합원은 조합의 해산을 청구할 수 있다.

제721조 (ㅅㄴㄱ - 소나기) : 청산인
연상기억 청산인은 빚쟁이들 때문에 소나기를 맞는다.
① 조합이 해산한 때에는 청산은 총조합원 공동으로 또는 그들이 선임한 자가 그 사무를 집행한다.
② 전항의 청산인의 선임은 조합원의 과반수로써 결정한다.

제722조 (ㅅㄴㄴ - 수난) : 청산인의 업무집행방법
연상기억 청산인의 업무집행방법에 수난을 겪다.
청산인이 수인인 때에는 제706조제2항 후단의 규정을 준용한다.

제723조 (ㅅㄴㄷ - 순대) : 조합원인 청산인의 사임, 해임
연상기억 청산인의 사임, 해임 시 순대조합에서 안주를 주문하다.
조합원 중에서 청산인을 정한 때에는 제708조의 규정을 준용한다.

제724조 (ㅅㄴㅎ - 싸늘) : 청산인의 직무, 권한과 잔여재산의 분배
연상기억 청산인의 직무, 권한으로 잔여재산을 다 분배하니 싸늘하더라.
① 청산인의 직무 및 권한에 관하여는 제87조의 규정을 준용한다.
② 잔여재산은 각 조합원의 출자가액에 비례하여 이를 분배한다.

[제14절 종신정기금]

제725조 (ㅅㄴㅁ - 산모) : 종신정기금계약의 의의
연상기억 산모에게 유산으로 종신정기금계약을 체결해 주다.
종신정기금계약은 당사자 일방이 자기, 상대방 또는 제삼자의 종신까지 정기로 금전 기타의 물건을 상대방 또는 제삼자에게 지급할 것을 약정함으로써 그 효력이 생긴다.

제726조 (ㅅㄴㅂ - 수납) : 종신정기금의 계산
연상기억 종신정기금을 계산하여 은행창구에 수납시키다.
종신정기금은 일수로 계산한다.

 글자공식에 의한 민법 조문 연상 암기법

제727조 (ㅅㄴㅅ - 신세) : 종신정기금계약의 해제
> 신세를 갚기 위해 수납된 종신정기금을 해약하여 일시에 지불하다.

① 정기금채무자가 정기금채무의 원본을 받은 경우에 그 정기금채무의 지급을 해태하거나 기타 의무를 이행하지 아니한 때에는 정기금채권자는 원본의 반환을 청구할 수 있다. 그러나 이미 지급을 받은 채무액에서 그 원본의 이자를 공제한 잔액을 정기금채무자에게 반환하여야 한다.
② 전항의 규정은 손해배상의 청구에 영향을 미치지 아니한다.

제728조 (ㅅㄴㅇ - 수능) : 해제와 동시이행
> 수능시험으로부터 해제되어 등록금과 동시이행하다.

제536조의 규정은 전조의 경우에 준용한다.

제729조 (ㅅㄴㅈ - 손자) : 채무자귀책사유로 인한 사망과 채권존속선고
> 채무자귀책사유로 손자의 사망 채권존속선고를 한다.

① 사망이 정기금채무자의 책임있는 사유로 인한 때에는 법원은 정기금채권자 또는 그 상속인의 청구에 의하여 상당한 기간 채권의 존속을 선고할 수 있다.
② 전항의 경우에도 제727조의 권리를 행사할 수 있다.

제730조 (ㅅㄷㅊ - 세대차) : 유증에 의한 종신정기금
> 유증에 의한 상속으로 종신정기금을 받으니 세대차이를 느끼다.

본절의 규정은 유증에 의한 종신정기금채권에 준용한다.

[제15절 화해]

제731조 (ㅅㄷㄱ - 새댁) : 화해의 의의
> 새댁이 집안의 화해를 위해 노력하여 가화만사성하다.

화해는 당사자가 상호양보하여 당사자간의 분쟁을 종지할 것을 약정함으로써 그 효력이 생긴다.

제732조 (ㅅㄷㄴ - 수단) : 화해의 창설적효력
> 새댁이 수단이 좋아 집안 이웃의 창설 효과를 가져오다.

화해계약은 당사자 일방이 양보한 권리가 소멸되고 상대방이 화해로 인하여 그 권리를 취득하는 효력이 있다.

제733조 (ㅅㄷㄷ - 솥뚜껑) : 화해의 효력과 착오
> 자라 보고 놀란 가슴 솥뚜껑 보고 자라인줄 착오하다.

화해계약은 착오를 이유로 하여 취소하지 못한다. 그러나 화해당사자의 자격 또는 화해의 목적인 분쟁 이외의 사항에 착오가 있는 때에는 그러하지 아니하다.

글자공식에 의한 민법 조문 연상 암기법

제3장 사무관리

제734조 (ㅅㄷㄹ - 셔틀버스) : 사무관리의 내용
셔틀버스 안에서 사무관리를 하다.

① 의무없이 타인을 위하여 사무를 관리하는 자는 그 사무의 성질에 좇아 가장 본인에게 이익되는 방법으로 이를 관리하여야 한다.
② 관리자가 본인의 의사를 알거나 알 수 있는 때에는 그 의사에 적합하도록 관리하여야 한다.
③ 관리자가 전2항의 규정에 위반하여 사무를 관리한 경우에는 과실없는 때에도 이로 인한 손해를 배상할 책임이 있다. 그러나 그 관리행위가 공공의 이익에 적합한 때에는 중대한 과실이 없으면 배상할 책임이 없다.

제735조 (ㅅㄷㅁ - 사담) : 긴급사무관리
사담 후세인이 사사로운 사담으로 긴급사무관리를 하다.

관리자가 타인의 생명, 신체, 명예 또는 재산에 대한 급박한 위해를 면하게 하기 위하여 그 사무를 관리한 때에는 고의나 중대한 과실이 없으면 이로 인한 손해를 배상할 책임이 없다.

제736조 (ㅅㄷㅂ - 동문서답) : 관리자의 통지의무
사담의 통신관리자가 미국의 통지에 늘 동문**서답**이다.

관리자가 관리를 개시한 때에는 지체없이 본인에게 통지하여야 한다. 그러나 본인이 이미 이를 안 때에는 그러하지 아니하다.

제737조 (ㅅㄷㅅ - 새듯) : 관리자의 관리계속의무
물 **새듯** 수돗물이 새니 관리자의 관리계속이 필요하다.

관리자는 본인, 그 상속인이나 법정대리인이 그 사무를 관리하는 때까지 관리를 계속하여야 한다. 그러나 관리의 계속이 본인의 의사에 반하거나 본인에게 불리함이 명백한 때에는 그러하지 아니하다.

제738조 (ㅅㄷㅇ - 수당) : 준용규정
제683조, 제685조, (방대한 배임) 사무관리에 준용 방대한 금전소비의 배임을 **수당**에서 공제하다.

제683조 내지 제685조의 규정은 사무관리에 준용한다.

제739조 (ㅅㄷㅈ - 세대주) : 관리자의 비용상환청구권
관리자는 유익비를 지출한 때에는 **세대주**에게 상환을 청구한다.

① 관리자가 본인을 위하여 필요비 또는 유익비를 지출한 때에는 본인에 대하여 그 상환을 청구할 수 있다.
② 관리자가 본인을 위하여 필요 또는 유익한 채무를 부담한 때에는 제688조제2항의 규정을 준용한다.
③ 관리자가 본인의 의사에 반하여 관리한 때에는 본인의 현존이익의 한도에서 전2항의 규정을 준용한다.

글자공식에 의한 민법 조문 연상 암기법

740조 (ㅅㄹㅊ – 설치) : 관리자의 무과실손해보상청구권
- **설치** 관리자가 무과실손해보상청구를 하였다.
  관리자가 사무관리를 함에 있어서 과실없이 손해를 받은 때에는 본인의 현존이익의 한도에서 그 손해의 보상을 청구할 수 있다.

제4장 부당이득

제741조 (ㅅㅎㄱ – 수확) : 부당이득의 내용
- **수확**하여 거두어들인 재산이 부당이득일 수 있다.
  법률상 원인없이 타인의 재산 또는 노무로 인하여 이익을 얻고 이로 인하여 타인에게 손해를 가한 자는 그 이익을 반환하여야 한다.

제742조 (ㅅㄹㄴ – 쓰린) : 비채변제
- 안 갚아도 될 노름빚, 비체를 변제했으니 **쓰린** 가슴은 말할 수 없다.
  채무없음을 알고 이를 변제한 때에는 그 반환을 청구하지 못한다.

제743조 (ㅅㄹㄷ – 쓸데) : 기한전의 변제
- **쓸데**없는 일을 기한전에 변제했으니 배가 아프고 쓰린 가슴을 참을 수 없다.
  변제기에 있지 아니한 채무를 변제한 때에는 그 반환을 청구하지 못한다. 그러나 채무자가 착오로 인하여 변제한 때에는 채권자는 이로 인하여 얻은 이익을 반환하여야 한다.

제744조 (ㅅㄹㄹ – 살려 달라기에) : 도의관념에 적합한 비채변제
- **살려** 달라기에 도의적인 관념에서 적합한 비채변제하다.
  채무없는 자가 착오로 인하여 변제한 경우에 그 변제가 도의관념에 적합한 때에는 그 반환을 청구하지 못한다.

제745조 (ㅅㄹㅁ – 사람) : 타인의 채무의 변제
- **사람**노릇하기 위해 타인의 빚을 갚다.
  ① 채무자아닌 자가 착오로 인하여 타인의 채무를 변제한 경우에 채권자가 선의로 증서를 훼멸하거나 담보를 포기하거나 시효로 인하여 그 채권을 잃은 때에는 변제자는 그 반환을 청구하지 못한다.
  ② 전항의 경우에 변제자는 채무자에 대하여 구상권을 행사할 수 있다.

제746조 (ㅅㄹㅂ – 서랍) : 불법원인급여
- **서랍** 속에 돈 뭉치를 넣어 불법원인을 급여하다.
  불법의 원인으로 인하여 재산을 급여하거나 노무를 제공한 때에는 그 이익의 반환을 청구하지 못한다. 그러나 그 불법원인이 수익자에게만 있는 때에는 그러하지 아니하다.

글자공식에 의한 민법 조문 연상 암기법

제747조 (ㅅㄹㅅ - 실수) : 원물반환불능한 경우와 가액반환, 전득자의 책임
- 원물반환불능한 것을 **실수**로 가액반환은 전득자의 책임이다.
    ① 수익자가 그 받은 목적물을 반환할 수 없는 때에는 그 가액을 반환하여야 한다.
    ② 수익자가 그 이익을 반환할 수 없는 경우에는 수익자로부터 무상으로 그 이익의 목적물을 양수한 악의의 제삼자는 전항의 규정에 의하여 반환할 책임이 있다.

제748조 (ㅅㄹㅇ - 사랑) : 수익자의 반환범위
- 악의에 의한 수익자의 **사랑**은 이자를 붙여 배상해야 한다.
    ① 선의의 수익자는 그 받은 이익이 현존한 한도에서 전조의 책임이 있다.
    ② 악의의 수익자는 그 받은 이익에 이자를 붙여 반환하고 손해가 있으면 이를 배상하여야 한다.

제749조 (ㅅㄹㅈ - 술자리) : 수익자의 악의인정
- 사랑의 **술자리**에서 악의를 인정하여 부당이득을 반환하다.
    ① 수익자가 이익을 받은 후 법률상 원인없음을 안 때에는 그때부터 악의의 수익자로서 이익반환의 책임이 있다.
    ② 선의의 수익자가 패소한 때에는 그 소를 제기한 때부터 악의의 수익자로 본다.

제5장 불법행위

제750조 (ㅅㅁㅊ - 솜처럼) : 불법행위의 내용
- **솜처럼** 불어난 불법행위의 내용
    고의 또는 과실로 인한 위법행위로 타인에게 손해를 가한 자는 그 손해를 배상할 책임이 있다.

제751조 (ㅅㅁㄱ - 수목) : 재산 이외의 손해의 배상
- **수목**은 재산 이외의 제2재산 수목이 병충해로 손해를 입다.
    ① 타인의 신체, 자유 또는 명예를 해하거나 기타 정신상고통을 가한 자는 재산 이외의 손해에 대하여도 배상할 책임이 있다.
    ② 법원은 전항의 손해배상을 정기금채무로 지급할 것을 명할 수 있고 그 이행을 확보하기 위하여 상당한 담보의 제공을 명할 수 있다.

제752조 (ㅅㅁㄴ - 새만금) : 생명침해로 인한 위자료
- **새만금**은 많은 생명체의 침해로 정부의 위자료를 벗어나 보상이 필요하다.
    타인의 생명을 해한 자는 피해자의 직계존속, 직계비속 및 배우자에 대하여는 재산상의 손해없는 경우에도 손해배상의 책임이 있다.

 **글자공식에 의한 민법 조문 연상 암기법**

제753조 (ㅅㅁㄷ – 샘터) : 미성년자의 책임능력
샘터에서 미성년자 책임능력이 없어 깊은 물에 빠질 염려가 있다.

미성년자가 타인에게 손해를 가한 경우에 그 행위의 책임을 변식할 지능이 없는 때에는 배상의 책임이 없다.

제754조 (ㅅㅁㄹ – 수몰) : 심신상실자의 책임능력
심신상실자가 **수몰**로 매몰되다.

심신상실 중에 타인에게 손해를 가한 자는 배상의 책임이 없다. 그러나 고의 또는 과실로 인하여 심신상실을 초래한 때에는 그러하지 아니하다.

제755조 (ㅅㅁㅁ – 썸머) : 감독자의 책임
썸머 여름 레프트 훈련에는 감독자의 책임이 중요하다.

① 다른 자에게 손해를 가한 사람이 제753조 또는 제754조에 따라 책임이 없는 경우에는 그를 감독할 법정의무가 있는 자가 그 손해를 배상할 책임이 있다. 다만, 감독의무를 게을리하지 아니한 경우에는 그러하지 아니하다.
② 감독의무자를 갈음하여 제753조 또는 제754조에 따라 책임이 없는 사람을 감독하는 자도 제1항의 책임이 있다.
[전문개정 2011.3.7.]

제756조 (ㅅㅁㅂ – 삼바 춤) : 사용자의 배상책임
삼바 춤 무용단의 고용주(사용자) 사고에 대한 배상책임

① 타인을 사용하여 어느 사무에 종사하게 한 자는 피용자가 그 사무집행에 관하여 제삼자에게 가한 손해를 배상할 책임이 있다. 그러나 사용자가 피용자의 선임 및 그 사무감독에 상당한 주의를 한 때 또는 상당한 주의를 하여도 손해가 있을 경우에는 그러하지 아니하다.
② 사용자에 갈음하여 그 사무를 감독하는 자도 전항의 책임이 있다. 〈개정 2014.12.30.〉
③ 전2항의 경우에 사용자 또는 감독자는 피용자에 대하여 구상권을 행사할 수 있다.

제757조 (ㅅㅁㅅ – 솜씨) : 도급인의 책임
도급인의 **솜씨**가 섬세하여 모든 수급인에 모범이 되다.

도급인은 수급인이 그 일에 관하여 제삼자에게 가한 손해를 배상할 책임이 없다. 그러나 도급 또는 지시에 관하여 도급인에게 중대한 과실이 있는 때에는 그러하지 아니하다.

제758조 (ㅅㅁㅇ – 사망) : 공작물등의 점유자, 소유자의 책임
공작물의 관리 하자로 **사망**한 일이 생기면 그 점유자, 소유자의 책임이 있다.

① 공작물의 설치 또는 보존의 하자로 인하여 타인에게 손해를 가한 때에는 공작물점유자가 손해를 배상할 책임이 있다. 그러나 점유자가 손해의 방지에 필요한 주의를 해태하지 아니한 때에는 그 소유자가 손해를 배상할 책임이 있다.

글자공식에 의한 민법 조문 연상 암기법

② 전항의 규정은 수목의 재식 또는 보존에 하자있는 경우에 준용한다.
③ 전2항의 경우에 점유자 또는 소유자는 그 손해의 원인에 대한 책임있는 자에 대하여 구상권을 행사할 수 있다.

제759조 (ㅅㅁㅈ - 쌈질) : 동물의 점유자의 책임

쌈질 잘하는 투견이 풀려서 사람을 해칠 경우 그 투견의 소유자가 책임이 있다.

① 동물의 점유자는 그 동물이 타인에게 가한 손해를 배상할 책임이 있다. 그러나 동물의 종류와 성질에 따라 그 보관에 상당한 주의를 해태하지 아니한 때에는 그러하지 아니하다.
② 점유자에 갈음하여 동물을 보관한 자도 전항의 책임이 있다. 〈개정 2014.12.30.〉

제760조 (ㅅㅂㅊ - 섭취) : 공동불법행위자의 책임

여러 명의 약물 **섭취**로 공동불법한 자들의 책임

① 수인이 공동의 불법행위로 타인에게 손해를 가한 때에는 연대하여 그 손해를 배상할 책임이 있다.
② 공동 아닌 수인의 행위중 어느 자의 행위가 그 손해를 가한 것인지를 알 수 없는 때에도 전항과 같다.
③ 교사자나 방조자는 공동행위자로 본다.

제761조 (ㅅㅂㄱ - 수박) : 정당방위, 긴급피난

수박서리 갔다 들켜서 긴급피난 중 수박 세례를 받다.

① 타인의 불법행위에 대하여 자기 또는 제삼자의 이익을 방위하기 위하여 부득이 타인에게 손해를 가한 자는 배상할 책임이 없다. 그러나 피해자는 불법행위에 대하여 손해의 배상을 청구할 수 있다.
② 전항의 규정은 급박한 위난을 피하기 위하여 부득이 타인에게 손해를 가한 경우에 준용한다.

제762조 (ㅅㅂㄴ - 수반) : 손해배상청구권에 있어서의 태아의 지위

태아의 손해배상이 같이 **수반**되어야 한다.

태아는 손해배상의 청구권에 관하여는 이미 출생한 것으로 본다.

제763조 (ㅅㅂㄷ - 세받아) : 준용규정

터주대감(제393조)이 **대절**(제394조)하여 **대집**(제396조)하고 대지주(제399조)가 **세받**고 있으니 불법행위이다.

제393조, 제394조, 제396조, 제399조의 규정은 불법행위로 인한 손해배상에 준용한다.

제764조 (ㅅㅂㄹ - 세발낙지) : 명예훼손의 경우의 특칙

세발낙지를 꼴뚜기가 망신시켜 명예훼손시키다.

타인의 명예를 훼손한 자에 대하여는 법원은 피해자의 청구에 의하여 손해배상에 갈음하거나 손해배상과 함께 명예회복에 적당한 처분을 명할 수 있다. 〈개정 2014.12.30.〉
[89헌마160 1991.4.1.민법 제764조(1958. 2. 22. 법률 제471호)의 "명예회복에 적당한 처분"에 사죄

광고를 포함시키는 것은 헌법에 위반된다.]

제765조 (ㅅㅂㅁ - 사범) : 배상액의 경감청구

 사범에 대해 배상액을 감경하여 부담을 줄이다.

① 본장의 규정에 의한 배상의무자는 그 손해가 고의 또는 중대한 과실에 의한 것이 아니고 그 배상으로 인하여 배상자의 생계에 중대한 영향을 미치게 될 경우에는 법원에 그 배상액의 경감을 청구할 수 있다.
② 법원은 전항의 청구가 있는 때에는 채권자 및 채무자의 경제상태와 손해의 원인 등을 참작하여 배상액을 경감할 수 있다.

제766조 (ㅅㅂㅂ - 수법) : 손해배상청구권의 소멸시효

 수법이 악질일 때 안 날로부터 3년, 불법행위를 한 날로부터 10년이 소멸시효 제146조에 준용된다.

① 불법행위로 인한 손해배상의 청구권은 피해자나 그 법정대리인이 그 손해 및 가해자를 안 날로부터 3년간 이를 행사하지 아니하면 시효로 인하여 소멸한다.
② 불법행위를 한 날로부터 10년을 경과한 때에도 전항과 같다.

민법

제4편 친족

제1장　총칙
제2장　가족의 범위와 자의 성과 본
제3장　혼인
제4장　부모와 자
제5장　후견
제6장　부양

제4편 친족

제1장 총칙

제767조 (ㅅㅂㅅ - 삽시간) : 친족의 정의
삽시간에 해일이 덮쳐 친족이 사라지다.
배우자, 혈족 및 인척을 친족으로 한다.

제768조 (ㅅㅂㅇ - 사방) : 혈족의 정의
사방에서 혈족의 울음소리가 들리다.
자기의 직계존속과 직계비속을 직계혈족이라 하고 자기의 형제자매와 형제자매의 직계비속, 직계존속의 형제자매 및 그 형제자매의 직계비속을 방계혈족이라 한다. 〈개정 1990.1.13.〉

제769조 (ㅅㅂㅈ - 습지) : 인척의 계원
습지에 인척의 계원이 몰리다.
혈족의 배우자, 배우자의 혈족, 배우자의 혈족의 배우자를 인척으로 한다. 〈개정 1990.1.13.〉

제770조 (ㅅㅅㅊ - 수사 차원) : 혈족의 촌수의 계산
수사 차원에서 혈족의 촌수를 계산하다.
① 직계혈족은 자기로부터 직계존속에 이르고 자기로부터 직계비속에 이르러 그 세수를 정한다.
② 방계혈족은 자기로부터 동원의 직계존속에 이르는 세수와 그 동원의 직계존속으로부터 그 직계비속에 이르는 세수를 통산하여 그 촌수를 정한다.

제771조 (ㅅㅅㄱ - 수색) : 인척의 촌수의 계산
인척의 촌수까지 **수색**하다.
인척은 배우자의 혈족에 대하여는 배우자의 그 혈족에 대한 촌수에 따르고, 혈족의 배우자에 대하여는 그 혈족에 대한 촌수에 따른다.
[전문개정 1990.1.13.]

제772조 (ㅅㅅㄴ - 시선) : 양자와의 친계와 촌수
양자와의 친계와 촌수에 **시선**이 집중되다.

글자공식에 의한 민법 조문 연상 암기법

① 양자와 양부모 및 그 혈족, 인척사이의 친계와 촌수는 입양한 때로부터 혼인 중의 출생자와 동일한 것으로 본다.
② 양자의 배우자, 직계비속과 그 배우자는 전항의 양자의 친계를 기준으로 하여 촌수를 정한다.

제773조 (솟다) : 삭제 〈1990.1.13.〉
어디론가 솟다 사라지다.

제774조 (ㅅㅅㄹ - 소설) : 삭제 〈1990.1.13.〉
소설 속으로 사라지다.

제775조 (ㅅㅅㅁ - 수세미) : 인척관계 등의 소멸
수세미로 씻어내듯이 인척관계가 소멸되다.
① 인척관계는 혼인의 취소 또는 이혼으로 인하여 종료한다. 〈개정 1990.1.13.〉
② 부부의 일방이 사망한 경우 생존 배우자가 재혼한 때에도 제1항과 같다. 〈개정 1990.1.13..〉

제776조 (ㅅㅅㅂ - 세습) : 입양으로 인한 친족관계의 소멸
입양으로 인한 친족관계 세습이 소멸되다.
입양으로 인한 친족관계는 입양의 취소 또는 파양으로 인하여 종료한다.

제777조 (ㅅㅅㅅ - 샷시) : 친족의 범위
샷시공장 내의 친족범위를 넓히다.
친족관계로 인한 법률상 효력은 이 법 또는 다른 법률에 특별한 규정이 없는 한 다음 각호에 해당하는 자에 미친다.
1. 8촌 이내의 혈족
2. 4촌 이내의 인척
3. 배우자
[전문개정 1990.1.13.]

제2장 가족의 범위와 자의 성과 본

제778조 (ㅅㅅㅇ - 수상) : 삭제 〈2005.3.31.〉
수상한 자가 사라지다.

제779조 (ㅅㅅㅈ - 숫자) : 가족의 범위
가족의 범위는 숫자가 클수록 대가족이다.

글자공식에 의한 민법 조문 연상 암기법

① 다음의 자는 가족으로 한다.
1. 배우자, 직계혈족 및 형제자매
2. 직계혈족의 배우자, 배우자의 직계혈족 및 배우자의 형제자매
② 제1항제2호의 경우에는 생계를 같이 하는 경우에 한한다.
[전문개정 2005.3.31.]

제780조 (ㅅㅇㅊ - 상처) : 호주의 변경과 가족 - 삭제 〈2005.3.31.〉
연상기억 상처가 사라지다.

제781조 (ㅅㅇㄱ - 생가) : 자의 성과 본
연상기억 자의 입적으로 생가의 성과 본을 얻다.
① 자는 부의 성과 본을 따른다. 다만, 부모가 혼인신고시 모의 성과 본을 따르기로 협의한 경우에는 모의 성과 본을 따른다.
② 부가 외국인인 경우에는 자는 모의 성과 본을 따를 수 있다.
③ 부를 알 수 없는 자는 모의 성과 본을 따른다.
④ 부모를 알 수 없는 자는 법원의 허가를 받아 성과 본을 창설한다. 다만, 성과 본을 창설한 후 부 또는 모를 알게 된 때에는 부 또는 모의 성과 본을 따를 수 있다.
⑤ 혼인외의 출생자가 인지된 경우 자는 부모의 협의에 따라 종전의 성과 본을 계속 사용할 수 있다. 다만, 부모가 협의할 수 없거나 협의가 이루어지지 아니한 경우에는 자는 법원의 허가를 받아 종전의 성과 본을 계속 사용할 수 있다.
⑥ 자의 복리를 위하여 자의 성과 본을 변경할 필요가 있을 때에는 부, 모 또는 자의 청구에 의하여 법원의 허가를 받아 이를 변경할 수 있다. 다만, 자가 미성년자이고 법정대리인이 청구할 수 없는 경우에는 제777조의 규정에 따른 친족 또는 검사가 청구할 수 있다.
[전문개정 2005.3.31.]

제782조 (ㅅㅇㄴ - 수원) : 혼인외의 자의 입적 - 삭제 〈2005.3.31.〉
연상기억 수원이 사라지다.

제783조 (ㅅㅇㄷ - 상대) : 양자와 그 배우자 등의 입적 - 삭제 〈2005.3.31.〉
연상기억 상대가 사라지다.

제784조 (ㅅㅇㄹ - 세월) : 부의 혈족 아닌 처의 직계비속의 입적 - 삭제 〈2005.3.31.〉
연상기억 세월이 사라지다.

제785조 (ㅅㅇㅁ - 생모) : 호주의 직계혈족의 입적 - 삭제 〈2005.3.31.〉
연상기억 생모가 사라지다.

글자공식에 의한 민법 조문 연상 암기법

제786조 (ㅅㅇㅂ - 상부) : 양자와 그 배우자 등의 복적 - 삭제 〈2005.3.31.〉
연상기억 상부가 사라지다.

제787조 (ㅅㅇㅅ - 쌍수) : 처 등의 복적과 일가창립 - 삭제 〈2005.3.31.〉
연상기억 쌍수가 사라지다.

제788조 (ㅅㅇㅇ - 송아지) : 분가 - 삭제 〈2005.3.31.〉
연상기억 송아지가 사라지다.

제789조 (ㅅㅇㅈ - 생쥐) : 법정분가 - 삭제 〈2005.3.31.〉
연상기억 생쥐가 사라지다.

제790조 (ㅅㅈㅊ - 소주 차) : 삭제 〈1990.1.13.〉
연상기억 소주 차가 사라지다.

제791조 (ㅅㅈㄱ - 소죽) : 분가호주와 그 가족 - 삭제 〈2005.3.31.〉
연상기억 소죽이 사라지다.

제792조 (ㅅㅈㄴ - 사전) : 삭제 〈1990.1.13.〉
연상기억 사전이 사라지다.

제793조 (ㅅㅈㄷ - 세주다) : 호주의 입양과 폐가 - 삭제 〈2005.3.31.〉
연상기억 세주다 사라지다.

제794조 (ㅅㅈㄹ - 수절) : 여호주의 혼인과 폐가 - 삭제 〈2005.3.31.〉
연상기억 수절하다 사라지다.

제795조 (ㅅㅈㅁ - 세 자매) : 타가에 입적한 호주와 그 가족 - 삭제 〈2005.3.31.〉
연상기억 세 자매가 사라지다.

제796조 (ㅅㅈㅂ - 새집) : 가족의 특유재산 - 삭제 〈2005.3.31.〉
연상기억 새집이 사라지다.

글자공식에 의한 민법 조문 연상 암기법

제797조 (ㅅㅈㅅ – 사자수) : 삭제 〈1990.1.13.〉
연상기억● 사자수가 사라지다.

제798조 (ㅅㅈㅇ – 소장) : 삭제 〈1990.1.13.〉
연상기억● 소장하던 것이 사라지다.

제799조 (ㅅㅈㅈ – 소 주주) : 삭제 〈1990.1.13.〉
연상기억● 소 주주가 사라지다.

제3장 혼인
[제1절 약혼]

제800조 (ㅇㅊㅊ – 옻 차) : 약혼의 자유
연상기억● 약혼을 기념하여 옻 차를 자유로이 마시다.
성년에 달한 자는 자유로 약혼할 수 있다.

제801조 (ㅇㅊㄱ – 애처가) : 약혼연령
연상기억● 약혼연령을 제대로 지켜 애처가의 자격을 얻다.
18세가 된 사람은 부모나 미성년후견인의 동의를 받아 약혼할 수 있다. 이 경우 제808조를 준용한다.
[전문개정 2011.3.7.]

제802조 (ㅇㅊㄴ – 어촌) : 성년후견과 약혼
연상기억● 어촌에서 성년후견인과 약혼이 이루어지다.
피성년후견인은 부모나 성년후견인의 동의를 받아 약혼할 수 있다. 이 경우 제808조를 준용한다.
[전문개정 2011.3.7.]

제803조 (ㅇㅊㄷ – 우체통) : 약혼의 강제이행금지
연상기억● 우체통처럼 강제로 서있으니 약혼의 강제이행을 금지하다.
약혼은 강제이행을 청구하지 못한다.

제804조 (ㅇㅊㄹ – 애처로워) : 약혼해제의 사유
연상기억● 약혼이 해제되어 애처로워하다.
당사자 한쪽에 다음 각 호의 어느 하나에 해당하는 사유가 있는 경우에는 상대방은 약혼을 해제할 수 있다.

 글자공식에 의한 민법 조문 연상 암기법

1. 약혼 후 자격정지 이상의 형을 선고받은 경우
2. 약혼 후 성년후견개시나 한정후견개시의 심판을 받은 경우
3. 성병, 불치의 정신병, 그 밖의 불치의 병질(病疾)이 있는 경우
4. 약혼 후 다른 사람과 약혼이나 혼인을 한 경우
5. 약혼 후 다른 사람과 간음(姦淫)한 경우
6. 약혼 후 1년 이상 생사(生死)가 불명한 경우
7. 정당한 이유 없이 혼인을 거절하거나 그 시기를 늦추는 경우
8. 그 밖에 중대한 사유가 있는 경우
[전문개정 2011.3.7.]

제805조 (ㅇㅊㅁ - 아침) : 약혼해제의 방법
약혼해제를 위하여 아침에 찾아가다.

약혼의 해제는 상대방에 대한 의사표시로 한다. 그러나 상대방에 대하여 의사표시를 할 수 없는 때에는 그 해제의 원인있음을 안 때에 해제된 것으로 본다.

제806조 (ㅇㅊㅂ - 우체부) : 약혼해제와 손해배상청구권
우체부측에서 해지하였으니 손해배상을 청구하다.

① 약혼을 해제한 때에는 당사자 일방은 과실있는 상대방에 대하여 이로 인한 손해의 배상을 청구할 수 있다.
② 전항의 경우에는 재산상 손해외에 정신상 고통에 대하여도 손해배상의 책임이 있다.
③ 정신상 고통에 대한 배상청구권은 양도 또는 승계하지 못한다. 그러나 당사자간에 이미 그 배상에 관한 계약이 성립되거나 소를 제기한 후에는 그러하지 아니하다.

[제2절 혼인의 성립]

제807조 (ㅇㅊㅅ - 아차산) : 혼인적령
아차산에서 혼인적령기를 맞다.

만 18세가 된 사람은 혼인할 수 있다.
[전문개정 2007.12.21.]

제808조 (ㅇㅊㅇ - 요청) : 동의가 필요한 혼인
상대방이 요청해서 동의를 요하는 혼인이 되다.

① 미성년자가 혼인을 하는 경우에는 부모의 동의를 받아야 하며, 부모 중 한쪽이 동의권을 행사할 수 없을 때에는 다른 한쪽의 동의를 받아야 하고, 부모가 모두 동의권을 행사할 수 없을 때에는 미성년후견인의 동의를 받아야 한다.
② 피성년후견인은 부모나 성년후견인의 동의를 받아 혼인할 수 있다.
[전문개정 2011.3.7.]

제809조 (ㅇㅊㅈ - 애처자) : 근친혼 등의 금지
애처자와의 근친혼을 금하다.

글자공식에 의한 민법 조문 연상 암기법

① 8촌 이내의 혈족(친양자의 입양 전의 혈족을 포함한다) 사이에서는 혼인하지 못한다.
② 6촌 이내의 혈족의 배우자, 배우자의 6촌 이내의 혈족, 배우자의 4촌 이내의 혈족의 배우자인 인척이거나 이러한 인척이었던 자 사이에서는 혼인하지 못한다.
③ 6촌 이내의 양부모계(養父母系)의 혈족이었던 자와 4촌 이내의 양부모계의 인척이었던 자 사이에서는 혼인하지 못한다.
[전문개정 2005.3.31.]

제810조 (ㅇㄱㅊ - 악처) : 중혼의 금지
▶ 중혼을 하니 악처가 되다.

배우자 있는 자는 다시 혼인하지 못한다.

제811조 (ㅇㄱㄱ - 아기가) : 삭제 〈2005.3.31.〉
▶ 아기가 사라지다.

제812조 (ㅇㄱㄴ - 애간장) : 혼인의 성립
▶ 애간장이 타 혼인을 성립시키다.

① 혼인은 「가족관계의 등록 등에 관한 법률」에 정한 바에 의하여 신고함으로써 그 효력이 생긴다. 〈개정 2007.5.17.〉
② 전항의 신고는 당사자 쌍방과 성년자인 증인 2인의 연서한 서면으로 하여야 한다.

제813조 (ㅇㄱㄷ - 억대) : 혼인신고의 심사
▶ 혼인신고심사 결과가 억대 재벌이다.

혼인의 신고는 그 혼인이 제807조 내지 제810조 및 제812조제2항의 규정 기타 법령에 위반함이 없는 때에는 이를 수리하여야 한다. 〈개정 2005.3.31.〉

제814조 (ㅇㄱㄹ - 외길) : 외국에서의 혼인신고
▶ 외국에서 혼인신고는 외길이다.

① 외국에 있는 본국민사이의 혼인은 그 외국에 주재하는 대사, 공사 또는 영사에게 신고할 수 있다.
② 제1항의 신고를 수리한 대사, 공사 또는 영사는 지체없이 그 신고서류를 본국의 재외국민 가족관계등록사무소에 송부하여야 한다. 〈개정 2005.3.31., 2007.5.17., 2015.2.3.〉

[제3절 혼인의 무효와 취소]

제815조 (ㅇㄱㅁ - 어감) : 혼인의 무효
▶ 혼인무효의 어감이 좋지 않다.

혼인은 다음 각 호의 어느 하나의 경우에는 무효로 한다. 〈개정 2005.3.31.〉
1. 당사자간에 혼인의 합의가 없는 때

글자공식에 의한 민법 조문 연상 암기법

2. 혼인이 제809조제1항의 규정을 위반한 때
3. 당사자간에 직계인척관계(直系姻戚關係)가 있거나 있었던 때
4. 당사자간에 양부모계의 직계혈족관계가 있었던 때

제816조 (ㅇㄱㅂ - 억보) : 혼인취소의 사유

▶ 혼인취소는 억보의 수행이다.

혼인은 다음 각 호의 어느 하나의 경우에는 법원에 그 취소를 청구할 수 있다.
〈개정 1990.1.13., 2005.3.31.〉
1. 혼인이 제807조 내지 제809조(제815조의 규정에 의하여 혼인의 무효사유에 해당하는 경우를 제외한다. 이하 제817조 및 제820조에서 같다) 또는 제810조의 규정에 위반한 때
2. 혼인당시 당사자 일방에 부부생활을 계속할 수 없는 악질 기타 중대사유있음을 알지 못한 때
3. 사기 또는 강박으로 인하여 혼인의 의사표시를 한 때

제817조 (ㅇㄱㅅ - 악수) : 연령위반혼인 등의 취소청구권자

▶ 연령위반혼인 취소청구권자와 악수를 하다.

혼인이 제807조, 제808조의 규정에 위반한 때에는 당사자 또는 그 법정대리인이 그 취소를 청구할 수 있고 제809조의 규정에 위반한 때에는 당사자, 그 직계존속 또는 4촌 이내의 방계혈족이 그 취소를 청구할 수 있다. 〈개정 2005.3.31.〉

제818조 (ㅇㄱㅇ - 요강) : 중혼의 취소청구권자

▶ 중혼취소청구권자가 요강에 앉아있다.

당사자 및 그 배우자, 직계혈족, 4촌 이내의 방계혈족 또는 검사는 제810조를 위반한 혼인의 취소를 청구할 수 있다.
[전문개정 2012.2.10.]
[2012.2.10. 법률 제11300호에 의하여 2010.7.29. 헌법재판소에서 헌법불합치 결정된 이 조를 개정함.]

제819조 (ㅇㄱㅈ - 억지) : 동의 없는 혼인의 취소청구권의 소멸

▶ 동의 없이 혼인하겠다고 억지를 부리다.

제808조를 위반한 혼인은 그 당사자가 19세가 된 후 또는 성년후견종료의 심판이 있은 후 3개월이 지나거나 혼인 중에 임신한 경우에는 그 취소를 청구하지 못한다.
[전문개정 2011.3.7.]

제820조 (ㅇㄴㅊ - 안채) : 근친혼등의 취소청구권의 소멸

▶ 안채에서 이루어진 근친혼 취소가 소멸되다.

제809조의 규정에 위반한 혼인은 그 당사자간에 혼인중 포태(胞胎)한 때에는 그 취소를 청구하지 못한다. 〈개정 2005.3.31.〉
[제목개정 2005.3.31.]

 ## 글자공식에 의한 민법 조문 연상 암기법

제821조 (ㅇㄴㄱ - 안구) : 삭제 〈2005.3.31.〉
  안구가 사라지다.

제822조 (ㅇㄴㄴ - 애 난) : **악질 등 사유에 의한 혼인취소청구권의 소멸**
  악질이긴 하나 애 난 다음이니 취소가 소멸되다.
  제816조제2호의 규정에 해당하는 사유있는 혼인은 상대방이 그 사유있음을 안 날로부터 6월을 경과한 때에는 그 취소를 청구하지 못한다.

제823조 (ㅇㄴㄷ - 안대) : **사기, 강박으로 인한 혼인취소청구권의 소멸**
  안대를 한 애꾸의 사기, 강박으로 혼인취소청구권자의 소멸되었다
  사기 또는 강박으로 인한 혼인은 사기를 안 날 또는 강박을 면한 날로부터 3월을 경과한 때에는 그 취소를 청구하지 못한다.

제824조 (ㅇㄴㄹ - 오늘) : **혼인취소의 효력**
  오늘부터 혼인취소는 소급하지 아니한다.
  혼인의 취소의 효력은 기왕에 소급하지 아니한다.

제824조의2 (ㅇㄴㄹ - 오늘) : **혼인의 취소와 자의 양육 등**
  오늘로서 혼인취소의 효력이 나타나니 오늘이 자의 양육이다.
  제837조 및 제837조의2의 규정은 혼인의 취소의 경우에 자의 양육책임과 면접교섭권에 관하여 이를 준용한다.
  [본조신설 2005.3.31.]

제825조 (ㅇㄴㅁ - 안마) : **혼인취소와 손해배상청구권**
  안마해주던 상대가 혼인취소 후 손해배상을 청구하다.
  제806조의 규정은 혼인의 무효 또는 취소의 경우에 준용한다.

[제4절 혼인의 효력]
제1관 일반적 효력
제826조 (ㅇㄴㅂ - 안부) : **부부간의 의무**
  안부는 부부간의 의무이다.
  ① 부부는 동거하며 서로 부양하고 협조하여야 한다. 그러나 정당한 이유로 일시적으로 동거하지 아니하는 경우에는 서로 인용하여야 한다.
  ② 부부의 동거장소는 부부의 협의에 따라 정한다. 그러나 협의가 이루어지지 아니하는 경우에는 당사자의 청구에 의하여 가정법원이 이를 정한다. 〈개정 1990.1.13.〉

글자공식에 의한 민법 조문 연상 암기법

③ 삭제 〈2005.3.31.〉
④ 삭제 〈2005.3.31.〉

제826조의2 (ㅇㄴㅂ - 안부) : 성년의제
 안부나 전하는 부부의 의무라면 차라리 안부는 성년의제이다.
미성년자가 혼인을 한 때에는 성년자로 본다.
[본조신설 1977.12.31.]

제827조 (ㅇㄴㅅ - 안사람) : 부부간의 가사대리권
 가사대리를 안사람이 도맡다.
① 부부는 일상의 가사에 관하여 서로 대리권이 있다.
② 전항의 대리권에 가한 제한은 선의의 제삼자에게 대항하지 못한다.

제828조 (ㅇㄴㅇ - 언어) : 부부간의 계약의 취소 - 삭제 〈2012.2.10.〉
 언어가 사라지다.

제2관 재산상 효력

제829조 (ㅇㄴㅈ - 앉아) : 부부재산의 약정과 그 변경
 부부재산의 약정을 앉아서 지키다.
① 부부가 혼인성립전에 그 재산에 관하여 따로 약정을 하지 아니한 때에는 그 재산관계는 본관중 다음 각조에 정하는 바에 의한다.
② 부부가 혼인성립전에 그 재산에 관하여 약정한 때에는 혼인중 이를 변경하지 못한다. 그러나 정당한 사유가 있는 때에는 법원의 허가를 얻어 변경할 수 있다.
③ 전항의 약정에 의하여 부부의 일방이 다른 일방의 재산을 관리하는 경우에 부적당한 관리로 인하여 그 재산을 위태하게 한 때에는 다른 일방은 자기가 관리할 것을 법원에 청구할 수 있고 그 재산이 부부의 공유인 때에는 그 분할을 청구할 수 있다.
④ 부부가 그 재산에 관하여 따로 약정을 한 때에는 혼인성립까지에 그 등기를 하지 아니하면 이로써 부부의 승계인 또는 제삼자에게 대항하지 못한다.
⑤ 제2항, 제3항의 규정이나 약정에 의하여 관리자를 변경하거나 공유재산을 분할하였을 때에는 그 등기를 하지 아니하면 이로써 부부의 승계인 또는 제삼자에게 대항하지 못한다.

제830조 (ㅇㄷㅊ - 애도차) : 특유재산과 귀속불명재산
 특유한 귀속불명의 재산을 애도차에 싣다.
① 부부의 일방이 혼인전부터 가진 고유재산과 혼인중 자기의 명의로 취득한 재산은 그 특유재산으로 한다.
② 부부의 누구에게 속한 것인지 분명하지 아니한 재산은 부부의 공유로 추정한다. 〈개정 1977.12.31.〉

 **글자공식에 의한 민법 조문 연상 암기법**

제831조 (ㅇㄷㄱ - 아득한) : 특유재산의 관리 등
> 아득한 옛날 특유재산을 관리하다.
> 부부는 그 특유재산을 각자 관리, 사용, 수익한다.

제832조 (ㅇㄷㄴ - 애 띤) : 가사로 인한 채무의 연대책임
> 가사채무를 따지는 애 띤 신혼부부는 연대책임이다.
> 부부의 일방이 일상의 가사에 관하여 제삼자와 법률행위를 한 때에는 다른 일방은 이로 인한 채무에 대하여 연대책임이 있다. 그러나 이미 제삼자에 대하여 다른 일방의 책임없음을 명시한 때에는 그러하지 아니하다.

제833조 (ㅇㄷㄷ - 얻다) : 생활비용
> 생활비용을 친정에서 매달 얻다.
> 부부의 공동생활에 필요한 비용은 당사자간에 특별한 약정이 없으면 부부가 공동으로 부담한다.
> [전문개정 1990.1.13.]

[제5절 이혼]
제1관 협의상 이혼

제834조 (ㅇㄷㄹ - 아들) : 협의상 이혼
> 아들 때문에 협의상 이혼을 하다.
> 부부는 협의에 의하여 이혼할 수 있다.

제835조 (ㅇㄷㅁ - 아담) : 성년후견과 협의상 이혼
> 성년후견과 협의상 이혼이란 아담과 이브 이야기이다.
> 피성년후견인의 협의상 이혼에 관하여는 제808조제2항을 준용한다.
> [전문개정 2011.3.7.]

제836조 (ㅇㄷㅂ - 어둡다) : 이혼의 성립과 신고방식
> 어둡기 전에 이혼성립과 동시 신고하다.
> ① 협의상 이혼은 가정법원의 확인을 받아「가족관계의 등록 등에 관한 법률」의 정한 바에 의하여 신고함으로써 그 효력이 생긴다. 〈개정 1977.12.31., 2007.5.17.〉
> ② 전항의 신고는 당사자 쌍방과 성년자인 증인 2인의 연서한 서면으로 하여야 한다.

제836조의2 (ㅇㄷㅂ - 어둡다) : 이혼의 절차
> 어둡기 전에 이혼절차를 밟다.
> ① 협의상 이혼을 하려는 자는 가정법원이 제공하는 이혼에 관한 안내를 받아야 하고, 가정법원은 필요

글자공식에 의한 민법 조문 연상 암기법

한 경우 당사자에게 상담에 관하여 전문적인 지식과 경험을 갖춘 전문상담인의 상담을 받을 것을 권고할 수 있다.
② 가정법원에 이혼의사의 확인을 신청한 당사자는 제1항의 안내를 받은 날부터 다음 각 호의 기간이 지난 후에 이혼의사의 확인을 받을 수 있다.
1. 양육하여야 할 자(포태 중인 자를 포함한다. 이하 이 조에서 같다)가 있는 경우에는 3개월
2. 제1호에 해당하지 아니하는 경우에는 1개월
③ 가정법원은 폭력으로 인하여 당사자 일방에게 참을 수 없는 고통이 예상되는 등 이혼을 하여야 할 급박한 사정이 있는 경우에는 제2항의 기간을 단축 또는 면제할 수 있다.
④ 양육하여야 할 자가 있는 경우 당사자는 제837조에 따른 자(子)의 양육과 제909조제4항에 따른 자(子)의 친권자결정에 관한 협의서 또는 제837조 및 제909조제4항에 따른 가정법원의 심판정본을 제출하여야 한다.
⑤ 가정법원은 당사자가 협의한 양육비부담에 관한 내용을 확인하는 양육비부담조서를 작성하여야 한다. 이 경우 양육비부담조서의 효력에 대하여는 「가사소송법」 제41조를 준용한다. 〈신설 2009.5.8.〉
[본조신설 2007.12.21.]

제837조 (ㅇㄷㅅ - 애틋한) : 이혼과 자의 양육책임

애틋한 마음으로 이혼자의 양육을 책임지다.

① 당사자는 그 자의 양육에 관한 사항을 협의에 의하여 정한다. 〈개정 1990.1.13.〉
② 제1항의 협의는 다음의 사항을 포함하여야 한다. 〈개정 2007.12.21.〉
1. 양육자의 결정
2. 양육비용의 부담
3. 면접교섭권의 행사 여부 및 그 방법
③ 제1항에 따른 협의가 자(子)의 복리에 반하는 경우에는 가정법원은 보정을 명하거나 직권으로 그 자(子)의 의사(意思)·연령과 부모의 재산상황, 그 밖의 사정을 참작하여 양육에 필요한 사항을 정한다. 〈개정 2007.12.21.〉
④ 양육에 관한 사항의 협의가 이루어지지 아니하거나 협의할 수 없는 때에는 가정법원은 직권으로 또는 당사자의 청구에 따라 이에 관하여 결정한다. 이 경우 가정법원은 제3항의 사정을 참작하여야 한다. 〈신설 2007.12.21.〉
⑤ 가정법원은 자(子)의 복리를 위하여 필요하다고 인정하는 경우에는 부·모·자(子) 및 검사의 청구 또는 직권으로 자(子)의 양육에 관한 사항을 변경하거나 다른 적당한 처분을 할 수 있다. 〈신설 2007.12.21.〉
⑥ 제3항부터 제5항까지의 규정은 양육에 관한 사항 외에는 부모의 권리의무에 변경을 가져오지 아니한다. 〈신설 2007.12.21.〉

제837조의2 (ㅇㄷㅅ - 애틋하여) : 면접교섭권

이혼을 했어도 자에 대한 양육은 **애틋**한 마음으로 책임지다.

① 자(子)를 직접 양육하지 아니하는 부모의 일방과 자(子)는 상호 면접교섭할 수 있는 권리를 가진다. 〈개정 2007.12.21.〉
② 가정법원은 자의 복리를 위하여 필요한 때에는 당사자의 청구 또는 직권에 의하여 면접교섭을 제한하거나 배제할 수 있다. 〈개정 2005.3.31.〉
[본조신설 1990.1.13.]

글자공식에 의한 민법 조문 연상 암기법

제838조 (ㅇㄷㅇ - 애당초) : 사기, 강박으로 인한 이혼의 취소청구권

연상기억 ● 애당초 사기, 강박이라면 지금이라도 이혼 취소청구를 하다.

사기 또는 강박으로 인하여 이혼의 의사표시를 한 자는 그 취소를 가정법원에 청구할 수 있다.
〈개정 1990.1.13.〉

제839조 (ㅇㄷㅈ - 아트지) : 준용규정

연상기억 ● 아트지에 안대를 놓고 준용규정을 읽다.

제823조의 규정은 협의상 이혼에 준용한다.

제839조의2 (ㅇㄷㅈ - 아트지) : 재산분할청구권

연상기억 ● 아트지에 재산분할청구를 하다.

① 협의상 이혼한 자의 일방은 다른 일방에 대하여 재산분할을 청구할 수 있다.
② 제1항의 재산분할에 관하여 협의가 되지 아니하거나 협의할 수 없는 때에는 가정법원은 당사자의 청구에 의하여 당사자 쌍방의 협력으로 이룩한 재산의 액수 기타 사정을 참작하여 분할의 액수와 방법을 정한다.
③ 제1항의 재산분할청구권은 이혼한 날부터 2년을 경과한 때에는 소멸한다.
[본조신설 1990.1.13.]

제839조의3 (ㅇㄷㅈ - 아트지) : 재산분할청구권 보전을 위한 사해행위취소권

연상기억 ● 아트지에 재산분할청구를 하고 사해행위를 하다.

① 부부의 일방이 다른 일방의 재산분할청구권 행사를 해함을 알면서도 재산권을 목적으로 하는 법률행위를 한 때에는 다른 일방은 제406조제1항을 준용하여 그 취소 및 원상회복을 가정법원에 청구할 수 있다.
② 제1항의 소는 제406조제2항의 기간 내에 제기하여야 한다.
[본조신설 2007.12.21.]

제2관 재판상 이혼

제840조 (ㅇㄹㅊ - 알차게) : 재판상 이혼원인

연상기억 ● 늦게나마 알차게 살려고 재판상 이혼을 하다.

부부의 일방은 다음 각호의 사유가 있는 경우에는 가정법원에 이혼을 청구할 수 있다.
〈개정 1990.1.13.〉
1. 배우자에 부정한 행위가 있었을 때
2. 배우자가 악의로 다른 일방을 유기한 때
3. 배우자 또는 그 직계존속으로부터 심히 부당한 대우를 받았을 때
4. 자기의 직계존속이 배우자로부터 심히 부당한 대우를 받았을 때
5. 배우자의 생사가 3년 이상 분명하지 아니한 때
6. 기타 혼인을 계속하기 어려운 중대한 사유가 있을 때

 **글자공식에 의한 민법 조문 연상 암기법**

제841조 (ㅇㄹㄱ – 올가미) : 부정으로 인한 이혼청구권의 소멸
- 올가미에 걸려 부정으로 이혼당하다.
  전조 제1호의 사유는 다른 일방이 사전동의나 사후 용서를 한 때 또는 이를 안 날로부터 6월, 그 사유있은 날로부터 2년을 경과한 때에는 이혼을 청구하지 못한다.

제842조 (ㅇㄹㄴ – 어린) : 기타 원인으로 인한 이혼청구권의 소멸
- 어린자식으로 인한 이혼청구의 소멸
  제840조제6호의 사유는 다른 일방이 이를 안 날로부터 6월, 그 사유있은 날로부터 2년을 경과하면 이혼을 청구하지 못한다.

제843조 (ㅇㄹㄷ – 우리다) : 준용규정
- 우리다 재판상 이혼의 경우에 준용한다.
  재판상 이혼에 따른 손해배상책임에 관하여는 제806조를 준용하고, 재판상 이혼에 따른 자녀의 양육책임 등에 관하여는 제837조를 준용하며, 재판상 이혼에 따른 면접교섭권에 관하여는 제837조의2를 준용하고, 재판상 이혼에 따른 재산분할청구권에 관하여는 제839조의2를 준용하며, 재판상 이혼에 따른 재산분할청구권 보전을 위한 사해행위취소권에 관하여는 제839조의3을 준용한다.
  [전문개정 2012.2.10.]

제4장 부모와 자

[제1절 친생자]

제844조 (ㅇㄹㄹ – 알리바이) : 부의 친생자의 추정
- 부의 친생자임이 알리바이로 추정되다.
  ① 처가 혼인 중에 포태한 자는 부의 자로 추정한다.
  ② 혼인성립의 날로부터 2백일후 또는 혼인관계종료의 날로부터 3백일내에 출생한 자는 혼인중에 포태한 것으로 추정한다.
  [헌법불합치, 2013헌마623, 2015.4.30. 1. 민법(1958.2.22. 법률 제471호로 제정된 것) 제844조 제2항 중 "혼인관계종료의 날로부터 300일 내에 출생한 자"에 관한 부분은 헌법에 합치되지 아니한다. 2. 위 법률조항 부분은 입법자가 개정할 때까지 계속 적용된다.]

제845조 (ㅇㄹㅁ – 어림잡아) : 법원에 의한 부의 결정
- 어림잡아 법원에 의한 부를 결정하다.
  재혼한 여자가 해산한 경우에 제844조의 규정에 의하여 그 자의 부를 정할 수 없는 때에는 법원이 당사자의 청구에 의하여 이를 정한다. 〈개정 2005.3.31.〉

 **글자공식에 의한 민법 조문 연상 암기법**

제846조 (ㅇㄹㅂ - 아랍) : 자의 친생부인

아랍계 여인이 친생부인이다.

부부의 일방은 제844조의 경우에 그 자가 친생자임을 부인하는 소를 제기할 수 있다. 〈개정 2005.3.31.〉

제847조 (ㅇㄹㅅ - 알 수 없어) : 친생부인의 소

알 수 없어 친생부인의 소를 제기하다.

① 친생부인(親生否認)의 소(訴)는 부(夫) 또는 처(妻)가 다른 일방 또는 자(子)를 상대로 하여 그 사유가 있음을 안 날부터 2년내에 이를 제기하여야 한다.
② 제1항의 경우에 상대방이 될 자가 모두 사망한 때에는 그 사망을 안 날부터 2년내에 검사를 상대로 하여 친생부인의 소를 제기할 수 있다.
[전문개정 2005.3.31.]

제848조 (ㅇㄹㅇ - 아랑곳없이) : 성년후견과 친생부인의 소

아랑곳없이 금치산자의 친생부인이 소를 받다.

① 남편이나 아내가 피성년후견인인 경우에는 그의 성년후견인이 성년후견감독인의 동의를 받아 친생부인의 소를 제기할 수 있다. 성년후견감독인이 없거나 동의할 수 없을 때에는 가정법원에 그 동의를 갈음하는 허가를 청구할 수 있다.
② 제1항의 경우 성년후견인이 친생부인의 소를 제기하지 아니하는 경우에는 피성년후견인은 성년후견 종료의 심판이 있은 날부터 2년 내에 친생부인의 소를 제기할 수 있다.
[전문개정 2011.3.7.]

제849조 (ㅇㄹㅈ - 알지) : 자사망후의 친생부인

사망자를 **알지** 못하는 친생부인이 후에 알다.

자가 사망한 후에도 그 직계비속이 있는 때에는 그 모를 상대로, 모가 없으면 검사를 상대로 하여 부인의 소를 제기할 수 있다.

제850조 (ㅇㅁㅊ - 암초) : 유언에 의한 친생부인

유언에 의해 **암초**에 걸린 친생부인이다.

부(夫) 또는 처(妻)가 유언으로 부인의 의사를 표시한 때에는 유언집행자는 친생부인의 소를 제기하여야 한다. 〈개정 2005.3.31.〉

제851조 (ㅇㅁㄱ - 애먹다) : 부의 자 출생 전 사망 등과 친생부인

부의 자 출생자 사망으로 **애먹**은 친생부인이다.

부(夫)가 자(子)의 출생 전에 사망하거나 부(夫) 또는 처(妻)가 제847조제1항의 기간내에 사망한 때에는 부(夫) 또는 처(妻)의 직계존속이나 직계비속에 한하여 그 사망을 안 날부터 2년내에 친생부인의 소를 제기할 수 있다.
[전문개정 2005.3.31.]

# 글자공식에 의한 민법 조문 연상 암기법

제852조 (ㅇㅁㄴ – 이민) : 친생부인권의 소멸
- 이민으로 인하여 친생부인권이 소멸되다.
  자의 출생 후에 친생자(親生子)임을 승인한 자는 다시 친생부인의 소를 제기하지 못한다.
  [전문개정 2005.3.31.]

제853조 (ㅇㅁㄷ – 암도) : 삭제〈2005.3.31.〉
- 몸속 암도 사라지다.

제854조 (ㅇㅁㄹ – 애물) : 사기, 강박으로 인한 승인의 취소
- 사기, 강박으로 애물단지된 승인의 취소가 다행이다.
  제852조의 승인이 사기 또는 강박으로 인한 때에는 이를 취소할 수 있다.〈개정 2005.3.31.〉

제855조 (ㅇㅁㅁ – 어멈) : 인지
- 어멈의 인지능력은 대단하다.
  ① 혼인외의 출생자는 그 생부나 생모가 이를 인지할 수 있다. 부모의 혼인이 무효인 때에는 출생자는 혼인외의 출생자로 본다.
  ② 혼인외의 출생자는 그 부모가 혼인한 때에는 그때로부터 혼인 중의 출생자로 본다.

제856조 (ㅇㅁㅂ – 임부) : 피성년후견인의 인지
- 임부가 금치산자를 인지하다.
  아버지가 피성년후견인인 경우에는 성년후견인의 동의를 받아 인지할 수 있다.
  [전문개정 2011.3.7.]

제857조 (ㅇㅁㅅ – 암시) : 사망자의 인지
- 사망자의 인지를 암시하다.
  자가 사망한 후에도 그 직계비속이 있는 때에는 이를 인지할 수 있다.

제858조 (ㅇㅁㅇ – 이몽) : 포태중인 자의 인지
- 포태중인 임신부가 동상이몽의 꿈으로 자를 인지하다.
  부는 포태 중에 있는 자에 대하여도 이를 인지할 수 있다.

제859조 (ㅇㅁㅈ – 엄지) : 인지의 효력발생
- 인지의 효력발생을 엄지로 꼽으며 암시하다.
  ① 인지는 「가족관계의 등록 등에 관한 법률」의 정하는 바에 의하여 신고함으로써 그 효력이 생긴다.〈개정 2007.5.17.〉

 **글자공식에 의한 민법 조문 연상 암기법**

② 인지는 유언으로도 이를 할 수 있다. 이 경우에는 유언집행자가 이를 신고하여야 한다.

제860조 (ㅇㅂ(ㅍ)ㅊ - 앞차) : 인지의 소급효
> 앞차가 후진하며 인지를 소급하다.

인지는 그 자의 출생시에 소급하여 효력이 생긴다. 그러나 제삼자의 취득한 권리를 해하지 못한다.

제861조 (ㅇㅂㄱ - 우박) : 인지의 취소
> 우박이 쏟아져 인지되니 여행을 취소하다.

사기, 강박 또는 중대한 착오로 인하여 인지를 한 때에는 사기나 착오를 안 날 또는 강박을 면한 날로부터 6월내에 가정법원에 그 취소를 청구할 수 있다. 〈개정 2005.3.31.〉

제862조 (ㅇㅂㄴ - 위반) : 인지에 대한 이의의 소
> 교통법규 위반으로 인지 이의의 소를 제기하다.

자 기타 이해관계인은 인지의 신고있음을 안 날로부터 1년내에 인지에 대한 이의의 소를 제기할 수 있다.

제863조 (ㅇㅂㄷ - 애보다) : 인지청구의 소
> 애보다 사고를 당해 인지청구를 하다.

자와 그 직계비속 또는 그 법정대리인은 부 또는 모를 상대로 하여 인지청구의 소를 제기할 수 있다.

제864조 (ㅇㅂㄹ - 우발) : 부모의 사망과 인지청구의 소
> 우발적 부모의 사망으로 인지청구하다.

제862조 및 제863조의 경우에 부 또는 모가 사망한 때에는 그 사망을 안 날로부터 2년내에 검사를 상대로 하여 인지에 대한 이의 또는 인지청구의 소를 제기할 수 있다. 〈개정 2005.3.31.〉

제864조의2 (ㅇㅂㄹ - 오발) : 인지와 자의 양육책임 등
> 우발적 사고로 부모의 사망과 오발로 인지와 자의 양육책임이 있다.

제837조 및 제837조의2의 규정은 자가 인지된 경우에 자의 양육책임과 면접교섭권에 관하여 이를 준용한다. [본조신설 2005.3.31.]

제865조 (ㅇㅂㅁ - 아범) : 다른 사유를 원인으로 하는 친생관계존부확인의 소
> 아범이 다른 사유를 원인으로 한 친생관계존부확인의 소 제기

① 제845조, 제846조, 제848조, 제850조, 제851조, 제862조와 제863조의 규정에 의하여 소를 제기할 수 있는 자는 다른 사유를 원인으로 하여 친생자관계존부의 확인의 소를 제기할 수 있다.
② 제1항의 경우에 당사자일방이 사망한 때에는 그 사망을 안 날로부터 2년내에 검사를 상대로 하여 소를 제기할 수 있다. 〈개정 2005.3.31.〉

글자공식에 의한 민법 조문 연상 암기법

[제2절 양자] 〈개정 2011.2.10.〉
제1관 입양의 요건과 효력 〈개정 2012.2.10.〉

제866조 (ㅇㅂㅂ - 이밥) : 입양을 할 능력
- 이밥이라도 먹을 정도면 입양을 할 능력이 있다.

성년이 된 사람은 입양(入養)을 할 수 있다.
[전문개정 2012.2.10.] [시행일 2013.7.1.]

제867조 (ㅇㅂㅅ - 압사) : 미성년자의 입양에 대한 가정법원의 허가
- 부모가 압사되면 미성년자 입양은 가정법원의 허가를 받아야 한다.

① 미성년자를 입양하려는 사람은 가정법원의 허가를 받아야 한다.
② 가정법원은 양자가 될 미성년자의 복리를 위하여 그 양육 상황, 입양의 동기, 양부모(養父母)의 양육 능력, 그 밖의 사정을 고려하여 제1항에 따른 입양의 허가를 하지 아니할 수 있다.
[본조신설 2012.2.10.] [시행일 2013.7.1.]

제868조 (ㅇㅂㅇ - 이방) : 삭제 〈1990.1.13.〉
- 이방이 사라지다.

제869조 (ㅇㅂㅈ - 업자) : 입양의 의사표시
- 양자가 될 13세는 법정대리인과 업자가 있어야 입양 의사표시를 할 수 있다.

① 양자가 될 사람이 13세 이상의 미성년자인 경우에는 법정대리인의 동의를 받아 입양을 승낙한다.
② 양자가 될 사람이 13세 미만인 경우에는 법정대리인이 그를 갈음하여 입양을 승낙한다.
③ 가정법원은 다음 각 호의 어느 하나에 해당하는 경우에는 제1항에 따른 동의 또는 제2항에 따른 승낙이 없더라도 제867조제1항에 따른 입양의 허가를 할 수 있다.
 1. 법정대리인이 정당한 이유 없이 동의 또는 승낙을 거부하는 경우. 다만, 법정대리인이 친권자인 경우에는 제870조제2항의 사유가 있어야 한다.
 2. 법정대리인의 소재를 알 수 없는 등의 사유로 동의 또는 승낙을 받을 수 없는 경우
④ 제3항제1호의 경우 가정법원은 법정대리인을 심문하여야 한다.
⑤ 제1항에 따른 동의 또는 제2항에 따른 승낙은 제867조제1항에 따른 입양의 허가가 있기 전까지 철회할 수 있다.
[전문개정 2012.2.10.]

제870조 (ㅇㅅㅊ - 옷차림) : 미성년자 입양에 대한 부모의 동의
- 미성년자 입양은 부모의 동의로 새 옷차림으로 준비한다.

① 양자가 될 미성년자는 부모의 동의를 받아야 한다. 다만, 다음 각 호의 어느 하나에 해당하는 경우에는 그러하지 아니하다.
 1. 부모가 제869조제1항에 따른 동의를 하거나 같은 조 제2항에 따른 승낙을 한 경우
 2. 부모가 친권상실의 선고를 받은 경우

글자공식에 의한 민법 조문 연상 암기법

    3. 부모의 소재를 알 수 없는 등의 사유로 동의를 받을 수 없는 경우
② 가정법원은 다음 각 호의 어느 하나에 해당하는 사유가 있는 경우에는 부모가 동의를 거부하더라도 제867조제1항에 따른 입양의 허가를 할 수 있다. 이 경우 가정법원은 부모를 심문하여야 한다.
1. 부모가 3년 이상 자녀에 대한 부양의무를 이행하지 아니한 경우
2. 부모가 자녀를 학대 또는 유기(遺棄)하거나 그 밖에 자녀의 복리를 현저히 해친 경우
③ 제1항에 따른 동의는 제867조제1항에 따른 입양의 허가가 있기 전까지 철회할 수 있다.
[전문개정 2012.2.10.]

제871조 (ㅇㅅㄱ – 이속) : 성년자 입양에 대한 부모의 동의

잇속의 입양업체가 **이속**에서 성년자입양의 동의를 받다.

① 양자가 될 사람이 성년인 경우에는 부모의 동의를 받아야 한다. 다만, 부모의 소재를 알 수 없는 등의 사유로 동의를 받을 수 없는 경우에는 그러하지 아니하다.
② 가정법원은 부모가 정당한 이유 없이 동의를 거부하는 경우에 양부모가 될 사람이나 양자가 될 사람의 청구에 따라 부모의 동의를 갈음하는 심판을 할 수 있다. 이 경우 가정법원은 부모를 심문하여야 한다.
[전문개정 2012.2.10.] [시행일 2013.7.1.]

제872조 (ㅇㅅㄴ – 예산) : 삭제 〈2012.2.10.〉

예산이 없어 삭제되다.

제873조 (ㅇㅅㄷ – 웃다) : 피성년후견인의 입양

피성년후견인은 멋도 모르고 계속 **웃다**.

① 피성년후견인은 성년후견인의 동의를 받아 입양을 할 수 있고 양자가 될 수 있다.
② 피성년후견인이 입양을 하거나 양자가 되는 경우에는 제867조를 준용한다.
③ 가정법원은 성년후견인이 정당한 이유 없이 제1항에 따른 동의를 거부하거나 피성년후견인의 부모가 정당한 이유 없이 제871조제1항에 따른 동의를 거부하는 경우에 그 동의가 없어도 입양을 허가할 수 있다. 이 경우 가정법원은 성년후견인 또는 부모를 심문하여야 한다.
[전문개정 2012.2.10.]

제874조 (ㅇㅅㄹ – 이슬비) : 부부의 공동 입양 등

부부공동으로 **이슬**비를 맞으며 이슬이를 입양시키다.

① 배우자가 있는 사람은 배우자와 공동으로 입양하여야 한다.
② 배우자가 있는 사람은 그 배우자의 동의를 받아야만 양자가 될 수 있다.
[전문개정 2012.2.10.]

제875조 (ㅇㅅㅁ – 이 섬) : 삭제 〈1990.1.13.〉

이 섬이 사라지다.

 글자공식에 의한 민법 조문 연상 암기법

제876조 (ㅇㅅㅂ - 이 삽) : 삭제 〈1990.1.13.〉
연상기억● 이 삽도 사라지다.

제877조 (ㅇㅅㅅ - 애써서) : 입양의 금지
연상기억● 입양을 애써서 금지시키다.
존속이나 연장자를 입양할 수 없다.
[전문개정 2012.2.10.]

제878조 (ㅇㅅㅇ - 위생) : 입양의 성립
연상기억● 입양시킬 환경의 위생 점수가 효력을 발생시키다.
입양은 「가족관계의 등록 등에 관한 법률」에서 정한 바에 따라 신고함으로써 그 효력이 생긴다.
[전문개정 2012.2.10.]

제879조 (ㅇㅅㅈ - 이수자) : 삭제 〈1990.1.13.〉
연상기억● 이수자가 사라지다.

제880조 (ㅇㅇㅊ - 왕 처) : 삭제 〈1990.1.13.〉
연상기억● 왕 처가 사라지다.

제881조 (ㅇㅇㄱ - 양가) : 입양 신고의 심사
연상기억● 입양신고에 의하여 양가에서 심사하다.
제866조, 제867조, 제869조부터 제871조까지, 제873조, 제874조, 제877조, 그 밖의 법령을 위반하지 아니한 입양 신고는 수리하여야 한다.
[전문개정 2012.2.10.]

제882조 (ㅇㅇㄴ - 위안) : 외국에서의 입양신고
연상기억● 외국에서 입양신고가 잘 이루어져 위안이 되다.
외국에서 입양 신고를 하는 경우에는 제814조를 준용한다.
[전문개정 2012.2.10.]

제882조의2 (ㅇㅇㄴ - 위안) : 입양의 효력
연상기억● 위안으로 입양의 효력이 생기다.
① 양자는 입양된 때부터 양부모의 친생자와 같은 지위를 가진다.
② 양자의 입양 전의 친족관계는 존속한다.
[본조신설 2012.2.10.]

글자공식에 의한 민법 조문 연상 암기법

제2관 입양의 무효와 취소 〈개정 2012.2.10.〉

제883조 (ㅇㅇㄷ – 양다리) : 입양 무효의 원인

양다리 걸친 소개로 입양이 무효가 되다.

> 다음 각 호의 어느 하나에 해당하는 입양은 무효이다.
> 1. 당사자 사이에 입양의 합의가 없는 경우
> 2. 제867조제1항(제873조제2항에 따라 준용되는 경우를 포함한다), 제869조제2항, 제877조를 위반한 경우
>
> [전문개정 2012.2.10.]

제884조 (ㅇㅇㄹ – 우울) : 입양 취소의 원인

입양이 취소되니 마음이 **우울**하다.

> ① 입양이 다음 각 호의 어느 하나에 해당하는 경우에는 가정법원에 그 취소를 청구할 수 있다.
> 1. 제866조, 제869조제1항, 같은 조 제3항제2호, 제870조제1항, 제871조제1항, 제873조제1항, 제874조를 위반한 경우
> 2. 입양 당시 양부모와 양자 중 어느 한쪽에게 악질(惡疾)이나 그 밖에 중대한 사유가 있음을 알지 못한 경우
> 3. 사기 또는 강박으로 인하여 입양의 의사표시를 한 경우
>
> ② 입양 취소에 관하여는 제867조제2항을 준용한다.
> [전문개정 2012.2.10.]

제885조 (ㅇㅇㅁ – 위암) : 입양 취소 청구권자

입양 갈 집의 부인이 **위암**환자여서 취소되다.

> 양부모, 양자와 그 법정대리인 또는 직계혈족은 제866조를 위반한 입양의 취소를 청구할 수 있다.
> [전문개정 2012.2.10.]

제886조 (ㅇㅇㅂ – 양부) : 입양 취소 청구권자

양부가 입양 취소를 청구할 수 있다.

> 양자나 동의권자는 제869조제1항, 같은 조 제3항제2호, 제870조제1항을 위반한 입양의 취소를 청구할 수 있고, 동의권자는 제871조제1항을 위반한 입양의 취소를 청구할 수 있다.
> [전문개정 2012.2.10.]

제887조 (ㅇㅇㅅ – 양씨) : 입양 취소 청구권자

양씨도 입양 취소 청구할 수 있다.

> 피성년후견인이나 성년후견인은 제873조제1항을 위반한 입양의 취소를 청구할 수 있다.
> [전문개정 2012.2.10.]

 글자공식에 의한 민법 조문 연상 암기법

제888조 (ㅇㅇㅇ - 양어장) : 입양 취소 청구권자
🔖 **연상기억** 양어장에서도 입양 취소 청구할 수 있다.

배우자는 제874조를 위반한 입양의 취소를 청구할 수 있다.
[전문개정 2012.2.10.]

제889조 (ㅇㅇㅈ - 양지) : 입양 취소 청구권의 소멸
🔖 **연상기억** 양지가 음지 되어 입양 취소 청구권이 소멸되다.

양부모가 성년이 되면 제866조를 위반한 입양의 취소를 청구하지 못한다.
[전문개정 2012.2.10.]

제890조 (ㅇㅈㅊ - 아! 저차) : 삭제 〈1990.1.13.〉
🔖 **연상기억** 아! 저차가 사라지다.

제891조 (ㅇㅈㄱ - 우족) : 입양 취소 청구권의 소멸
🔖 **연상기억** 우족을 던져 입양 취소 청구권을 소멸시키다.

① 양자가 성년이 된 후 3개월이 지나거나 사망하면 제869조제1항, 같은 조 제3항제2호, 제870조제1항을 위반한 입양의 취소를 청구하지 못한다.
② 양자가 사망하면 제871조제1항을 위반한 입양의 취소를 청구하지 못한다.
[전문개정 2012.2.10.]

제892조 (ㅇㅈㄴ - 어전) : 삭제 〈2012.2.10.〉
🔖 **연상기억** 어전에서 사라지다.

제893조 (ㅇㅈㄷ - 아주대) : 입양 취소 청구권의 소멸
🔖 **연상기억** 아주대에서 입양 취소 청구권을 소멸시키다.

성년후견개시의 심판이 취소된 후 3개월이 지나면 제873조제1항을 위반한 입양의 취소를 청구하지 못한다.
[전문개정 2012.2.10.]

제894조 (ㅇㅈㄹ - 이젤) : 입양 취소 청구권의 소멸
🔖 **연상기억** 이젤을 던져 입양 취소 청구권을 소멸시키다.

제869조제1항, 같은 조 제3항제2호, 제870조제1항, 제871조제1항, 제873조제1항, 제874조를 위반한 입양은 그 사유가 있음을 안 날부터 6개월, 그 사유가 있었던 날부터 1년이 지나면 그 취소를 청구하지 못한다. [전문개정 2012.2.10.]

글자공식에 의한 민법 조문 연상 암기법

제895조 (ㅇㅈㅁ - 오줌) : 삭제 〈1990.1.13.〉
연상기억 오줌이 사라지다.

제896조 (ㅇㅈㅂ - 아집) : 입양 취소 청구권의 소멸
연상기억 아집을 부려 입양 취소 청구권을 소멸시키다.
제884조제1항제2호에 해당하는 사유가 있는 입양은 양부모와 양자 중 어느 한 쪽이 그 사유가 있음을 안 날부터 6개월이 지나면 그 취소를 청구하지 못한다.
[전문개정 2012.2.10.]

제897조 (ㅇㅈㅅ - 아저씨) : 준용규정
연상기억 우체부 아저씨가 준용규정에 대해 오늘 안다.
입양의 무효 또는 취소에 따른 손해배상책임에 관하여는 제806조를 준용하고, 사기 또는 강박으로 인한 입양 취소 청구권의 소멸에 관하여는 제823조를 준용하며, 입양 취소의 효력에 관하여는 제824조를 준용한다.
[전문개정 2012.2.10.]

제3관 파양 〈개정 2012.2.10.〉
제1항 협의상 파양 〈개정 2012.2.10.〉
제898조 (ㅇㅈㅇ - 애증) : 협의상 파양
연상기억 애증을 버리고 협의상 파양하다.
양부모와 양자는 협의하여 파양(罷養)할 수 있다. 다만, 양자가 미성년자 또는 피성년후견인인 경우에는 그러하지 아니하다.
[전문개정 2012.2.10.]

제899조 (ㅇㅈㅈ - 애 저지) : 15세 미만자의 협의상 파양 - 삭제 〈2012.2.10.〉
연상기억 애 저지하니 사라지다.

제900조 (ㅈㅊㅊ - 자치차원) : 미성년자의 협의상 파양 - 삭제 〈2012.2.10.〉
연상기억 자치차원에서 삭제시키다.

제901조 (ㅈㅊㄱ - 자치기) : 삭제 〈2012.2.10.〉
연상기억 자치기를 들고 삭제시키다.

제902조 (ㅈㅊㄴ - 지친) : 피성년후견인의 협의상 파양
연상기억 피성년후견인이 협의상 지친 모습으로 파양하다.

 **글자공식에 의한 민법 조문 연상 암기법**

피성년후견인인 양부모는 성년후견인의 동의를 받아 파양을 협의할 수 있다.
[전문개정 2012.2.10.]

제903조 (ㅈㅊㄷ - 지치다) : 파양 신고의 심사

파양신고의 심사로 **지치다**.

제898조, 제902조, 그 밖의 법령을 위반하지 아니한 파양 신고는 수리하여야 한다.
[전문개정 2012.2.10.]

제904조 (ㅈㅊㄹ - 제철) : 준용규정

제철소에서 준용규정으로 안대, 위생을 점검하다.

사기 또는 강박으로 인한 파양 취소 청구권의 소멸에 관하여는 제823조를 준용하고, 협의상 파양의 성립에 관하여는 제878조를 준용한다.
[전문개정 2012.2.10.]

제2항 재판상 파양 〈개정 2012.2.10.〉

제905조 (ㅈㅊㅁ - 지침) : 재판상 파양의 원인

재판상 파양원인의 **지침**을 세우다.

양부모, 양자 또는 제906조에 따른 청구권자는 다음 각 호의 어느 하나에 해당하는 경우에는 가정법원에 파양을 청구할 수 있다.
1. 양부모가 양자를 학대 또는 유기하거나 그 밖에 양자의 복리를 현저히 해친 경우
2. 양부모가 양자로부터 심히 부당한 대우를 받은 경우
3. 양부모나 양자의 생사가 3년 이상 분명하지 아니한 경우
4. 그 밖에 양친자관계를 계속하기 어려운 중대한 사유가 있는 경우
[전문개정 2012.2.10.]

제906조 (ㅈㅊㅂ - 재첩) : 파양 청구권자

파양 청구권자가 **재첩**국 먹고 파양을 청구하다.

① 양자가 13세 미만인 경우에는 제869조제2항에 따른 승낙을 한 사람이 양자를 갈음하여 파양을 청구할 수 있다. 다만, 파양을 청구할 수 있는 사람이 없는 경우에는 제777조에 따른 양자의 친족이나 이해관계인이 가정법원의 허가를 받아 파양을 청구할 수 있다.
② 양자가 13세 이상의 미성년자인 경우에는 제870조제1항에 따른 동의를 한 부모의 동의를 받아 파양을 청구할 수 있다. 다만, 부모가 사망하거나 그 밖의 사유로 동의할 수 없는 경우에는 동의 없이 파양을 청구할 수 있다.
③ 양부모나 양자가 피성년후견인인 경우에는 성년후견인의 동의를 받아 파양을 청구할 수 있다.
④ 검사는 미성년자나 피성년후견인인 양자를 위하여 파양을 청구할 수 있다.
[전문개정 2012.2.10.]

글자공식에 의한 민법 조문 연상 암기법

제907조 (ㅈㅊㅅ – 자칫) : 파양 청구권의 소멸
> 자칫하면 파양 청구권을 잃을 뻔 했다.

파양 청구권자는 제905조제1호 · 제2호 · 제4호의 사유가 있음을 안 날부터 6개월, 그 사유가 있었던 날부터 3년이 지나면 파양을 청구할 수 없다.
[전문개정 2012.2.10.]

제908조 (ㅈㅊㅇ – 제청) : 준용규정
> 우체부가 준용규정으로 제청하다.

재판상 파양에 따른 손해배상책임에 관하여는 제806조를 준용한다. [전문개정 2012.2.10.]

제4관 친양자 〈신설 2005.3.31.〉

제908조의2 (ㅈㅊㅇ – 제청) : 친양자 입양의 요건 등
> 제청으로 친양자 입양의 요건을 갖추다.

① 친양자(親養子)를 입양하려는 사람은 다음 각 호의 요건을 갖추어 가정법원에 친양자 입양을 청구하여야 한다.
1. 3년 이상 혼인 중인 부부로서 공동으로 입양할 것. 다만, 1년 이상 혼인 중인 부부의 한쪽이 그 배우자의 친생자를 친양자로 하는 경우에는 그러하지 아니하다.
2. 친양자가 될 사람이 미성년자일 것
3. 친양자가 될 사람의 친생부모가 친양자 입양에 동의할 것. 다만, 부모가 친권상실의 선고를 받거나 소재를 알 수 없거나 그 밖의 사유로 동의할 수 없는 경우에는 그러하지 아니하다.
4. 친양자가 될 사람이 13세 이상인 경우에는 법정대리인의 동의를 받아 입양을 승낙할 것
5. 친양자가 될 사람이 13세 미만인 경우에는 법정대리인이 그를 갈음하여 입양을 승낙할 것

② 가정법원은 다음 각 호의 어느 하나에 해당하는 경우에는 제1항제3호 · 제4호에 따른 동의 또는 같은 항 제5호에 따른 승낙이 없어도 제1항의 청구를 인용할 수 있다. 이 경우 가정법원은 동의권자 또는 승낙권자를 심문하여야 한다.
1. 법정대리인이 정당한 이유 없이 동의 또는 승낙을 거부하는 경우. 다만, 법정대리인이 친권자인 경우에는 제2호 또는 제3호의 사유가 있어야 한다.
2. 친생부모가 자신에게 책임이 있는 사유로 3년 이상 자녀에 대한 부양의무를 이행하지 아니하고 면접교섭을 하지 아니한 경우
3. 친생부모가 자녀를 학대 또는 유기하거나 그 밖에 자녀의 복리를 현저히 해친 경우

③ 가정법원은 친양자가 될 사람의 복리를 위하여 그 양육상황, 친양자 입양의 동기, 양부모의 양육능력, 그 밖의 사정을 고려하여 친양자 입양이 적당하지 아니하다고 인정하는 경우에는 제1항의 청구를 기각할 수 있다.
[전문개정 2012.2.10.]

제908조의3 (ㅈㅊㅇ – 제청) : 친양자 입양의 효력
> 제청으로 친양자 입양의 효력이 생기다.

① 친양자는 부부의 혼인중 출생자로 본다.
② 친양자의 입양 전의 친족관계는 제908조의2제1항의 청구에 의한 친양자 입양이 확정된 때에 종료한다. 다만, 부부의 일방이 그 배우자의 친생자를 단독으로 입양한 경우에 있어서의 배우자 및 그 친족

 # 글자공식에 의한 민법 조문 연상 암기법

과 친생자간의 친족관계는 그러하지 아니하다.
[본조신설 2005.3.31.]

제908조의4 (ㅈㅊㅇ - 제청) : 친양자 입양의 취소 등
제청으로 친양자 입양이 취소되다.
① 친양자로 될 사람의 친생(親生)의 아버지 또는 어머니는 자신에게 책임이 없는 사유로 인하여 제908조의2제1항제3호 단서에 따른 동의를 할 수 없었던 경우에 친양자 입양의 사실을 안 날부터 6개월 안에 가정법원에 친양자 입양의 취소를 청구할 수 있다.
② 친양자 입양에 관하여는 제883조, 제884조를 적용하지 아니한다.
[전문개정 2012.2.10.]

제908조의5 (ㅈㅊㅇ - 제청) : 친양자의 파양
제청으로 친양자가 파양되다.
① 양친, 친양자, 친생의 부 또는 모나 검사는 다음 각호의 어느 하나의 사유가 있는 경우에는 가정법원에 친양자의 파양(罷養)을 청구할 수 있다.
1. 양친이 친양자를 학대 또는 유기(遺棄)하거나 그 밖에 친양자의 복리를 현저히 해하는 때
2. 친양자의 양친에 대한 패륜(悖倫)행위로 인하여 친양자관계를 유지시킬 수 없게된 때
② 제898조 및 제905조의 규정은 친양자의 파양에 관하여 이를 적용하지 아니한다.
[본조신설 2005.3.31.]

제908조의6 (ㅈㅊㅇ - 제청) : 준용규정
제청으로 준용규정으로 되다.
제908조의2제3항은 친양자 입양의 취소 또는 제908조의5제1항제2호에 따른 파양의 청구에 관하여 이를 준용한다.〈개정 2012.2.10.〉
[본조신설 2005.3.31.]

제908조의7 (ㅈㅊㅇ - 제청) : 친양자 입양의 취소·파양의 효력
제청으로 친양자 입양취소가 되다.
① 친양자 입양이 취소되거나 파양된 때에는 친양자관계는 소멸하고 입양 전의 친족관계는 부활한다.
② 제1항의 경우에 친양자 입양의 취소의 효력은 소급하지 아니한다.
[본조신설 2005.3.31.]

제908조의8 (ㅈㅊㅇ - 제청) : 준용규정
제청으로 준용규정으로 되다.
친양자에 관하여 이 관에 특별한 규정이 있는 경우를 제외하고는 그 성질에 반하지 아니하는 범위 안에서 양자에 관한 규정을 준용한다.
[본조신설 2005.3.31.]

글자공식에 의한 민법 조문 연상 암기법

[제3절 친권]
제1관 총칙
제909조 (ㅈㅊㅈ – 제 처자) : 친권자
 제 처자가 친권자에 들다.

① 부모는 미성년자인 자의 친권자가 된다. 양자의 경우에는 양부모(養父母)가 친권자가 된다. 〈개정 2005.3.31.〉
② 친권은 부모가 혼인중인 때에는 부모가 공동으로 이를 행사한다. 그러나 부모의 의견이 일치하지 아니하는 경우에는 당사자의 청구에 의하여 가정법원이 이를 정한다.
③ 부모의 일방이 친권을 행사할 수 없을 때에는 다른 일방이 이를 행사한다.
④ 혼인외의 자가 인지된 경우와 부모가 이혼하는 경우에는 부모의 협의로 친권자를 정하여야 하고, 협의할 수 없거나 협의가 이루어지지 아니하는 경우에는 가정법원은 직권으로 또는 당사자의 청구에 따라 친권자를 지정하여야 한다. 다만, 부모의 협의가 자(子)의 복리에 반하는 경우에는 가정법원은 보정을 명하거나 직권으로 친권자를 정한다. 〈개정 2005.3.31., 2007.12.21.〉
⑤ 가정법원은 혼인의 취소, 재판상 이혼 또는 인지청구의 소의 경우에는 직권으로 친권자를 정한다. 〈개정 2005.3.31.〉
⑥ 가정법원은 자의 복리를 위하여 필요하다고 인정되는 경우에는 자의 4촌 이내의 친족의 청구에 의하여 정하여진 친권자를 다른 일방으로 변경할 수 있다. 〈신설 2005.3.31.〉
[전문개정 1990.1.13.]

제909조의2 (ㅈㅊㅈ – 제 처자) : 친권자의 지정 등
제 처자가 친권자를 지정하다.

① 제909조제4항부터 제6항까지의 규정에 따라 단독 친권자로 정하여진 부모의 일방이 사망한 경우 생존하는 부 또는 모, 미성년자, 미성년자의 친족은 그 사실을 안 날부터 1개월, 사망한 날부터 6개월 내에 가정법원에 생존하는 부 또는 모를 친권자로 지정할 것을 청구할 수 있다.
② 입양이 취소되거나 파양된 경우 또는 양부모가 모두 사망한 경우 친생부모 일방 또는 쌍방, 미성년자, 미성년자의 친족은 그 사실을 안 날부터 1개월, 입양이 취소되거나 파양된 날 또는 양부모가 모두 사망한 날부터 6개월 내에 가정법원에 친생부모 일방 또는 쌍방을 친권자로 지정할 것을 청구할 수 있다. 다만, 친양자의 양부모가 사망한 경우에는 그러하지 아니하다.
③ 제1항 또는 제2항의 기간 내에 친권자 지정의 청구가 없을 때에는 가정법원은 직권으로 또는 미성년자, 미성년자의 친족, 이해관계인, 검사, 지방자치단체의 장의 청구에 의하여 미성년후견인을 선임할 수 있다. 이 경우 생존하는 부 또는 모, 친생부모 일방 또는 쌍방의 소재를 모르거나 그가 정당한 사유 없이 소환에 응하지 아니하는 경우를 제외하고 그에게 의견을 진술할 기회를 주어야 한다.
④ 가정법원은 제1항 또는 제2항에 따른 친권자 지정 청구나 제3항에 따른 후견인 선임 청구가 생존하는 부 또는 모, 친생부모 일방 또는 쌍방의 양육의사 및 양육능력, 청구 동기, 미성년자의 의사, 그 밖의 사정을 고려하여 미성년자의 복리를 위하여 적절하지 아니하다고 인정하면 청구를 기각할 수 있다. 이 경우 가정법원은 직권으로 미성년후견인을 선임하거나 생존하는 부 또는 모, 친생부모 일방 또는 쌍방을 친권자로 지정하여야 한다.
⑤ 가정법원은 다음 각 호의 어느 하나에 해당하는 경우에 직권으로 또는 미성년자, 미성년자의 친족, 이해관계인, 검사, 지방자치단체의 장의 청구에 의하여 제1항부터 제4항까지의 규정에 따라 친권자가 지정되거나 미성년후견인이 선임될 때까지 그 임무를 대행할 사람을 선임할 수 있다. 이 경우 그 임무를 대행할 사람에 대하여는 제25조 및 제954조를 준용한다.

글자공식에 의한 민법 조문 연상 암기법

1. 단독 친권자가 사망한 경우
2. 입양이 취소되거나 파양된 경우
3. 양부모가 모두 사망한 경우

⑥ 가정법원은 제3항 또는 제4항에 따라 미성년후견인이 선임된 경우라도 미성년후견인 선임 후 양육 상황이나 양육능력의 변동, 미성년자의 의사, 그 밖의 사정을 고려하여 미성년자의 복리를 위하여 필요하면 생존하는 부 또는 모, 친생부모 일방 또는 쌍방, 미성년자의 청구에 의하여 후견을 종료하고 생존하는 부 또는 모, 친생부모 일방 또는 쌍방을 친권자로 지정할 수 있다.
[본조신설 2011.5.19.]

제910조 (ㅈㄱㅊ - 족치다) : 자의 친권의 대행

● 자의 친권자 대행 노릇을 하도록 **족치**다.

친권자는 그 친권에 따르는 자에 갈음하여 그 자에 대한 친권을 행사한다. 〈개정 2005.3.31.〉

제911조 (ㅈㄱㄱ - 지각) : 미성년자인 자의 법정대리인

● 자가 법정대리인으로 **지각**을 하다.

친권을 행사하는 부 또는 모는 미성년자인 자의 법정대리인이 된다.

제912조 (ㅈㄱㄴ - 주관) : 친권 행사와 친권자 지정의 기준

● 친권 행사자의 기준적 **주관**을 갖자.

① 친권을 행사함에 있어서는 자의 복리를 우선적으로 고려하여야 한다. 〈개정 2011.5.19.〉
② 가정법원이 친권자를 지정함에 있어서는 자(子)의 복리를 우선적으로 고려하여야 한다. 이를 위하여 가정법원은 관련 분야의 전문가나 사회복지기관으로부터 자문을 받을 수 있다. 〈신설 2011.5.19.〉
[본조신설 2005.3.31.]
[제목개정 2011.5.19.]

제2관 친권의 효력

제913조 (ㅈㄱㄷ - 죽도) : 보호, 교양의 권리의무

● **죽도**에서 보호, 교양의 권리의무를 지다.

친권자는 자를 보호하고 교양할 권리의무가 있다.

제914조 (ㅈㄱㄹ - 자갈) : 거소지정권

● **자갈**밭에서 거소지정권을 주다.

자는 친권자의 지정한 장소에 거주하여야 한다.

제915조 (ㅈㄱㅁ - 자금) : 징계권

● 징계권 행사를 위해 **자금**이 필요하다.

글자공식에 의한 민법 조문 연상 암기법

친권자는 그 자를 보호 또는 교양하기 위하여 필요한 징계를 할 수 있고 법원의 허가를 얻어 감화 또는 교정기관에 위탁할 수 있다.

제916조 (ㅈㄱㅂ - 지갑) : 자의 특유재산과 그 관리
🔖 지갑 속에 특유재산과 그 관리를 맡기다.

자가 자기의 명의로 취득한 재산은 그 특유재산으로 하고 법정대리인인 친권자가 이를 관리한다.

제917조 (ㅈㄱㅅ - 적수) : 삭제 〈1990.1.13.〉
🔖 적수가 사라지다.

제918조 (ㅈㄱㅇ - 제공) : 제삼자가 무상으로 자에게 수여한 재산의 관리
🔖 제삼자가 무상으로 제공하고 자에게 수여한 재산이 있다.

① 무상으로 자에게 재산을 수여한 제삼자가 친권자의 관리에 반대하는 의사를 표시한 때에는 친권자는 그 재산을 관리하지 못한다.
② 전항의 경우에 제삼자가 그 재산관리인을 지정하지 아니한 때에는 법원은 재산의 수여를 받은 자 또는 제777조의 규정에 의한 친족의 청구에 의하여 관리인을 선임한다.
③ 제삼자의 지정한 관리인의 권한이 소멸하거나 관리인을 개임할 필요있는 경우에 제삼자가 다시 관리인을 지정하지 아니한 때에도 전항과 같다.
④ 제24조제1항, 제2항, 제4항, 제25조 전단 및 제26조제1항, 제2항의 규정은 전2항의 경우에 준용한다.

제919조 (ㅈㄱㅈ - 죽자) : 위임에 관한 규정의 준용
🔖 보자기를 보전하기 위하여 위임하고 죽자.

제691조, 제692조의 규정은 전3조의 재산관리에 준용한다.

제920조 (ㅈㄴㅊ - 잔치) : 자의 재산에 관한 친권자의 대리권
🔖 잔치날 자의 재산을 친권자에게 대리한다.

법정대리인인 친권자는 자의 재산에 관한 법률행위에 대하여 그 자를 대리한다. 그러나 그 자의 행위를 목적으로 하는 채무를 부담할 경우에는 본인의 동의를 얻어야 한다.

제920조의2 (ㅈㄴㅊ - 잔치) : 공동친권자의 일방이 공동명의로 한 행위의 효력
🔖 친권자의 대리로 잔치를 열어 재산을 낭비하다.

부모가 공동으로 친권을 행사하는 경우 부모의 일방이 공동명의로 자를 대리하거나 자의 법률행위에 동의한 때에는 다른 일방의 의사에 반하는 때에도 그 효력이 있다. 그러나 상대방이 악의인 때에는 그러하지 아니한다.
[본조신설 1990.1.13.]

 **글자공식에 의한 민법 조문 연상 암기법**

제921조 (ㅈㄴㄱ - 전기) : 친권자와 그 자간 또는 수인의 자간의 이해상반행위
- 자간의 이해상반행위를 전기로 삼다.
  ① 법정대리인인 친권자와 그 자사이에 이해상반되는 행위를 함에는 친권자는 법원에 그 자의 특별대리인의 선임을 청구하여야 한다.
  ② 법정대리인인 친권자가 그 친권에 따르는 수인의 자 사이에 이해상반되는 행위를 함에는 법원에 그 자 일방의 특별대리인의 선임을 청구하여야 한다. 〈개정 2005.3.31.〉

제922조 (ㅈㄴㄴ - 재난) : 친권자의 주의의무
- 친권자의 주의로 재난을 피하다.
  친권자가 그 자에 대한 법률행위의 대리권 또는 재산관리권을 행사함에는 자기의 재산에 관한 행위와 동일한 주의를 하여야 한다.

제922조의2 (ㅈㄴㄴ - 재난) : 친권자의 동의를 갈음하는 재판
- 재난으로 인한 중대한 손해로 친권자의 동의를 갈음하는 재판을 한다.
  가정법원은 친권자의 동의가 필요한 행위에 대하여 친권자가 정당한 이유 없이 동의하지 아니함으로써 자녀의 생명, 신체 또는 재산에 중대한 손해가 발생할 위험이 있는 경우에는 자녀, 자녀의 친족, 검사 또는 지방자치단체의 장의 청구에 의하여 친권자의 동의를 갈음하는 재판을 할 수 있다.
  [본조신설 2014.10.15.]

제923조 (ㅈㄴㄷ - 잔디) : 재산관리의 계산
- 잔디 위에서 재산관리 계산을 하다.
  ① 법정대리인인 친권자의 권한이 소멸한 때에는 그 자의 재산에 대한 관리의 계산을 하여야 한다.
  ② 전항의 경우에 그 자의 재산으로부터 수취한 과실은 그 자의 양육, 재산관리의 비용과 상계한 것으로 본다. 그러나 무상으로 자에게 재산을 수여한 제삼자가 반대의 의사를 표시한 때에는 그 재산에 관하여는 그러하지 아니하다.

제3관 친권의 상실 일시 정지 및 일부 제한 〈개정 2014.10.15.〉

제924조 (ㅈㄴㄹ - 전해) : 친권의 상실 또는 일시 정지의 선고
- 친권상실과 일시 정지 선고를 전해 듣다.
  ① 가정법원은 부 또는 모가 친권을 남용하여 자녀의 복리를 현저히 해치거나 해칠 우려가 있는 경우에는 자녀, 자녀의 친족, 검사 또는 지방자치단체의 장의 청구에 의하여 그 친권의 상실 또는 일시 정지를 선고할 수 있다.
  ② 가정법원은 친권의 일시 정지를 선고할 때에는 자녀의 상태, 양육상황, 그 밖의 사정을 고려하여 그 기간을 정하여야 한다. 이 경우 그 기간은 2년을 넘을 수 없다.
  ③ 가정법원은 자녀의 복리를 위하여 친권의 일시 정지 기간의 연장이 필요하다고 인정하는 경우에는 자녀, 자녀의 친족, 검사, 지방자치단체의 장, 미성년후견인 또는 미성년후견감독인의 청구에 의하여 2년의 범위에서 그 기간을 한 차례만 연장할 수 있다.
  [전문개정 2014.10.15.]

글자공식에 의한 민법 조문 연상 암기법

제924조의2 (ㅈㄴㄹ - 전해) : 친권의 일부 제한의 선고
친권자의 일부 제한 선고를 전해라.

가정법원은 거소의 지정이나 징계, 그 밖의 신상에 관한 결정 등 특정한 사항에 관하여 친권자가 친권을 행사하는 것이 곤란하거나 부적당한 사유가 있어 자녀의 복리를 해치거나 해칠 우려가 있는 경우에는 자녀, 자녀의 친족, 검사 또는 지방자치단체의 장의 청구에 의하여 구체적인 범위를 정하여 친권의 일부 제한을 선고할 수 있다.
[본조신설 2014.10.15.]

제925조 (ㅈㄴㅁ - 주남) : 대리권, 재산관리권 상실의 선고
주남저수지에서 대리권, 관리권 상실을 선고하다.

가정법원은 법정대리인인 친권자가 부적당한 관리로 인하여 자녀의 재산을 위태롭게 한 경우에는 자녀의 친족, 검사 또는 지방자치단체의 장의 청구에 의하여 그 법률행위의 대리권과 재산관리권의 상실을 선고할 수 있다. 〈개정 2014.10.15.〉
[전문개정 2012.2.10.]

제925조의2 (ㅈㄴㅁ - 주남) : 친권 상실 선고 등의 판단 기준
주남저수지에서 친권 상실 선고를 받다.

① 제924조에 따른 친권 상실의 선고는 같은 조에 따른 친권의 일시 정지, 제924조의2에 따른 친권의 일부 제한, 제925조에 따른 대리권·재산관리권의 상실 선고 또는 그 밖의 다른 조치에 의해서는 자녀의 복리를 충분히 보호할 수 없는 경우에만 할 수 있다.
② 제924조에 따른 친권의 일시 정지, 제924조의2에 따른 친권의 일부 제한 또는 제925조에 따른 대리권·재산관리권의 상실 선고는 제922조의2에 따른 동의를 갈음하는 재판 또는 그 밖의 다른 조치에 의해서는 자녀의 복리를 충분히 보호할 수 없는 경우에만 할 수 있다.
[본조신설 2014.10.15.]

제925조의3 (ㅈㄴㅁ - 주남) : 부모의 권리와 의무
주남저수지에서 부모의 권리 의무를 다하다.

제924조와 제924조의2, 제925조에 따라 친권의 상실, 일시 정지, 일부 제한 또는 대리권과 재산관리권의 상실이 선고된 경우에도 부모의 자녀에 대한 그 밖의 권리와 의무는 변경되지 아니한다.
[본조신설 2014.10.15.]

제926조 (ㅈㄴㅂ - 준비) : 실권 회복의 선고
실권 회복의 선고를 위해 준비를 하다.

가정법원은 제924조, 제924조의2 또는 제925조에 따른 선고의 원인이 소멸된 경우에는 본인, 자녀, 자녀의 친족, 검사 또는 지방자치단체의 장의 청구에 의하여 실권(失權)의 회복을 선고할 수 있다.
[전문개정 2014.10.15.]

글자공식에 의한 민법 조문 연상 암기법

제927조 (ㅈㄴㅅ - 잔소리) : 대리권, 관리권의 사퇴와 회복

대관 사퇴의 잔소리를 회복하여 듣다.

① 법정대리인인 친권자는 정당한 사유가 있는 때에는 법원의 허가를 얻어 그 법률행위의 대리권과 재산관리권을 사퇴할 수 있다.
② 전항의 사유가 소멸한 때에는 그 친권자는 법원의 허가를 얻어 사퇴한 권리를 회복할 수 있다.

제927조의2 (ㅈㄴㅅ - 잔소리) : 친권의 상실, 일시 정지 또는 일부 제한과 친권자의 지정 등

잔소리로 인하여 친권의 상실 일시 정지되다.

① 제909조제4항부터 제6항까지의 규정에 따라 단독 친권자가 된 부 또는 모, 양부모(친양자의 양부모를 제외한다) 쌍방에게 다음 각 호의 어느 하나에 해당하는 사유가 있는 경우에는 제909조의2제1항 및 제3항부터 제5항까지의 규정을 준용한다. 다만, 제1호의3·제2호 및 제3호의 경우 새로 정하여진 친권자 또는 미성년후견인의 임무는 제한된 친권의 범위에 속하는 행위에 한정된다. 〈개정 2014.10.15.〉
1. 제924조에 따른 친권상실의 선고가 있는 경우
1의2. 제924조에 따른 친권 일시 정지의 선고가 있는 경우
1의3. 제924조의2에 따른 친권 일부 제한의 선고가 있는 경우
2. 제925조에 따른 대리권과 재산관리권 상실의 선고가 있는 경우
3. 제927조제1항에 따라 대리권과 재산관리권을 사퇴한 경우
4. 소재불명 등 친권을 행사할 수 없는 중대한 사유가 있는 경우
② 가정법원은 제1항에 따라 친권자가 지정되거나 미성년후견인이 선임된 후 단독 친권자이었던 부 또는 모, 양부모 일방 또는 쌍방에게 다음 각 호의 어느 하나에 해당하는 사유가 있는 경우에는 그 부모 일방 또는 쌍방, 미성년자, 미성년자의 친족의 청구에 의하여 친권자를 새로 지정할 수 있다.
1. 제926조에 따라 실권의 회복이 선고된 경우
2. 제927조제2항에 따라 사퇴한 권리를 회복한 경우
3. 소재불명이던 부 또는 모가 발견되는 등 친권을 행사할 수 있게 된 경우
[본조신설 2011.5.19.]
[제목개정 2014.10.15.]

제5장 후견

[제1절 미성년후견과 성년후견] 〈개정 2011.3.7.〉

제1관 후견인 〈신설 2011.3.7.〉

제928조 (ㅈㄴㅇ - 지능) : 미성년자에 대한 후견의 개시

미성년자의 지능이 모자라 후견을 개시하다.

미성년자에게 친권자가 없거나 친권자가 제924조, 제924조의2, 제925조 또는 제927조제1항에 따라 친권의 전부 또는 일부를 행사할 수 없는 경우에는 미성년후견인을 두어야 한다. 〈개정 2014.10.15.〉
[전문개정 2011.3.7.]

글자공식에 의한 민법 조문 연상 암기법

제929조 (ㅈㄴㅅ - 전 재산) : 성년후견심판에 의한 후견의 개시
- 전 재산의 탕진을 막기 위해 성년후견심판에 후견을 개시하다.

  가정법원의 성년후견개시심판이 있는 경우에는 그 심판을 받은 사람의 성년후견인을 두어야 한다.
  [전문개정 2011.3.7.]

제930조 (ㅈㄷㅊ - 지도차원) : 후견인의 수와 자격
- 지도차원에서 후견의 수를 늘리다.
  ① 미성년후견인의 수(數)는 한 명으로 한다.
  ② 성년후견인은 피성년후견인의 신상과 재산에 관한 모든 사정을 고려하여 여러 명을 둘 수 있다.
  ③ 법인도 성년후견인이 될 수 있다.
  [전문개정 2011.3.7.]

제931조 (ㅈㄷㄱ - 주독) : 유언에 의한 미성년후견인의 지정 등
- 주독으로 유언에 의한 미성년후견인의 지정
  ① 미성년자에게 친권을 행사하는 부모는 유언으로 미성년후견인을 지정할 수 있다. 다만, 법률행위의 대리권과 재산관리권이 없는 친권자는 그러하지 아니하다.
  ② 가정법원은 제1항에 따라 미성년후견인이 지정된 경우라도 미성년자의 복리를 위하여 필요하면 생존하는 부 또는 모, 미성년자의 청구에 의하여 후견을 종료하고 생존하는 부 또는 모를 친권자로 지정할 수 있다.
  [전문개정 2011.5.19.]

제932조 (ㅈㄷㄴ - 재단) : 미성년후견인의 선임
- 재단에서 미성년자의 후견인 순위를 정하다.
  ① 가정법원은 제931조에 따라 지정된 미성년후견인이 없는 경우에는 직권으로 또는 미성년자, 친족, 이해관계인, 검사, 지방자치단체의 장의 청구에 의하여 미성년후견인을 선임한다. 미성년후견인이 없게 된 경우에도 또한 같다.
  ② 가정법원은 제924조, 제924조의2 및 제925조에 따른 친권의 상실, 일시 정지, 일부 제한의 선고 또는 법률행위의 대리권이나 재산관리권 상실의 선고에 따라 미성년후견인을 선임할 필요가 있는 경우에는 직권으로 미성년후견인을 선임한다. 〈개정 2014.10.15.〉
  ③ 친권자가 대리권 및 재산관리권을 사퇴한 경우에는 지체 없이 가정법원에 미성년후견인의 선임을 청구하여야 한다.
  [전문개정 2011.3.7.]

제933조 (ㅈㄷㄷ - 쪼다도) : 금치산 등의 후견인의 순위 - 삭제 〈2011.3.7.〉
- 쪼다도 삭제되다.

제934조 (ㅈㄷㄹ - 쪼들려) : 기혼자의 후견인의 순위 - 삭제 〈2011.3.7.〉
- 기혼자도 쪼들려 삭제되다.

 **글자공식에 의한 민법 조문 연상 암기법**

제935조 (ㅈㄷㅁ - 재담) : 후견인의 순위 - 삭제 〈2011.3.7.〉
재담이 능하여 삭제되다.

제936조 (ㅈㄷㅂ - 제답) : 성년후견인의 선임
성년후견인의 선임 순위가 모두 **제답**이다.
① 제929조에 따른 성년후견인은 가정법원이 직권으로 선임한다.
② 가정법원은 성년후견인이 사망, 결격, 그 밖의 사유로 없게 된 경우에도 직권으로 또는 피성년후견인, 친족, 이해관계인, 검사, 지방자치단체의 장의 청구에 의하여 성년후견인을 선임한다.
③ 가정법원은 성년후견인이 선임된 경우에도 필요하다고 인정하면 직권으로 또는 제2항의 청구권자나 성년후견인의 청구에 의하여 추가로 성년후견인을 선임할 수 있다.
④ 가정법원이 성년후견인을 선임할 때에는 피성년후견인의 의사를 존중하여야 하며, 그 밖에 피성년후견인의 건강, 생활관계, 재산상황, 성년후견인이 될 사람의 직업과 경험, 피성년후견인과의 이해관계의 유무(법인이 성년후견인이 될 때에는 사업의 종류와 내용, 법인이나 그 대표자와 피성년후견인 사이의 이해관계의 유무를 말한다) 등의 사정도 고려하여야 한다.
[전문개정 2011.3.7.]

제937조 (ㅈㄷㅅ - 제 뜻) : 후견인의 결격사유
제 뜻을 못살려 후견인의 결격사유에 해당되다.
다음 각 호의 어느 하나에 해당하는 자는 후견인이 되지 못한다.
1. 미성년자
2. 피성년후견인, 피한정후견인, 피특정후견인, 피임의후견인
3. 회생절차개시결정 또는 파산선고를 받은 자
4. 자격정지 이상의 형의 선고를 받고 그 형기(刑期) 중에 있는 사람
5. 법원에서 해임된 법정대리인
6. 법원에서 해임된 성년후견인, 한정후견인, 특정후견인, 임의후견인과 그 감독인
7. 행방이 불분명한 사람
8. 피후견인을 상대로 소송을 하였거나 하고 있는 자 또는 그 배우자와 직계혈족
[전문개정 2011.3.7.]

제938조 (ㅈㄷㅇ - 주동) : 후견인의 대리권 등
후견인의 대리권으로 **주동**이 되다.
① 후견인은 피후견인의 법정대리인이 된다.
② 가정법원은 성년후견인이 제1항에 따라 가지는 법정대리권의 범위를 정할 수 있다.
③ 가정법원은 성년후견인이 피성년후견인의 신상에 관하여 결정할 수 있는 권한의 범위를 정할 수 있다.
④ 제2항 및 제3항에 따른 법정대리인의 권한의 범위가 적절하지 아니하게 된 경우에 가정법원은 본인, 배우자, 4촌 이내의 친족, 성년후견인, 성년후견감독인, 검사 또는 지방자치단체의 장의 청구에 의하여 그 범위를 변경할 수 있다.
[전문개정 2011.3.7.]

# 글자공식에 의한 민법 조문 연상 암기법

제939조 (ㅅㄷㅅ - 지도자) : 후견인의 사임
사임을 하여 후견인다운 **지도자**가 되다.
> 후견인은 정당한 사유가 있는 경우에는 가정법원의 허가를 받아 사임할 수 있다. 이 경우 그 후견인은 사임청구와 동시에 가정법원에 새로운 후견인의 선임을 청구하여야 한다.
> [전문개정 2011.3.7.]

제940조 (ㅈㄹㅊ - 절차) : 후견인의 변경
절차를 걸쳐 후견인을 변경하다.
> 가정법원은 피후견인의 복리를 위하여 후견인을 변경할 필요가 있다고 인정하면 직권으로 또는 피후견인, 친족, 후견감독인, 검사, 지방자치단체의 장의 청구에 의하여 후견인을 변경할 수 있다.
> [전문개정 2011.3.7.]

제2관 후견감독인 〈신설 2011.3.7.〉

제940조의2 (ㅈㄹㅊ - 절차) : 미성년후견감독인의 지정
절차를 밟아 미성년후견감독인을 지정하다.
> 미성년후견인을 지정할 수 있는 사람은 유언으로 미성년후견감독인을 지정할 수 있다.
> [본조신설 2011.3.7.]

제940조의3 (ㅈㄹㅊ - 절차) : 미성년후견감독인의 선임
절차를 밟아 미성년후견감독인을 선임하다.
> ① 가정법원은 제940조의2에 따라 지정된 미성년후견감독인이 없는 경우에 필요하다고 인정하면 직권으로 또는 미성년자, 친족, 미성년후견인, 검사, 지방자치단체의 장의 청구에 의하여 미성년후견감독인을 선임할 수 있다.
> ② 가정법원은 미성년후견감독인이 사망, 결격, 그 밖의 사유로 없게 된 경우에는 직권으로 또는 미성년자, 친족, 미성년후견인, 검사, 지방자치단체의 장의 청구에 의하여 미성년후견감독인을 선임한다.
> [본조신설 2011.3.7.]

제940조의4 (ㅈㄹㅊ - 절차) : 성년후견감독인의 선임
절차를 밟아 성년후견감독인을 선임하다.
> ① 가정법원은 필요하다고 인정하면 직권으로 또는 피성년후견인, 친족, 성년후견인, 검사, 지방자치단체의 장의 청구에 의하여 성년후견감독인을 선임할 수 있다.
> ② 가정법원은 성년후견감독인이 사망, 결격, 그 밖의 사유로 없게 된 경우에는 직권으로 또는 피성년후견인, 친족, 성년후견인, 검사, 지방자치단체의 장의 청구에 의하여 성년후견감독인을 선임한다.
> [본조신설 2011.3.7.]

제940조의5 (ㅈㄹㅊ - 절차) : 후견감독인의 결격사유
절차에 따라 가족은 후견감독인이 될 수 없다.
> 제779조에 따른 후견인의 가족은 후견감독인이 될 수 없다.
> [본조신설 2011.3.7.]

글자공식에 의한 민법 조문 연상 암기법

제940조의6 (ㅈㄹㅊ - 절차) : 후견감독인의 직무
절차에 맞게 후견인의 사무를 감독하다.
① 후견감독인은 후견인의 사무를 감독하며, 후견인이 없는 경우 지체 없이 가정법원에 후견인의 선임을 청구하여야 한다.
② 후견감독인은 피후견인의 신상이나 재산에 대하여 급박한 사정이 있는 경우 그의 보호를 위하여 필요한 행위 또는 처분을 할 수 있다.
③ 후견인과 피후견인 사이에 이해가 상반되는 행위에 관하여는 후견감독인이 피후견인을 대리한다.
[본조신설 2011.3.7.]

제940조의7 (ㅈㄹㅊ - 절차) : 위임 및 후견인 규정의 준용
절차에 따라 위임 후견인 규정을 준용한다.
후견감독인에 대하여는 제681조, 제691조, 제692조, 제930조제2항·제3항, 제936조제3항·제4항, 제937조, 제939조, 제940조, 제947조의2제3항부터 제5항까지, 제949조의2, 제955조 및 제955조의2를 준용한다.
[본조신설 2011.3.7.]

제3관 후견인의 임무 〈신설 2011.3.7.〉

제941조 (ㅈㄹㄱ - 절기) : 재산조사와 목록작성
재산상태 변화를 **절기**에 따라 조사하고 목록을 작성한다.
① 후견인은 지체 없이 피후견인의 재산을 조사하여 2개월 내에 그 목록을 작성하여야 한다. 다만, 정당한 사유가 있는 경우에는 법원의 허가를 받아 그 기간을 연장할 수 있다.
② 후견감독인이 있는 경우 제1항에 따른 재산조사와 목록작성은 후견감독인의 참여가 없으면 효력이 없다.
[전문개정 2011.3.7.]

제942조 (ㅈㄹㄴ - 자란) : 후견인의 채권·채무의 제시
나무처럼 **자란** 후견인의 채권과 빚 채무가 있다.
① 후견인과 피후견인 사이에 채권·채무의 관계가 있고 후견감독인이 있는 경우에는 후견인은 재산목록의 작성을 완료하기 전에 그 내용을 후견감독인에게 제시하여야 한다.
② 후견인이 피후견인에 대한 채권이 있음을 알고도 제1항에 따른 제시를 게을리한 경우에는 그 채권을 포기한 것으로 본다.
[전문개정 2011.3.7.]

제943조 (ㅈㄹㄷ - 절대적) : 목록작성전의 권한
목록작성전의 권한은 **절대**적이다.
후견인은 재산조사와 목록작성을 완료하기까지는 긴급 필요한 경우가 아니면 그 재산에 관한 권한을 행사하지 못한다. 그러나 이로써 선의의 제삼자에게 대항하지 못한다.

글자공식에 의한 민법 조문 연상 암기법

제944조 (ㅈㄹㄹ - 자활) : 피후견인이 취득한 포괄적 재산의 조사 등
🔖 피후견인의 **자활**을 위하여 후견인이 취득한 재산을 조사하다.

전3조의 규정은 후견인의 취임후에 피후견인이 포괄적 재산을 취득한 경우에 준용한다.

제945조 (ㅈㄹㅁ - 주름) : 미성년자의 신분에 관한 후견인의 권리·의무
🔖 미성년자 신분에 관한 고민 때문에 후견인의 이마에 **주름**이 잡히다.

미성년후견인은 제913조부터 제915조까지에 규정한 사항에 관하여는 친권자와 동일한 권리와 의무가 있다. 다만, 다음 각 호의 어느 하나에 해당하는 경우에는 미성년후견감독인이 있으면 그의 동의를 받아야 한다.
1. 친권자가 정한 교육방법, 양육방법 또는 거소를 변경하는 경우
2. 미성년자를 감화기관이나 교정기관에 위탁하는 경우
3. 친권자가 허락한 영업을 취소하거나 제한하는 경우
[전문개정 2011.3.7.]

제946조 (ㅈㄹㅂ - 자립) : 친권 중 일부에 한정된 후견
🔖 피후견인의 **자립**을 위해 친권 중 일부에 한하여 후견한다.

미성년자의 친권자가 제924조의2, 제925조 또는 제927조제1항에 따라 친권 중 일부에 한정하여 행사할 수 없는 경우에 미성년후견인의 임무는 제한된 친권의 범위에 속하는 행위에 한정된다.
[전문개정 2014.10.15.]

제947조 (ㅈㄹㅅ - 주려서) : 피성년후견인의 복리와 의사존중
🔖 피성년후견인의 복리는 먹을 것을 **주려서** 두렵다.

성년후견인은 피성년후견인의 재산관리와 신상보호를 할 때 여러 사정을 고려하여 그의 복리에 부합하는 방법으로 사무를 처리하여야 한다. 이 경우 성년후견인은 피성년후견인의 복리에 반하지 아니하면 피성년후견인의 의사를 존중하여야 한다.
[전문개정 2011.3.7.]

제947조의2 (ㅈㄹㅅ - 주려서) : 피성년후견인의 신상결정 등
🔖 피성년후견인의 신상을 **주려서** 단독으로 결정하다.

① 피성년후견인은 자신의 신상에 관하여 그의 상태가 허락하는 범위에서 단독으로 결정한다.
② 성년후견인이 피성년후견인을 치료 등의 목적으로 정신병원이나 그 밖의 다른 장소에 격리하려는 경우에는 가정법원의 허가를 받아야 한다.
③ 피성년후견인의 신체를 침해하는 의료행위에 대하여 피성년후견인이 동의할 수 없는 경우에는 성년후견인이 그를 대신하여 동의할 수 있다.
④ 제3항의 경우 피성년후견인이 의료행위의 직접적인 결과로 사망하거나 상당한 장애를 입을 위험이 있을 때에는 가정법원의 허가를 받아야 한다. 다만, 허가절차로 의료행위가 지체되어 피성년후견인의 생명에 위험을 초래하거나 심신상의 중대한 장애를 초래할 때에는 사후에 허가를 청구할 수 있다.
⑤ 성년후견인이 피성년후견인을 대리하여 피성년후견인이 거주하고 있는 건물 또는 그 대지에 대하여

 **글자공식에 의한 민법 조문 연상 암기법**

매도, 임대, 전세권 설정, 저당권 설정, 임대차의 해지, 전세권의 소멸, 그 밖에 이에 준하는 행위를 하는 경우에는 가정법원의 허가를 받아야 한다.
[본조신설 2011.3.7.]

제948조 (ㅈㄹㅇ - 자랑) : 미성년자의 친권의 대행
미성년자의 친권의 대행함을 **자랑**스럽게 느낀다.
① 미성년후견인은 미성년자를 갈음하여 미성년자의 자녀에 대한 친권을 행사한다.
② 제1항의 친권행사에는 미성년후견인의 임무에 관한 규정을 준용한다.
[전문개정 2011.3.7.]

제949조 (ㅈㄹㅈ - 졸지) : 재산관리권과 대리권
재산관리권과 대리권을 **졸지**에 상실할 수도 있다.
① 후견인은 피후견인의 재산을 관리하고 그 재산에 관한 법률행위에 대하여 피후견인을 대리한다.
② 제920조 단서의 규정은 전항의 법률행위에 준용한다.

제949조의2 (ㅈㄹㅈ - 졸지) : 성년후견인이 여러 명인 경우 권한의 행사 등
졸지에 성년후견인이 여러 명 생길 수도 있다.
① 가정법원은 직권으로 여러 명의 성년후견인이 공동으로 또는 사무를 분장하여 그 권한을 행사하도록 정할 수 있다.
② 가정법원은 직권으로 제1항에 따른 결정을 변경하거나 취소할 수 있다.
③ 여러 명의 성년후견인이 공동으로 권한을 행사하여야 하는 경우에 어느 성년후견인이 피성년후견인의 이익이 침해될 우려가 있음에도 법률행위의 대리 등 필요한 권한행사에 협력하지 아니할 때에는 가정법원은 피성년후견인, 성년후견인, 후견감독인 또는 이해관계인의 청구에 의하여 그 성년후견인의 의사표시를 갈음하는 재판을 할 수 있다.
[본조신설 2011.3.7.]

제949조의3 (ㅈㄹㅈ - 졸지) : 이해상반행위
졸지에 이해상반행위를 할 수 있다.
후견인에 대하여는 제921조를 준용한다. 다만, 후견감독인이 있는 경우에는 그러하지 아니하다.
[본조신설 2011.3.7.]

제950조 (ㅈㅁㅊ - 점차) : 후견감독인의 동의를 필요로 하는 행위
후견감독인의 동의권을 **점차**적으로 제한한다.
① 후견인이 피후견인을 대리하여 다음 각 호의 어느 하나에 해당하는 행위를 하거나 미성년자의 다음 각 호의 어느 하나에 해당하는 행위에 동의를 할 때는 후견감독인이 있으면 그의 동의를 받아야 한다.
1. 영업에 관한 행위
2. 금전을 빌리는 행위
3. 의무만을 부담하는 행위

글자공식에 의한 민법 조문 연상 암기법

    4. 부동산 또는 중요한 재산에 관한 권리의 득실변경을 목적으로 하는 행위
    5. 소송행위
    6. 상속의 승인, 한정승인 또는 포기 및 상속재산의 분할에 관한 협의
  ② 후견감독인의 동의가 필요한 행위에 대하여 후견감독인이 피후견인의 이익이 침해될 우려가 있음에도 동의를 하지 아니하는 경우에는 가정법원은 후견인의 청구에 의하여 후견감독인의 동의를 갈음하는 허가를 할 수 있다.
  ③ 후견감독인의 동의가 필요한 법률행위를 후견인이 후견감독인의 동의 없이 하였을 때에는 피후견인 또는 후견감독인이 그 행위를 취소할 수 있다.
[전문개정 2011.3.7.]

제951조 (ㅈㅁㄱ - 주먹) : 피후견인의 재산 등의 양수에 대한 취소
연상기억 주먹으로 피후견인 재산에 대한 권리의 양수를 취소하다.
  ① 후견인이 피후견인에 대한 제3자의 권리를 양수(讓受)하는 경우에는 피후견인은 이를 취소할 수 있다.
  ② 제1항에 따른 권리의 양수의 경우 후견감독인이 있으면 후견인은 후견감독인의 동의를 받아야 하고, 후견감독인의 동의가 없는 경우에는 피후견인 또는 후견감독인이 이를 취소할 수 있다.
[전문개정 2011.3.7.]

제952조 (ㅈㅁㄴ - 주민) : 상대방의 추인 여부 최고
연상기억 상대방의 추인 여부 최고를 주민이 정해준다.
  제950조 및 제951조의 경우에는 제15조를 준용한다.
[전문개정 2011.3.7.]

제953조 (ㅈㅁㄷ - 좀 도둑) : 후견감독인의 후견사무의 감독
연상기억 친족회의 좀 도둑을 막기 위해 후견사무를 감독한다.
  후견감독인은 언제든지 후견인에게 그의 임무 수행에 관한 보고와 재산목록의 제출을 요구할 수 있고 피후견인의 재산상황을 조사할 수 있다. [전문개정 2011.3.7.]

제954조 (ㅈㅁㄹ - 주말) : 가정법원의 후견사무에 관한 처분
연상기억 가정법원이 후견사무에 관한 처분을 주말에 내린다.
  가정법원은 직권으로 또는 피후견인, 후견감독인, 제777조에 따른 친족, 그 밖의 이해관계인, 검사, 지방자치단체의 장의 청구에 의하여 피후견인의 재산상황을 조사하고, 후견인에게 재산관리 등 후견임무 수행에 관하여 필요한 처분을 명할 수 있다.
[전문개정 2011.3.7.]

제955조 (ㅈㅁㅁ - 제 몸) : 후견인에 대한 보수
연상기억 후견인의 보수는 제 몸 챙기는 것만큼 받는다.
  법원은 후견인의 청구에 의하여 피후견인의 재산상태 기타 사정을 참작하여 피후견인의 재산 중에서 상당한 보수를 후견인에게 수여할 수 있다.

글자공식에 의한 민법 조문 연상 암기법

제955조의2 (ㅈㅁㅁ – 제 몸) : 지출금액의 예정과 사무비용
- 제 몸을 다하여 수행시 필요한 비용만 지출한다.
  후견인이 후견사무를 수행하는 데 필요한 비용은 피후견인의 재산 중에서 지출한다.
  [본조신설 2011.3.7.]

제956조 (ㅈㅁㅂ – 잠비아) : 위임과 친권의 규정의 준용
- 잠비아로 잠적을 위해 친권이 봉고를 제공하다.
  제681조 및 제918조의 규정은 후견인에게 이를 준용한다.

제4관 후견의 종료 〈신설 2011.3.7.〉

제957조 (ㅈㅁㅅ – 잠수) : 후견사무의 종료와 관리의 계산
- 후견사무의 종료 시 관리계산이 맞지 않아 잠수하다.
  ① 후견인의 임무가 종료된 때에는 후견인 또는 그 상속인은 1개월 내에 피후견인의 재산에 관한 계산을 하여야 한다. 다만, 정당한 사유가 있는 경우에는 법원의 허가를 받아 그 기간을 연장할 수 있다.
  ② 제1항의 계산은 후견감독인이 있는 경우에는 그가 참여하지 아니하면 효력이 없다.
  [전문개정 2011.3.7.]

제958조 (ㅈㅁㅇ – 주몽) : 이자의 부가와 금전소비에 대한 책임
- 주몽의 책임 하에 이자의 부가와 금전소비에 대한 책임을 지다.
  ① 후견인이 피후견인에게 지급할 금액이나 피후견인이 후견인에게 지급할 금액에는 계산종료의 날로부터 이자를 부가하여야 한다.
  ② 후견인이 자기를 위하여 피후견인의 금전을 소비한 때에는 그 소비한 날로부터 이자를 부가하고 피후견인에게 손해가 있으면 이를 배상하여야 한다.

제959조 (ㅈㅁㅈ – 잠적) : 위임규정의 준용
- 잠적한 후견인의 죄목을 위임에 관한 규정을 준용시키다.
  제691조, 제692조의 규정은 후견의 종료에 이를 준용한다.

[제2절 한정후견과 특정후견] 〈신설 2011.3.7.〉

제959조의2 (ㅈㅁㅈ – 잠적) : 한정후견의 개시
- 잠적해도 한정후견인을 두어야 한다.
  가정법원의 한정후견개시의 심판이 있는 경우에는 그 심판을 받은 사람의 한정후견인을 두어야 한다.
  [본조신설 2011.3.7.]

글자공식에 의한 민법 조문 연상 암기법

제959조의3 (ㅈㅁㅈ – 잠적) : 한정후견인의 선임 등
잠적해도 한정후견인을 선임할 수 있다.
① 제959조의2에 따른 한정후견인은 가정법원이 직권으로 선임한다.
② 한정후견인에 대하여는 제930조제2항·제3항, 제936조제2항부터 제4항까지, 제937조, 제939조, 제940조 및 제949조의3을 준용한다.
[본조신설 2011.3.7.]

제959조의4 (ㅈㅁㅈ – 잠적) : 한정후견인의 대리권 등
잠적해도 한정후견인의 대리권을 심판할 수 있다.
① 가정법원은 한정후견인에게 대리권을 수여하는 심판을 할 수 있다.
② 한정후견인의 대리권 등에 관하여는 제938조제3항 및 제4항을 준용한다.
[본조신설 2011.3.7.]

제959조의5 (ㅈㅁㅈ – 잠적) : 한정후견감독인
잠적해도 한정후견감독인을 선임할 수 있다.
① 가정법원은 필요하다고 인정하면 직권으로 또는 피한정후견인, 친족, 한정후견인, 검사, 지방자치단체의 장의 청구에 의하여 한정후견감독인을 선임할 수 있다.
② 한정후견감독인에 대하여는 제681조, 제691조, 제692조, 제930조제2항·제3항, 제936조제3항·제4항, 제937조, 제939조, 제940조, 제940조의3제2항, 제940조의5, 제940조의6, 제947조의2제3항부터 제5항까지, 제949조의2, 제955조 및 제955조의2를 준용한다. 이 경우 제940조의6제3항 중 "피후견인을 대리한다"는 "피한정후견인을 대리하거나 피한정후견인이 그 행위를 하는 데 동의한다"로 본다.
[본조신설 2011.3.7.]

제959조의6 (ㅈㅁㅈ – 잠적) : 한정후견사무
잠적해도 한정후견사무에 관하여 준용한다.
한정후견의 사무에 관하여는 제681조, 제920조 단서, 제947조, 제947조의2, 제949조, 제949조의2, 제949조의3, 제950조부터 제955까지 및 제955조의2를 준용한다.
[본조신설 2011.3.7.]

제959조의7 (ㅈㅁㅈ – 잠적) : 한정후견인의 임무의 종료 등
잠적해도 한정후견인의 임무 종료 등을 준용한다.
한정후견인의 임무가 종료한 경우에 관하여는 제691조, 제692조, 제957조 및 제958조를 준용한다.
[본조신설 2011.3.7.]

제959조의8 (ㅈㅁㅈ – 잠적) : 특정후견에 따른 보호조치
잠적해도 특정후견에 따른 보호조치를 하다.
가정법원은 피특정후견인의 후원을 위하여 필요한 처분을 명할 수 있다.

글자공식에 의한 민법 조문 연상 암기법

[본조신설 2011.3.7.]

제959조의9 (ㅈㅁㅈ – 잠적) : 특정후견인의 선임 등
잠적해도 특정후견인을 선임할 수 있다.
① 가정법원은 제959조의8에 따른 처분으로 피특정후견인을 후원하거나 대리하기 위한 특정후견인을 선임할 수 있다.
② 특정후견인에 대하여는 제930조제2항·제3항, 제936조제2항부터 제4항까지, 제937조, 제939조 및 제940조를 준용한다.
[본조신설 2011.3.7.]

제959조의10 (ㅈㅁㅈ – 잠적) : 특정후견감독인
잠적해도 특정후견감독인을 선임할 수 있다.
① 가정법원은 필요하다고 인정하면 직권으로 또는 피특정후견인, 친족, 특정후견인, 검사, 지방자치단체의 장의 청구에 의하여 특정후견감독인을 선임할 수 있다.
② 특정후견감독인에 대하여는 제681조, 제691조, 제692조, 제930조제2항·제3항, 제936조제3항·제4항, 제937조, 제939조, 제940조, 제940조의5, 제940조의6, 제949조의2, 제955조 및 제955조의2를 준용한다.
[본조신설 2011.3.7.]

제959조의11 (ㅈㅁㅈ – 잠적) : 특정후견인의 대리권
잠적해도 특정후견인의 대리권을 심판할 수 있다.
① 피특정후견인의 후원을 위하여 필요하다고 인정하면 가정법원은 기간이나 범위를 정하여 특정후견인에게 대리권을 수여하는 심판을 할 수 있다.
② 제1항의 경우 가정법원은 특정후견인의 대리권 행사에 가정법원이나 특정후견감독인의 동의를 받도록 명할 수 있다.
[본조신설 2011.3.7.]

제959조의12 (ㅈㅁㅈ – 잠적) : 특정후견사무
잠적해도 특정후견사무에 관하여 준용한다.
특정후견의 사무에 관하여는 제681조, 제920조 단서, 제947조, 제949조의2, 제953조부터 제955조까지 및 제955조의2를 준용한다.
[본조신설 2011.3.7.]

제959조의13 (ㅈㅁㅈ – 잠적) : 특정후견인의 임무의 종료 등
잠적해도 특정후견의 임무 종료 등에 관하여 준용한다.
특정후견인의 임무가 종료한 경우에 관하여는 제691조, 제692조, 제957조 및 제958조를 준용한다.
[본조신설 2011.3.7.]

글자공식에 의한 민법 조문 연상 암기법

[제3절 후견계약] 〈신설 2011.3.7.〉

제959조의14 (ㅈㅁㅈ - 잠적) : 후견계약의 의의와 체결방법 등

> 잠적해도 후견계약의 의의와 체결방법 등을 위탁할 수 있다.

① 후견계약은 질병, 장애, 노령, 그 밖의 사유로 인한 정신적 제약으로 사무를 처리할 능력이 부족한 상황에 있거나 부족하게 될 상황에 대비하여 자신의 재산관리 및 신상보호에 관한 사무의 전부 또는 일부를 다른 자에게 위탁하고 그 위탁사무에 관하여 대리권을 수여하는 것을 내용으로 한다.
② 후견계약은 공정증서로 체결하여야 한다.
③ 후견계약은 가정법원이 임의후견감독인을 선임한 때부터 효력이 발생한다.
④ 가정법원, 임의후견인, 임의후견감독인 등은 후견계약을 이행·운영할 때 본인의 의사를 최대한 존중하여야 한다.
[본조신설 2011.3.7.]

제959조의15 (ㅈㅁㅈ - 잠적) : 임의후견감독인의 선임

> 잠적해도 임의후견감독인을 선임한다.

① 가정법원은 후견계약이 등기되어 있고, 본인이 사무를 처리할 능력이 부족한 상황에 있다고 인정할 때에는 본인, 배우자, 4촌 이내의 친족, 임의후견인, 검사 또는 지방자치단체의 장의 청구에 의하여 임의후견감독인을 선임한다.
② 제1항의 경우 본인이 아닌 자의 청구에 의하여 가정법원이 임의후견감독인을 선임할 때에는 미리 본인의 동의를 받아야 한다. 다만, 본인이 의사를 표시할 수 없는 때에는 그러하지 아니하다.
③ 가정법원은 임의후견감독인이 없게 된 경우에는 직권으로 또는 본인, 친족, 임의후견인, 검사 또는 지방자치단체의 장의 청구에 의하여 임의후견감독인을 선임한다.
④ 가정법원은 임의후견임감독인이 선임된 경우에도 필요하다고 인정하면 직권으로 또는 제3항의 청구권자의 청구에 의하여 임의후견감독인을 추가로 선임할 수 있다.
⑤ 임의후견감독인에 대하여는 제940조의5를 준용한다.
[본조신설 2011.3.7.]

제959조의16 (ㅈㅁㅈ - 잠적) : 임의후견감독인의 직무 등

> 잠적해도 임의후견감독인은 직무 등 정기적으로 보고해야 한다.

① 임의후견감독인은 임의후견인의 사무를 감독하며 그 사무에 관하여 가정법원에 정기적으로 보고하여야 한다.
② 가정법원은 필요하다고 인정하면 임의후견감독인에게 감독사무에 관한 보고를 요구할 수 있고 임의후견인의 사무 또는 본인의 재산상황에 대한 조사를 명하거나 그 밖에 임의후견감독인의 직무에 관하여 필요한 처분을 명할 수 있다.
③ 임의후견감독인에 대하여는 제940조의6제2항·제3항, 제940조의7 및 제953조를 준용한다.
[본조신설 2011.3.7.]

제959조의17 (ㅈㅁㅈ - 잠적) : 임의후견개시의 제한 등

> 잠적하니 임의후견감독인을 선임하지 아니한다.

① 임의후견인이 제937조 각 호에 해당하는 자 또는 그 밖에 현저한 비행을 하거나 후견계약에서 정한

 글자공식에 의한 민법 조문 연상 암기법

임무에 적합하지 아니한 사유가 있는 자인 경우에는 가정법원은 임의후견감독인을 선임하지 아니한다.
② 임의후견감독인을 선임한 이후 임의후견인이 현저한 비행을 하거나 그 밖에 그 임무에 적합하지 아니한 사유가 있게 된 경우에는 가정법원은 임의후견감독인, 본인, 친족, 검사 또는 지방자치단체의 장의 청구에 의하여 임의후견인을 해임할 수 있다.
[본조신설 2011.3.7.]

제959조의18 (ㅈㅁㅈ - 잠적) : 후견계약의 종류

잠적으로 인하여 임의후견인은 공인인증 서면으로 의사표시를 철회한다.
① 임의후견감독인의 선임 전에는 본인 또는 임의후견인은 언제든지 공증인의 인증을 받은 서면으로 후견계약의 의사표시를 철회할 수 있다.
② 임의후견감독인의 선임 이후에는 본인 또는 임의후견인은 정당한 사유가 있는 때에만 가정법원의 허가를 받아 후견계약을 종료할 수 있다.
[본조신설 2011.3.7.]

제959조의19 (ㅈㅁㅈ - 잠적) : 임의후견인의 대리권 소멸과 제3자와의 관계

잠적하여 임의후견인의 대리권 소멸은 등기하지 아니하면 대항할 수 없다.
임의후견인의 대리권 소멸은 등기하지 아니하면 선의의 제3자에게 대항할 수 없다.
[본조신설 2011.3.7.]

제959조의20 (ㅈㅁㅈ - 잠적) : 후견계약과 성년후견·한정후견·특정후견의 관계

잠적하면 후견계약과 성년후견, 한정후견, 특정후견의 심판을 할 수 있다.
① 후견계약이 등기되어 있는 경우에는 가정법원은 본인의 이익을 위하여 특별히 필요할 때에만 임의후견인 또는 임의후견감독인의 청구에 의하여 성년후견, 한정후견 또는 특정후견의 심판을 할 수 있다. 이 경우 후견계약은 본인이 성년후견 또는 한정후견 개시의 심판을 받은 때 종료된다.
② 본인이 피성년후견인, 피한정후견인 또는 피특정후견인인 경우에 가정법원은 임의후견감독인을 선임함에 있어서 종전의 성년후견, 한정후견 또는 특정후견의 종료 심판을 하여야 한다. 다만, 성년후견 또는 한정후견 조치의 계속이 본인의 이익을 위하여 특별히 필요하다고 인정하면 가정법원은 임의후견감독인을 선임하지 아니한다.
[본조신설 2011.3.7.]

제6장 - 삭제 〈2011.3.7.〉

제960조 (ㅈㅂㅊ - 잠초) : 친족회의 조직 - 삭제 〈2011.3.7.〉

잠초같이 복잡한 친족회의 조직도 모두 사라지다.

제961조 (ㅈㅂㄱ - 잠귀) : 친족회원의 수 - 삭제 〈2011.3.7.〉

친족회원 안에 **잠귀**도 사라진다.

글자공식에 의한 민법 조문 연상 암기법

제962조 (ㅈㅂㄴ - 자반) : 친권자의 친족회원 지정 – 삭제 〈2011.3.7.〉
연상기억 친권자의 자반선물이 사라지다.

제963조 (ㅈㅂㄷ - 접대) : 친족회원의 선임 – 삭제 〈2011.3.7.〉
연상기억 친족회원의 선임을 접대하고 사라진다.

제964조 (ㅈㅂㄹ - 주발) : 친족회원의 결격사유 – 삭제 〈2011.3.7.〉
연상기억 주발을 깨고 친족회원이 사라지다.

제965조 (ㅈㅂㅁ - 주범) : 무능력자를 위한 상설친족회 – 삭제 〈2011.3.7.〉
연상기억 무능력자인 주범이 상설친족회에서 사라지다.

제966조 (ㅈㅂㅂ - 제법) : 친족회의 소집 – 삭제 〈2011.3.7.〉
연상기억 친족회의 소집에 사람이 제법 모이다 사라지다.

제967조 (ㅈㅂㅅ - 접시) : 친족회의 결의방법 – 삭제 〈2011.3.7.〉
연상기억 친족회의 결의방법 시 접시가 사라지다 .

제968조 (ㅈㅂㅇ - 주방) : 친족회의에서의 의견개진 – 삭제 〈2011.3.7.〉
연상기억 의견개진을 주방에서 삭제하다.

제969조 (ㅈㅂㅈ - 잡지) : 친족회의 결의에 갈음할 재판 – 삭제 〈2011.3.7.〉
연상기억 친족회원의 결의에 갈음할 내용이 잡지에서 사라지다.

제970조 (ㅈㅅㅊ - 제스처) : 친족회원의 사퇴 – 삭제 〈2011.3.7.〉
연상기억 친족회원의 사퇴를 위해 제스처를 쓰며 사라지다.

제971조 (ㅈㅅㄱ - 자숙) : 친족회원의 해임 – 삭제 〈2011.3.7.〉
연상기억 친족회원의 해임을 자숙하고 사라지다.

글자공식에 의한 민법 조문 연상 암기법

제972조 (ㅈㅅㄴ - 재산) : 친족회의 결의와 이의의 소 - 삭제 〈2011.3.7.〉
재산문제로 결의에 이의를 제기하고 사라지다.

제973조 (ㅈㅅㄷ - 잣대) : 친족회원의 선관의무 - 삭제 〈2011.3.7.〉
친족회원의 선관의무를 지키기 위해 엄한 잣대를 대고 사라지다.

제7장 부양

제974조 (ㅈㅅㄹ - 자살) : 부양의무
부양의무의 압박으로 자살하다.
다음 각호의 친족은 서로 부양의 의무가 있다.
1. 직계혈족 및 그 배우자간
2. 삭제 〈1990.1.13.〉
3. 기타 친족간(생계를 같이 하는 경우에 한한다.)

제975조 (ㅈㅅㅁ - 조심) : 부양의무와 생활능력
부양의무와 생활능력 부담 때문에 자식들에게 조심하다.
부양의 의무는 부양을 받을 자가 자기의 자력 또는 근로에 의하여 생활을 유지할 수 없는 경우에 한하여 이를 이행할 책임이 있다.

제976조 (ㅈㅅㅂ - 자습) : 부양의 순위
부양의 순위를 지키기 위해 자습하다.
① 부양의 의무있는 자가 수인인 경우에 부양을 할 자의 순위에 관하여 당사자간에 협정이 없는 때에는 법원은 당사자의 청구에 의하여 이를 정한다. 부양을 받을 권리자가 수인인 경우에 부양의무자의 자력이 그 전원을 부양할 수 없는 때에도 같다.
② 전항의 경우에 법원은 수인의 부양의무자 또는 권리자를 선정할 수 있다.

제977조 (ㅈㅅㅅ - 잣 씨) : 부양의 정도, 방법
부양의 정도, 방법을 위해 잣 씨를 까다.
부양의 정도 또는 방법에 관하여 당사자간에 협정이 없는 때에는 법원은 당사자의 청구에 의하여 부양을 받을 자의 생활정도와 부양의무자의 자력 기타 제반사정을 참작하여 이를 정한다.

글자공식에 의한 민법 조문 연상 암기법

제978조 (ㅈㅅㅇ - 자상하게) : 부양관계의 변경 또는 취소
- 노인들의 부양관계의 변경 또는 취소는 자상하게 취급해야 한다.

  부양을 할 자 또는 부양을 받을 자의 순위, 부양의 정도 또는 방법에 관한 당사자의 협정이나 법원의 판결이 있은 후 이에 관한 사정변경이 있는 때에는 법원은 당사자의 청구에 의하여 그 협정이나 판결을 취소 또는 변경할 수 있다.

제979조 (ㅈㅅㅈ - 재소자) : 부양청구권처분의 금지
- 재소자에 부양청구권처분을 금지시키다.

  부양을 받을 권리는 이를 처분하지 못한다. 〈2005.3.31.〉

제8장 - 삭제 〈2005.3.31.〉

[제1절] - 삭제 〈2005.3.31.〉

제980조 (ㅈㅇㅊ - 장차) : 호주승계개시의 원인 - 삭제 〈2005.3.31.〉
- 호주승계개시를 위해 장차 생각하고 삭제시키다.

제981조 (ㅈㅇㄱ - 장기) : 호주승계개시의 장소 - 삭제 〈2005.3.31.〉
- 호주승계개시의 장소에서 장기를 두다 사라지다.

제982조 (ㅈㅇㄴ - 제안) : 호주승계회복의 소 - 삭제 〈2005.3.31.〉
- 호주승계회복의 소를 제안하다 사라지다.

제983조 (ㅈㅇㄷ - 정도) : 삭제 〈1990.1.13.〉
- 정도 사라지다.

[제2절] - 삭제 〈2005.3.31.〉

제984조 (ㅈㅇㄹ - 장래) : 호주승계의 순위 - 삭제 〈2005.3.31.〉
- 호주승계의 순위는 장래 문제이니 삭제되다.

제985조 (ㅈㅇㅁ - 장모) : 삭제 〈2005.3.31.〉
- 장모가 동전을 주고 사라지다.

 **글자공식에 의한 민법 조문 연상 암기법**

제986조 (ㅈㅇㅂ - 장비) : 삭제 〈2005.3.31.〉
장비를 동전으로 구입하고 사라지다.

제987조 (ㅈㅇㅅ - 장수) : 호주승계권 없는 생모 - 삭제 〈2005.3.31.〉
호주승계권 없는 생모가 장수하다 사라지다.

제988조 (ㅈㅇㅇ - 종이) : 삭제 〈1990.1.13.〉
종이 사라지다.

제989조 (ㅈㅇㅈ - 장자) : 혼인외 출생자의 승계순위 - 삭제 〈2005.3.31.〉
혼인외출생자가 장자방에서 사라지다.

제990조 (ㅈㅈㅊ - 주주 차) : 삭제 〈1990.1.13.〉
주주 차가 사라지다.

제991조 (ㅈㅈㄱ - 제적) : 호주승계권의 포기 - 삭제 〈2005.3.31.〉
호주승계권의 포기는 제적되었기 때문에 삭제되다.

제992조 (ㅈㅈㄴ - 죄진) : 승계인의 결격사유 - 삭제 〈2005.3.31.〉
승계인의 결격사유는 죄진 놈이 잘못 때문에 사라지다.

제993조 (ㅈㅈㄷ - 제주도) : 여호주와 그 승계인 - 삭제 〈2005.3.31.〉
제주도여인의 생활은 피곤하여 사라지다.

제994조 (ㅈㅈㄹ - 조절) : 승계권쟁송과 재산관리에 관한 법원의 처분 - 삭제 〈2005.3.31.〉
승계쟁송과 법원의 처분을 잘 조절하여 삭제하다.

 **글자공식에 의한 민법 조문 연상 암기법**

[제3절] – 삭제 〈2005.3.31.〉

제995조 (ㅈㅈㅁ – 지점) : 승계와 권리의무의 승계 – 삭제 〈2005.3.31.〉

　지점의 승계는 권리의무의 승계를 동시에 받는다.

제996조 (ㅈㅈㅂ – 쥐 집) : 삭제 〈1990.1.13.〉

　쥐 집이 사라지다.

민법

제5편 상속

제1장 상 속
제2장 유 언
제3장 유류분

제5편 상속

제1장 상속

[제1절 총칙]

제997조 (ㅅㅅㅅ - 제주시) : 상속개시의 원인

연상기억 상속개시의 원인은 **제주시**가 모범이다.

상속은 사망으로 인하여 개시된다. 〈개정 1990.1.13.〉
[제목개정 1990.1.13.]

제998조 (ㅈㅈㅇ - 자장면) : 상속개시의 장소

연상기억 상속개시의 장소, 피상속인의 주소지에서 **자장**면을 먹다.

상속은 피상속인의 주소지에서 개시한다.
[전문개정 1990.1.13.]

제998조의2 (ㅈㅈㅇ - 자장면) : 상속비용

연상기억 상속비용인 **자장**면 값도 상속재산 중에서 지급한다.

상속에 관한 비용은 상속재산 중에서 지급한다.
[본조신설 1990.1.13.]

제999조 (ㅈㅈㅈ - 지자제) : 상속회복청구권

연상기억 상속회복청구권을 **지자제**에서 자치적으로 청구하다.

① 상속권이 참칭상속권자로 인하여 침해된 때에는 상속권자 또는 그 법정대리인은 상속회복의 소를 제기할 수 있다.
② 제1항의 상속회복청구권은 그 침해를 안 날부터 3년, 상속권의 침해행위가 있은 날부터 10년을 경과하면 소멸된다. 〈개정 2002.1.14.〉
[전문개정 1990.1.13.]

[제2절 상속인] 〈개정 1990.1.13.〉

제1000조 (천 ㅊ - 천치처럼) : 상속의 순위

연상기억 **천치처럼** 상속의 순위를 정하다.

① 상속에 있어서는 다음 순위로 상속인이 된다. 〈개정 1990.1.13.〉
1. 피상속인의 직계비속

글자공식에 의한 민법 조문 연상 암기법

   2. 피상속인의 직계존속
   3. 피상속인의 형제자매
   4. 피상속인의 4촌 이내의 방계혈족
  ② 전항의 경우에 동순위의 상속인이 수인인 때에는 최근친을 선순위로 하고 동친등의 상속인이 수인인 때에는 공동상속인이 된다.
  ③ 태아는 상속순위에 관하여는 이미 출생한 것으로 본다. 〈개정 1990.1.13.〉
  [제목개정 1990.1.13.]

제1001조 (천 ㄱ - 천기) : 대습상속
천기를 받아 대습상속이 되다.

전조제1항제1호와 제3호의 규정에 의하여 상속인이 될 직계비속 또는 형제자매가 상속개시전에 사망하거나 결격자가 된 경우에 그 직계비속이 있는 때에는 그 직계비속이 사망하거나 결격된 자의 순위에 갈음하여 상속인이 된다. 〈개정 2014.12.30.〉

제1002조 (천 ㄴ - 처녀) : 삭제 〈1990.1.13.〉
처녀가 사라지다.

제1003조 (천 ㄷ - 천대) : 배우자의 상속순위
천대받던 배우자도 상속순위에 들다.

① 피상속인의 배우자는 제1000조제1항제1호와 제2호의 규정에 의한 상속인이 있는 경우에는 그 상속인과 동순위로 공동상속인이 되고 그 상속인이 없는 때에는 단독상속인이 된다. 〈개정 1990.1.13.〉
② 제1001조의 경우에 상속개시전에 사망 또는 결격된 자의 배우자는 동조의 규정에 의한 상속인과 동순위로 공동상속인이 되고 그 상속인이 없는 때에는 단독상속인이 된다. 〈개정 1990.1.13.〉
[제목개정 1990.1.13.]

제1004조 (천 ㅇㅁ - 천사) : 상속인의 결격사유
천사는 여자로서 옛날에는 결격사유였다.

다음 각 호의 어느 하나에 해당한 자는 상속인이 되지 못한다. 〈개정 1990.1.13., 2005.3.31.〉
  1. 고의로 직계존속, 피상속인, 그 배우자 또는 상속의 선순위나 동순위에 있는 자를 살해하거나 살해하려한 자
  2. 고의로 직계존속, 피상속인과 그 배우자에게 상해를 가하여 사망에 이르게 한 자
  3. 사기 또는 강박으로 피상속인의 상속에 관한 유언 또는 유언의 철회를 방해한 자
  4. 사기 또는 강박으로 피상속인의 상속에 관한 유언을 하게 한 자
  5. 피상속인의 상속에 관한 유언서를 위조·변조·파기 또는 은닉한 자

[제3절 상속의 효력] 〈개정 1990.1.13.〉
제1관 일반적 효력

글자공식에 의한 민법 조문 연상 암기법

제1005조 (천 ㅁ – 천마) : 상속과 포괄적 권리의무의 승계
천마총의 천마도는 조상의 포괄적 예술성의 권리의무를 띠다.

상속인은 상속개시된 때로부터 피상속인의 재산에 관한 포괄적 권리의무를 승계한다. 그러나 피상속인의 일신에 전속한 것은 그러하지 아니하다. 〈개정 1990.1.13.〉

제1006조 (천 유음 – 천 공유) : 공동상속과 재산의 공유
공동상속재산을 천 공유하다.

상속인이 수인인 때에는 상속재산은 그 공유로 한다. 〈개정 1990.1.13.〉

제1007조 (천 유음 – 천치) : 공동상속인의 권리의무승계
천치에게 권리의무를 승계하다.

공동상속인은 각자의 상속분에 응하여 피상속인의 권리의무를 승계한다.

제1008조 (천 ㅇ – 천애 고아) : 특별수익자의 상속분
천애 고아가 특별수익의 상속분을 받다.

공동상속인 중에 피상속인으로부터 재산의 증여 또는 유증을 받은 자가 있는 경우에 그 수증재산이 자기의 상속분에 달하지 못한 때에는 그 부족한 부분의 한도에서 상속분이 있다. 〈개정 1977.12.31.〉

제1008조의2 (천 ㅇ – 천애 고아) : 기여분
천애 고아의 특별수익을 기여하고 분묘로 가다.

① 공동상속인 중에 상당한 기간 동거·간호 그 밖의 방법으로 피상속인을 특별히 부양하거나 피상속인의 재산의 유지 또는 증가에 특별히 기여한 자가 있을 때에는 상속개시 당시의 피상속인의 재산가액에서 공동상속인의 협의로 정한 그 자의 기여분을 공제한 것을 상속재산으로 보고 제1009조 및 제1010조에 의하여 산정한 상속분에 기여분을 가산한 액으로써 그 자의 상속분으로 한다. 〈개정 2005.3.31.〉
② 제1항의 협의가 되지 아니하거나 협의할 수 없는 때에는 가정법원은 제1항에 규정된 기여자의 청구에 의하여 기여의 시기·방법 및 정도와 상속재산의 액 기타의 사정을 참작하여 기여분을 정한다.
③ 기여분은 상속이 개시된 때의 피상속인의 재산가액에서 유증의 가액을 공제한 액을 넘지 못한다.
④ 제2항의 규정에 의한 청구는 제1013조제2항의 규정에 의한 청구가 있을 경우 또는 제1014조에 규정하는 경우에 할 수 있다.
[본조신설 1990.1.13.]

제1008조의3 (천 ㅇ – 천애 고아) : 분묘 등의 승계
천애 고아가 분묘 등의 승계를 받다.

분묘에 속한 1정보 이내의 금양임야와 600평 이내의 묘토인 농지, 족보와 제구의 소유권은 제사를 주재하는 자가 이를 승계한다.
[본조신설 1990.1.13.]

 **글자공식에 의한 민법 조문 연상 암기법**

제2관 상속분

제1009조 (천 ㅈ - 천주) : 법정상속분
주의 **천주**는 법적으로 보장된 상속분이다.
① 동순위의 상속인이 수인인 때에는 그 상속분은 균분으로 한다. 〈개정 1977.12.31., 1990.1.13.〉
② 피상속인의 배우자의 상속분은 직계비속과 공동으로 상속하는 때에는 직계비속의 상속분의 5할을 가산하고, 직계존속과 공동으로 상속하는 때에는 직계존속의 상속분의 5할을 가산한다. 〈개정 1990.1.13.〉
③ 삭제 〈1990.1.13.〉

제1010조 (천 ㄱㅊ - 천 가치) : 대습상속분
천 가치의 대습상속분이 있다.
① 제1001조의 규정에 의하여 사망 또는 결격된 자에 갈음하여 상속인이 된 자의 상속분은 사망 또는 결격된 자의 상속분에 의한다. 〈개정 2014.12.30.〉
② 전항의 경우에 사망 또는 결격된 자의 직계비속이 수인인 때에는 그 상속분은 사망 또는 결격된 자의 상속분의 한도에서 제1009조의 규정에 의하여 이를 정한다. 제1003조제2항의 경우에도 또한 같다.

제1011조 (천 ㄱㄱ - 천국) : 공동상속분의 양수
공동상속분의 재산을 **천국**에서 양수받다.
① 공동상속인 중에 그 상속분을 제삼자에게 양도한 자가 있는 때에는 다른 공동상속인은 그 가액과 양도비용을 상환하고 그 상속분을 양수할 수 있다.
② 전항의 권리는 그 사유를 안 날로부터 3월, 그 사유있은 날로부터 1년내에 행사하여야 한다.

제3관 상속재산의 분할

제1012조 (천 ㄱㄴ - 천간) : 유언에 의한 분할방법의 지정, 분할금지
천간 운세 따라 유언, 방법지정, 분할금지하다.
피상속인은 유언으로 상속재산의 분할방법을 정하거나 이를 정할 것을 제삼자에게 위탁할 수 있고 상속개시의 날로부터 5년을 초과하지 아니하는 기간내의 그 분할을 금지할 수 있다.

제1013조 (천 ㄱㄷ - 천기도) : 협의에 의한 분할
천기도 날씨 판을 협의에 의해 분할하다.
① 전조의 경우외에는 공동상속인은 언제든지 그 협의에 의하여 상속재산을 분할할 수 있다.
② 제269조의 규정은 전항의 상속재산의 분할에 준용한다.

제1014조 (천 ㄱㄹ - 천 길) : 분할후의 피인지자 등의 청구권
천 길 되는 벼랑에 잘못 인지하여 사고피해액을 분할청구하다.
상속개시후의 인지 또는 재판의 확정에 의하여 공동상속인이 된 자가 상속재산의 분할을 청구할 경우에

글자공식에 의한 민법 조문 연상 암기법

다른 공동상속인이 이미 분할 기타 처분을 한 때에는 그 상속분에 상당한 가액의 지급을 청구할 권리가 있다.

제1015조 (천 ㄱㅁ - 천금) : 분할의 소급효

상속받은 천금을 소급하여 분할하다.

상속재산의 분할은 상속개시된 때에 소급하여 그 효력이 있다. 그러나 제삼자의 권리를 해하지 못한다.

제1016조 (천 ㄱㅂ - 천 갑) : 공동상속인의 담보책임

담배 천 갑을 공동상속한 사람이 담보책임으로 맡기다.

공동상속인은 다른 공동상속인이 분할로 인하여 취득한 재산에 대하여 그 상속분에 응하여 매도인과 같은 담보책임이 있다.

제1017조 (천 ㄱㅅ - 천 곳) : 상속채무자의 자력에 대한 담보책임

천 곳을 상속받았으나 천한 곳이라 채무자의 자력담보로 책임지다.

① 공동상속인은 다른 상속인이 분할로 인하여 취득한 채권에 대하여 분할당시의 채무자의 자력을 담보한다.
② 변제기에 달하지 아니한 채권이나 정지조건있는 채권에 대하여는 변제를 청구할 수 있는 때의 채무자의 자력을 담보한다.

제1018조 (천 ㄱㅇ - 천궁) : 무자력공동상속인의 담보책임의 분담

천궁에서 무자력공동상속인 신세로 담보책임을 분담하다.

담보책임있는 공동상속인 중에 상환의 자력이 없는 자가 있는 때에는 그 부담부분은 구상권자와 자력있는 다른 공동상속인이 그 상속분에 응하여 분담한다. 그러나 구상권자의 과실로 인하여 상환을 받지 못한 때에는 다른 공동상속인에게 분담을 청구하지 못한다.

[제4절 상속의 승인 및 포기] 〈개정 1990.1.13.〉
제1관 총칙
제1019조 (천 ㄱㅈ - 천 가지) : 승인, 포기의 기간

승인, 포기의 이유는 천 가지도 넘는다.

① 상속인은 상속개시있음을 안 날로부터 3월내에 단순승인이나 한정승인 또는 포기를 할 수 있다. 그러나 그 기간은 이해관계인 또는 검사의 청구에 의하여 가정법원이 이를 연장할 수 있다. 〈개정 1990.1.13.〉
② 상속인은 제1항의 승인 또는 포기를 하기 전에 상속재산을 조사할 수 있다. 〈개정 2002.1.14.〉
③ 제1항의 규정에 불구하고 상속인은 상속채무가 상속재산을 초과하는 사실을 중대한 과실없이 제1항의 기간내에 알지 못하고 단순승인(제1026조제1호 및 제2호의 규정에 의하여 단순승인한 것으로 보는 경우를 포함한다)을 한 경우에는 그 사실을 안 날부터 3월내에 한정승인을 할 수 있다. 〈신설 2002.1.14.〉

 **글자공식에 의한 민법 조문 연상 암기법**

제1020조 (천 ㄴㅊ - 천 낯) : 제한능력자의 승인, 포기의 기간
 무능력자의 천 낯의 흰한 얼굴에 승인, 포기의 표정이 나타나다.
  상속인이 제한능력자인 경우에는 제1019조제1항의 기간은 그의 친권자 또는 후견인이 상속이 개시된 것을 안 날부터 기산(起算)한다.
  [전문개정 2011.3.7.]

제1021조 (천 ㄴㄱ - 천 낙) : 승인, 포기기간의 계산에 관한 특칙
 천 낙서(천에 낙서)로 계산에 관한 특칙을 낙서하다.
  상속인이 승인이나 포기를 하지 아니하고 제1019조제1항의 기간 내에 사망한 때에는 그의 상속인이 그 자기의 상속개시있음을 안 날로부터 제1019조제1항의 기간을 기산한다.

제1022조 (천 ㄴㄴ - 천 년) : 상속재산의 관리
 상속재산을 잘 관리하여 천 년이 넘도록 보전하다.
  상속인은 그 고유재산에 대하는 것과 동일한 주의로 상속재산을 관리하여야 한다. 그러나 단순승인 또는 포기한 때에는 그러하지 아니하다.

제1023조 (천 ㄴㄷ - 처녀도) : 상속재산보존에 필요한 처분
 처녀 도 상속재산보존에 필요한 처분을 하다.
  ① 법원은 이해관계인 또는 검사의 청구에 의하여 상속재산의 보존에 필요한 처분을 명할 수 있다.
  ② 법원이 재산관리인을 선임한 경우에는 제24조 내지 제26조의 규정을 준용한다.

제1024조 (천 ㄴㄹ - 첫 날) : 승인, 포기의 취소금지
 결혼 첫 날 승인, 포기를 취소금지시키다.
  ① 상속의 승인이나 포기는 제1019조제1항의 기간내에도 이를 취소하지 못한다. 〈개정 1990.1.13.〉
  ② 전항의 규정은 총칙편의 규정에 의한 취소에 영향을 미치지 아니한다. 그러나 그 취소권은 추인할 수 있는 날로부터 3월, 승인 또는 포기한 날로부터 1년내에 행사하지 아니하면 시효로 인하여 소멸된다.

제2관 단순승인

제1025조 (천 ㄴㅁ - 처남) : 단순승인의 효과
 처남이 단순승인의 효과를 보다.
  상속인이 단순승인을 한 때에는 제한없이 피상속인의 권리의무를 승계한다. 〈개정 1990.1.13.〉

제1026조 (천 ㄴㅂ - 체납) : 법정단순승인
 체납의 강제처분을 법적으로 단순승인 시키다.

글자공식에 의한 민법 조문 연상 암기법

다음 각호의 사유가 있는 경우에는 상속인이 단순승인을 한 것으로 본다. 〈개정 2002.1.14.〉
1. 상속인이 상속재산에 대한 처분행위를 한 때
2. 상속인이 제1019조제1항의 기간내에 한정승인 또는 포기를 하지 아니한 때
3. 상속인이 한정승인 또는 포기를 한 후에 상속재산을 은닉하거나 부정소비하거나 고의로 재산목록에 기입하지 아니한 때

[2002.1.14. 법률 제6591호에 의하여 1998.8.27. 헌법재판소에서 헌법불합치 결정된 제2호를 개정함]

제1027조 (천 ㄴㅅ - 차내서) : 법정단순승인의 예외
차내서 법정단순승인을 예외 시키다.

상속인이 상속을 포기함으로 인하여 차순위 상속인이 상속을 승인한 때에는 전조 제3호의 사유는 상속의 승인으로 보지 아니한다.

제3관 한정승인
제1028조 (천 ㄴㅇ - 채 농) : 한정승인의 효과
채농의 범위를 한정승인하다.

상속인은 상속으로 인하여 취득할 재산의 한도에서 피상속인의 채무와 유증을 변제할 것을 조건으로 상속을 승인할 수 있다. 〈개정 1990.1.13.〉

제1029조 (천 ㄴㅈ - 처 내조) : 공동상속인의 한정승인
처 내조(처의 내조)로 공동상속인의 한정승인을 짓다.

상속인이 수인인 때에는 각 상속인은 그 상속분에 응하여 취득할 재산의 한도에서 그 상속분에 의한 피상속인의 채무와 유증을 변제할 것을 조건으로 상속을 승인할 수 있다.

제1030조 (천 ㄷㅊ - 천 대치) : 한정승인의 방식
주가상승의 대치를 **천 대치**로 한정승인하다.

① 상속인이 한정승인을 함에는 제1019조제1항 또는 제3항의 기간 내에 상속재산의 목록을 첨부하여 법원에 한정승인의 신고를 하여야 한다. 〈개정 2005.3.31.〉
② 제1019조제3항의 규정에 의하여 한정승인을 한 경우 상속재산 중 이미 처분한 재산이 있는 때에는 그 목록과 가액을 함께 제출하여야 한다. 〈신설 2005.3.31.〉

제1031조 (천 ㄷㄱ - 천덕) : 한정승인과 재산상 권리의무의 불소멸
권리의무의 불소멸로 재산상 **천덕**꾸러기가 되다.

상속인이 한정승인을 한 때에는 피상속인에 대한 상속인의 재산상 권리의무는 소멸하지 아니한다.

제1032조 (천 ㄷㄴ - 천단) : 채권자에 대한 공고, 최고
천단으로 묶어 채권자에게 공고, 최고하다.

 글자공식에 의한 민법 조문 연상 암기법

① 한정승인자는 한정승인을 한 날로부터 5일내에 일반상속채권자와 유증받은 자에 대하여 한정승인의 사실과 일정한 기간 내에 그 채권 또는 수증을 신고할 것을 공고하여야 한다. 그 기간은 2월 이상이어야 한다.
② 제88조제2항, 제3항과 제89조의 규정은 전항의 경우에 준용한다.

제1033조 (천 ㄷㄷ - 천 떠다) : 최고기간 중의 변제거절
연상기억 천 떠다 쓰고, 최고기간까지 변제거절하다.
한정승인자는 전조제1항의 기간만료전에는 상속채권의 변제를 거절할 수 있다.

제1034조 (천 ㄷㄹ - 천 따라) : 배당변제
연상기억 천 따라 몫을 배당변제하다.
① 한정승인자는 제1032조제1항의 기간만료후에 상속재산으로서 그 기간 내에 신고한 채권자와 한정승인자가 알고 있는 채권자에 대하여 각 채권액의 비율로 변제하여야 한다. 그러나 우선권있는 채권자의 권리를 해하지 못한다.
② 제1019조제3항의 규정에 의하여 한정승인을 한 경우에는 그 상속인은 상속재산 중에서 남아있는 상속재산과 함께 이미 처분한 재산의 가액을 합하여 제1항의 변제를 하여야 한다. 다만, 한정승인을 하기 전에 상속채권자나 유증받은 자에 대하여 변제한 가액은 이미 처분한 재산의 가액에서 제외한다. 〈신설 2005.3.31.〉

제1035조 (천 ㄷㅁ - 천 팀) : 변제기전의 채무 등의 변제
연상기억 변제기 전 채무를 천 팀에 위임 변제하다.
① 한정승인자는 변제기에 이르지 아니한 채권에 대하여도 전조의 규정에 의하여 변제하여야 한다.
② 조건있는 채권이나 존속기간의 불확정한 채권은 법원의 선임한 감정인의 평가에 의하여 변제하여야 한다.

제1036조 (천 ㄷㅂ - 천답) : 수증자에의 변제
연상기억 수증자에 천답으로 변제하다.
한정승인자는 전2조의 규정에 의하여 상속채권자에 대한 변제를 완료한 후가 아니면 유증받은 자에게 변제하지 못한다.

제1037조 (천 ㄷㅅ - 천대시) : 상속재산의 경매
연상기억 상속재산을 천대시하여 경매하다.
전3조의 규정에 의한 변제를 하기 위하여 상속재산의 전부나 일부를 매각할 필요가 있는 때에는 민사집행법에 의하여 경매하여야 한다. 〈개정 1997.12.13., 2001.12.29.〉

제1038조 (천 ㄷㅇ - 천당) : 부당변제 등으로 인한 책임

글자공식에 의한 민법 조문 연상 암기법

천당에서 부당변제로 책임을 지다.

① 한정승인자가 제1032조의 규정에 의한 공고나 최고를 해태하거나 제1033조 내지 제1036조의 규정에 위반하여 어느 상속채권자나 유증받은 자에게 변제함으로 인하여 다른 상속채권자나 유증받은 자에 대하여 변제할 수 없게 된 때에는 한정승인자는 그 손해를 배상하여야 한다. 제1019조제3항의 규정에 의하여 한정승인을 한 경우 그 이전에 상속채무가 상속재산을 초과함을 알지 못한 데 과실이 있는 상속인이 상속채권자나 유증받은 자에게 변제한 때에도 또한 같다. 〈개정 2005.3.31.〉
② 제1항 전단의 경우에 변제를 받지 못한 상속채권자나 유증받은 자는 그 사정을 알고 변제를 받은 상속채권자나 유증받은 자에 대하여 구상권을 행사할 수 있다. 제1019조제3항의 규정에 의하여 한정승인을 한 경우 그 이전에 상속채무가 상속재산을 초과함을 알고 변제받은 상속채권자나 유증받은 자가 있는 때에도 또한 같다. 〈개정 2005.3.31.〉
③ 제766조의 규정은 제1항 및 제2항의 경우에 준용한다. 〈개정 2005.3.31.〉
[제목개정 2005.3.31.]

제1039조 (천 ㄷㅈ – 천도재) : 신고하지 않은 채권자 등

뒤주 속에 숨진 채권자에게 **천도재**를 지내주다.

제1032조제1항의 기간내에 신고하지 아니한 상속채권자 및 유증받은 자로서 한정승인자가 알지 못한 자는 상속재산의 잔여가 있는 경우에 한하여 그 변제를 받을 수 있다. 그러나 상속재산에 대하여 특별담보권있는 때에는 그러하지 아니하다.

제1040조 (천 유음 – 천 사공) : 공동상속재산과 그 관리인의 선임

공동상속재산에 사공이 많아 **천 사공**이 되다.

① 상속인이 수인인 경우에는 법원은 각 상속인 기타 이해관계인의 청구에 의하여 공동상속인 중에서 상속재산관리인을 선임할 수 있다.
② 법원이 선임한 관리인은 공동상속인을 대표하여 상속재산의 관리와 채무의 변제에 관한 모든 행위를 할 권리의무가 있다.
③ 제1022조, 제1032조 내지 전조의 규정은 전항의 관리인에 준용한다. 그러나 제1032조의 규정에 의하여 공고할 5일의 기간은 관리인이 그 선임을 안 날로부터 기산한다.

제4관 포기

제1041조 (천 ㅎㄱ – 천 학) : 포기의 방식

천 학(천리 학) 공부를 포기하는 방식이 있다.

상속인이 상속을 포기할 때에는 제1019조제1항의 기간내에 가정법원에 포기의 신고를 하여야 한다. 〈개정 1990.1.13.〉

제1042조 (천 ㅎㄴ – 천환) : 포기의 소급효

천환은 옛 돈의 화폐단위로 소급하다.

상속의 포기는 상속개시된 때에 소급하여 그 효력이 있다.

글자공식에 의한 민법 조문 연상 암기법

제1043조 (천 ㅎㄷ - 천 하트) : 포기한 상속재산의 귀속
- 천 하트(천개의 하트)를 포기, 상속재산에 귀속하다.
  상속인이 수인인 경우에 어느 상속인이 상속을 포기한 때에는 그 상속분은 다른 상속인의 상속분의 비율로 그 상속인에게 귀속된다.

제1044조 (천 ㅎㄹ - 찬 허리) : 포기한 상속재산의 관리계속의무
- 찬 허리 속에 포기한 상속재산을 관리하니 허리가 따뜻하다.
  ① 상속을 포기한 자는 그 포기로 인하여 상속인이 된 자가 상속재산을 관리할 수 있을 때까지 그 재산의 관리를 계속하여야 한다.
  ② 제1022조와 제1023조의 규정은 전항의 재산관리에 준용한다.

[제5절 재산의 분리]

제1045조 (천 ㅎㅁ - 천 함) : 상속재산의 분리청구권
- 상속재산의 천 함(천 개의 함)을 분리 청구하여 상속시키다.
  ① 상속채권자나 유증받은 자 또는 상속인의 채권자는 상속개시된 날로부터 3월내에 상속재산과 상속인의 고유재산의 분리를 법원에 청구할 수 있다.
  ② 상속인이 상속의 승인이나 포기를 하지 아니한 동안은 전항의 기간경과후에도 재산의 분리를 법원에 청구할 수 있다. 〈개정 1990.1.13.〉

제1046조 (천 ㅎㅂ - 찬합) : 분리명령과 채권자 등에 대한 공고, 최고
- 찬합을 분리하여 채권자에 공고하다.
  ① 법원이 전조의 청구에 의하여 재산의 분리를 명한 때에는 그 청구자는 5일내에 일반상속채권자와 유증받은 자에 대하여 재산분리의 명령있은 사실과 일정한 기간내에 그 채권 또는 수증을 신고할 것을 공고하여야 한다. 그 기간은 2월 이상이어야 한다.
  ② 제88조제2항, 제3항과 제89조의 규정은 전항의 경우에 준용한다.

제1047조 (천 ㅎㅅ - 천 호수) : 분리후의 상속재산의 관리
- 천 호수(천연호수)가에서 분리한 상속재산이 있다.
  ① 법원이 재산의 분리를 명한 때에는 상속재산의 관리에 관하여 필요한 처분을 명할 수 있다.
  ② 법원이 재산관리인을 선임한 경우에는 제24조 내지 제26조의 규정을 준용한다.

제1048조 (천 ㅎㅇ - 천행) : 분리후의 상속인의 관리의무
- 분리 후 상속인을 관리하니 천행이다.
  ① 상속인이 단순승인을 한 후에도 재산분리의 명령이 있는 때에는 상속재산에 대하여 자기의 고유재산과 동일한 주의로 관리하여야 한다.
  ② 제683조 내지 제685조 및 제688조제1항, 제2항의 규정은 전항의 재산관리에 준용한다.

글자공식에 의한 민법 조문 연상 암기법

제1049조 (천 ㅎㅈ - 천 호주) : 재산분리의 대항요건
> 분리재산의 천 호주와의 대항 있다.
>> 재산의 분리는 상속재산인 부동산에 관하여는 이를 등기하지 아니하면 제삼자에게 대항하지 못한다.

제1050조 (천 ㅁㅊ - 천 마차) : 재산분리와 권리의무의 불소멸
> 천 마차(천으로 싼 마차)에서 재산분리와 권리는 불소멸이다.
>> 재산분리의 명령이 있는 때에는 피상속인에 대한 상속인의 재산상 권리의무는 소멸하지 아니한다.

제1051조 (천 ㅁㄱ - 천막) : 변제의 거절과 배당변제
> 천막촌에 재앙피해 변제거절을 가구마다 배당변제하다.
>> ① 상속인은 제1045조 및 제1046조의 기간만료전에는 상속채권자와 유증받은 자에 대하여 변제를 거절할 수 있다.
>> ② 전항의 기간만료후에 상속인은 상속재산으로써 재산분리의 청구 또는 그 기간내에 신고한 상속채권자, 유증받은 자와 상속인이 알고 있는 상속채권자, 유증받은 자에 대하여 각 채권액 또는 수증액의 비율로 변제하여야 한다. 그러나 우선권있는 채권자의 권리를 해하지 못한다.
>> ③ 제1035조 내지 제1038조의 규정은 전항의 경우에 준용한다.

제1052조 (천 ㅁㄴ - 천민) : 고유재산으로부터의 변제
> 천민을 독지가가 고유재산으로 구제하다.
>> ① 전조의 규정에 의한 상속채권자와 유증받은 자는 상속재산으로써 전액의 변제를 받을 수 없는 경우에 한하여 상속인의 고유재산으로부터 그 변제를 받을 수 있다.
>> ② 전항의 경우에 상속인의 채권자는 상속인의 고유재산으로부터 우선변제를 받을 권리가 있다.

[제6절 상속인의 부존재] 〈개정 1990.1.13.〉

제1053조 (천 ㅁㄷ - 천 뭍) : 상속인없는 재산의 관리인
> 천 뭍(하늘아래 섬이 아닌 땅)에 상속인 없는 재산관리인이 살다.
>> ① 상속인의 존부가 분명하지 아니한 때에는 법원은 제777조의 규정에 의한 피상속인의 친족 기타 이해관계인 또는 검사의 청구에 의하여 상속재산관리인을 선임하고 지체없이 이를 공고하여야 한다. 〈개정 1990.1.13.〉
>> ② 제24조 내지 제26조의 규정은 전항의 재산관리인에 준용한다.

제1054조 (천 ㅁㄹ - 찬물) : 재산목록제시와 상황보고
> 거위가 찬물을 마시고 재산목록제시와 상황보고를 하다.
>> 관리인은 상속채권자나 유증받은 자의 청구가 있는 때에는 언제든지 상속재산의 목록을 제시하고 그 상황을 보고하여야 한다.

글자공식에 의한 민법 조문 연상 암기법

제1055조 (천 ㅁㅁ - 촌 머무는) : 상속인의 존재가 분명하여진 경우
● 촌 머무는 상속인의 존재를 밝혀내다.
① 관리인의 임무는 그 상속인이 상속의 승인을 한 때에 종료한다.
② 전항의 경우에는 관리인은 지체없이 그 상속인에 대하여 관리의 계산을 하여야 한다.

제1056조 (천 ㅁㅂ - 촌 매부) : 상속인없는 재산의 청산
● 촌 매부가 상속재산의 청산을 하다.
① 제1053조제1항의 공고있는 날로부터 3월내에 상속인의 존부를 알 수 없는 때에는 관리인은 지체없이 일반상속채권자와 유증받은 자에 대하여 일정한 기간 내에 그 채권 또는 수증을 신고할 것을 공고하여야 한다. 그 기간은 2월 이상이어야 한다.
② 제88조제2항, 제3항, 제89조, 제1033조 내지 제1039조의 규정은 전항의 경우에 준용한다.

제1057조 (천 ㅁㅅ - 천 못) : 상속인수색의 공고
● 상속인이 빠진 천 못에 상속인수색 공고를 내다.
제1056조제1항의 기간이 경과하여도 상속인의 존부를 알 수 없는 때에는 법원은 관리인의 청구에 의하여 상속인이 있으면 일정한 기간내에 그 권리를 주장할 것을 공고하여야 한다. 그 기간은 1년 이상이어야 한다. 〈개정 2005.3.31.〉

제1057조의2 (천 ㅁㅅ - 천 못) : 특별연고자에 대한 분여
● 천 못에 빠진 상속인 수색을 공고하고 특별연고자를 찾는다.
① 제1057조의 기간내에 상속권을 주장하는 자가 없는 때에는 가정법원은 피상속인과 생계를 같이 하고 있던 자, 피상속인의 요양간호를 한 자 기타 피상속인과 특별한 연고가 있던 자의 청구에 의하여 상속재산의 전부 또는 일부를 분여할 수 있다. 〈개정 2005.3.31.〉
② 제1항의 청구는 제1057조의 기간의 만료후 2월 이내에 하여야 한다. 〈개정 2005.3.31.〉
[본조신설 1990.1.13.]

제1058조 (천 ㅁㅇ - 천 명) : 상속재산의 국가귀속
● 천 명으로 건진 재산을 국가에 귀속하다.
① 제1057조의2의 규정에 의하여 분여(分與)되지 아니한 때에는 상속재산은 국가에 귀속한다. 〈개정 2005.3.31.〉
② 제1055조제2항의 규정은 제1항의 경우에 준용한다. 〈개정 2005.3.31.〉

제1059조 (천 ㅁㅈ - 천 모자) : 국가귀속재산에 대한 변제청구의 금지
● 천 모자인 해병대모자속에 국가귀속의 재산을 넣다.
전조제1항의 경우에는 상속재산으로 변제를 받지 못한 상속채권자나 유증을 받은 자가 있는 때에도 국가에 대하여 그 변제를 청구하지 못한다.

글자공식에 의한 민법 조문 연상 암기법

제2장 유언

[제1절 총칙]

제1060조 (천 유음 - 천 유체) : 유언의 요식성
- 천 유체(자기 몸)를 요식에 따라 유언하다.
  유언은 본법의 정한 방식에 의하지 아니하면 효력이 생하지 아니한다.

제1061조 (천 ㅂㄱ - 천박) : 유언적령
- 유언적령 17세에 맞지 않아 천박스럽다.
  만17세에 달하지 못한 자는 유언을 하지 못한다.

제1062조 (천 ㅂㄴ - 천 번) : 제한능력자의 유언
- 천 번을 하여도 제한능력자의 유언은 가치가 없다.
  유언에 관하여는 제5조, 제10조 및 제13조를 적용하지 아니한다.
  [전문개정 2011.3.7.]

제1063조 (천 ㅂㄷ - 천 보다) : 피성년후견인의 유언능력
- 피성년후견인의 유언, 천에 쓴 유언을 보다.
  ① 피성년후견인은 의사능력이 회복된 때에만 유언을 할 수 있다.
  ② 제1항의 경우에는 의사가 심신 회복의 상태를 유언서에 부기(附記)하고 서명날인하여야 한다.
  [전문개정 2011.3.7.]

제1064조 (천 ㅂㄹ - 천벌) : 유언과 태아, 상속결격자
- 태아의 상속결격사유는 천벌의 대상이다.
  제1000조제3항, 제1004조의 규정은 수증자에 준용한다. 〈개정 1990.1.13.〉

[제2절 유언의 방식]

제1065조 (천 ㅂㅁ - 천 밤) : 유언의 보통방식
- 천 밤을 지새우며 유언을 보통방식으로 전환하다.
  유언의 방식은 자필증서, 녹음, 공정증서, 비밀증서와 구수증서의 5종으로 한다.

제1066조 (천 ㅂㅂ - 찬밥) : 자필증서에 의한 유언
- 무자력 상속인은 자필증서의 유언도 찬밥이다.
  ① 자필증서에 의한 유언은 유언자가 그 전문과 연월일, 주소, 성명을 자서하고 날인하여야 한다.
  ② 전항의 증서에 문자의 삽입, 삭제 또는 변경을 함에는 유언자가 이를 자서하고 날인하여야 한다.

글자공식에 의한 민법 조문 연상 암기법

제1067조 (천 ㅂㅅ - 천 벗) : 녹음에 의한 유언
천명의 **벗**에게 음성 메시지를 보내다.

녹음에 의한 유언은 유언자가 유언의 취지, 그 성명과 연월일을 구술하고 이에 참여한 증인이 유언의 정확함과 그 성명을 구술하여야 한다.

제1068조 (천 ㅂㅇ - 천방) : 공정증서에 의한 유언
천방지축으로 공정증서를 작성하니 공정성을 잃다.

공정증서에 의한 유언은 유언자가 증인 2인이 참여한 공증인의 면전에서 유언의 취지를 구수하고 공증인이 이를 필기낭독하여 유언자와 증인이 그 정확함을 승인한 후 각자 서명 또는 기명날인하여야 한다.

제1069조 (천 ㅂㅈ - 청바지) : 비밀증서에 의한 유언
청바지주머니에 비밀증서를 넣다.

① 비밀증서에 의한 유언은 유언자가 필자의 성명을 기입한 증서를 엄봉날인하고 이를 2인 이상의 증인의 면전에 제출하여 자기의 유언서임을 표시한 후 그 봉서표면에 제출연월일을 기재하고 유언자와 증인이 각자 서명 또는 기명날인하여야 한다.
② 전항의 방식에 의한 유언봉서는 그 표면에 기재된 날로부터 5일내에 공증인 또는 법원서기에게 제출하여 그 봉인상에 확정일자인을 받아야 한다.

제1070조 (천 ㅅㅊ - 참 수치) : 구수증서에 의한 유언
구수증서에 의한 유언이 **참 수치**스럽다.

① 구수증서에 의한 유언은 질병 기타 급박한 사유로 인하여 전4조의 방식에 의할 수 없는 경우에 유언자가 2인 이상의 증인의 참여로 그 1인에게 유언의 취지를 구수하고 그 구수를 받은 자가 이를 필기낭독하여 유언자의 증인이 그 정확함을 승인한 후 각자 서명 또는 기명날인하여야 한다.
② 전항의 방식에 의한 유언은 그 증인 또는 이해관계인이 급박한 사유의 종료한 날로부터 7일나에 법원에 그 검인을 신청하여야 한다.
③ 제1063조제2항의 규정은 구수증서에 의한 유언에 적용하지 아니한다.

제1071조 (천 ㅅㄱ - 천석) : 비밀증서에 의한 유언의 전환
비밀증서에 **천석**의 상속을 유언하다.

비밀증서에 의한 유언이 그 방식에 흠결이 있는 경우에 그 증서가 자필증서의 방식에 적합한 때에는 자필증서에 의한 유언으로 본다.

제1072조 (천 ㅅㄴ - 천 손) : 증인의 결격사유
천사의 **손**이 거칠어 증인결격자로 판명하다.

① 다음 각 호의 어느 하나에 해당하는 사람은 유언에 참여하는 증인이 되지 못한다.
1. 미성년자
2. 피성년후견인과 피한정후견인

3. 유언으로 이익을 받을 사람, 그의 배우자와 직계혈족
② 공정증서에 의한 유언에는 「공증인법」에 따른 결격자는 증인이 되지 못한다.
[전문개정 2011.3.7.]

[제3절 유언의 효력]

제1073조 (천 ㅅㄷ - 천 세대) : 유언의 효력발생시기

천 세대를 살면서 유언의 효력이 계속되다.
① 유언은 유언자가 사망한 때로부터 그 효력이 생긴다.
② 유언에 정지조건이 있는 경우에 그 조건이 유언자의 사망후에 성취한 때에는 그 조건성취한 때로부터 유언의 효력이 생긴다.

제1074조 (천 ㅅㄹ - 천 살) : 유증의 승인, 포기

천 살이 되면서 유증의 승인이 포기되다.
① 유증을 받을 자는 유언자의 사망후에 언제든지 유증을 승인 또는 포기할 수 있다.
② 전항의 승인이나 포기는 유언자의 사망한 때에 소급하여 그 효력이 있다.

제1075조 (천 ㅅㅁ - 천심) : 유증의 승인, 포기의 취소금지

유증의 승인, 포기를 **천심** 따라 취소금지시키다.
① 유증의 승인이나 포기는 취소하지 못한다.
② 제1024조제2항의 규정은 유증의 승인과 포기에 준용한다.

제1076조 (천 ㅅㅂ - 천 삽) : 수증자의 상속인의 승인, 포기

천 삽의 상속분을 승인 포기하다.
수증자가 승인이나 포기를 하지 아니하고 사망한 때에는 그 상속인은 상속분의 한도에서 승인 또는 포기할 수 있다. 그러나 유언자가 유언으로 다른 의사를 표시한 때에는 그 의사에 의한다.

제1077조 (천 ㅅㅅ - 천 슛) : 유증의무자의 최고권

유증의무자의 **천 슛** 공이 최고 득점률을 올리다.
① 유증의무자나 이해관계인은 상당한 기간을 정하여 그 기간 내에 승인 또는 포기를 확답할 것을 수증자 또는 그 상속인에게 최고할 수 있다.
② 전항의 기간내에 수증자 또는 상속인이 유증의무자에 대하여 최고에 대한 확답을 하지 아니한 때에는 유증을 승인한 것으로 본다.

제1078조 (천 ㅅㅇ - 천상) : 포괄적 수증자의 권리의무

천상의 나라에서 포괄적 수증자의 권리의무를 지키다.
포괄적 유증을 받은 자는 상속인과 동일한 권리의무가 있다. 〈개정 1990.1.13.〉

글자공식에 의한 민법 조문 연상 암기법

제1079조 (천 ㅅㅈ - 찬 소주) : 수증자의 과실취득권
● 수증자의 과실로 **찬 소주**를 마신다.

수증자는 유증의 이행을 청구할 수 있는 때로부터 그 목적물의 과실을 취득한다. 그러나 유언자가 유언으로 다른 의사를 표시한 때에는 그 의사에 의한다.

제1080조 (천 ㅇㅊ - 천 아치) : 과실수취비용의 상환청구권
● 수증자가 수취한 과일로 **천 아치**를 만들다.

유증의무자가 유언자의 사망후에 그 목적물의 과실을 수취하기 위하여 필요비를 지출한 때에는 그 과실의 가액의 한도에서 과실을 취득한 수증자에게 상환을 청구할 수 있다.

제1081조 (천 ㅇㄱ - 천억) : 유증의무자의 비용상환청구권
● 유증의무자가 **천억**의 비용을 상환청구하다.

유증의무자가 유증자의 사망후에 그 목적물에 대하여 비용을 지출한 때에는 제325조의 규정을 준용한다.

제1082조 (천 ㅇㄴ - 천안) : 불특정물유증의무자의 담보책임
● **천안**에서 불특정물 보물을 찾다.

① 불특정물을 유증의 목적으로 한 경우에는 유증의무자는 그 목적물에 대하여 매도인과 같은 담보책임이 있다.
② 전항의 경우에 목적물에 하자가 있는 때에는 유증의무자는 하자없는 물건으로 인도하여야 한다.

제1083조 (천 ㅇㄷ - 천 어두) : 유증의 물상대위성
● 천개의 **어두**로 물상대위하다.

유증자가 유증목적물의 멸실, 훼손 또는 점유의 침해로 인하여 제삼자에게 손해배상을 청구할 권리가 있는 때에는 그 권리를 유증의 목적으로 한 것으로 본다.

제1084조 (천 ㅇㄹ - 총알) : 채권의 유증의 물상대위성
● 천 개의 **총알** 자국이 채권유증의 증거로 남다.

① 채권을 유증의 목적으로 한 경우에 유언자가 그 변제를 받은 물건이 상속재산 중에 있는 때에는 그 물건을 유증의 목적으로 한 것으로 본다.
② 전항의 채권이 금전을 목적으로 한 경우에는 그 변제받은 채권액에 상당한 금전이 상속재산중에 없는 때에도 그 금액을 유증의 목적으로 한 것으로 본다.

제1085조 (천 ㅇㅁ - 천 염) : 제삼자의 권리의 목적인 물건 또는 권리의 유증
● 제삼자가 권리목적물건을 **천일염**에 담그다.

유증의 목적인 물건이나 권리가 유언자의 사망 당시에 제삼자의 권리의 목적인 경우에는 수증자는 유증의무자에 대하여 그 제삼자의 권리를 소멸시킬 것을 청구하지 못한다.

 **글자공식에 의한 민법 조문 연상 암기법**

제1086조 (천 ㅇㅂ - 천업) : 유언자가 다른 의사표시를 한 경우
- 유언자의 다른 의사표시로 천업을 내가 받다.
  전3조의 경우에 유언자가 유언으로 다른 의사를 표시한 때에는 그 의사에 의한다.

제1087조 (천 ㅇㅅ - 천 옷) : 상속재산에 속하지 아니한 권리의 유증
- 천한 옷은 상속재산에 속하지 아니한 권리의 유증이다.
  ① 유언의 목적이 된 권리가 유언자의 사망당시에 상속재산에 속하지 아니한 때에는 유언은 그 효력이 없다. 그러나 유언자가 자기의 사망당시에 그 목적물이 상속재산에 속하지 아니한 경우에도 유언의 효력이 있게 할 의사인 때에는 유증의무자는 그 권리를 취득하여 수증자에게 이전할 의무가 있다.
  ② 전항 단서의 경우에 그 권리를 취득할 수 없거나 그 취득에 과다한 비용을 요할 때에는 그 가액으로 변상할 수 있다.

제1088조 (천 ㅇㅇ - 천 양) : 부담있는 유증과 수증자의 책임
- 천 마리의 양이 부담있는 유증으로 남는다.
  ① 부담있는 유증을 받은 자는 유증의 목적의 가액을 초과하지 아니한 한도에서 부담한 의무를 이행할 책임이 있다.
  ② 유증의 목적의 가액이 한정승인 또는 재산분리로 인하여 감소된 때에는 수증자는 그 감소된 한도에서 부담할 의무를 면한다.

제1089조 (천 ㅇㅈ - 천 어제) : 유증효력발생전의 수증자의 사망
- 유증의 효력발생 전에 하늘에 천 어제를 지내다.
  ① 유증은 유언자의 사망전에 수증자가 사망한 때에는 그 효력이 생기지 아니한다.
  ② 정지조건있는 유증은 수증자가 그 조건성취전에 사망한 때에는 그 효력이 생기지 아니한다.

제1090조 (천 ㅈㅊ - 천 쥐치) : 유증의 무효, 실효의 경우와 목적재산의 귀속
- 천 쥐치 목적재산의 유증이 무효, 실효되다.
  유증이 그 효력이 생기지 아니하거나 수증자가 이를 포기한 때에는 유증의 목적인 재산은 상속인에게 귀속한다. 그러나 유언자가 유언으로 다른 의사를 표시한 때에는 그 의사에 의한다.

[제4절 유언의 집행]

제1091조 (천 ㅈㄱ - 친족) : 유언증서, 녹음의 검인
- 친족회원 유언증서, 녹음을 검인하다.
  ① 유언의 증서나 녹음을 보관한 자 또는 이를 발견한 자는 유언자의 사망후 지체없이 법원에 제출하여 그 검인을 청구하여야 한다.
  ② 전항의 규정은 공정증서나 구수증서에 의한 유언에 적용하지 아니한다.

제1092조 (천 ㅈㄴ - 천진) : 유언증서의 개봉
- 천진한 아이가 유언증서를 개봉하다.
  법원이 봉인된 유언증서를 개봉할 때에는 유언자의 상속인, 그 대리인 기타 이해관계인의 참여가 있어야 한다.

글자공식에 의한 민법 조문 연상 암기법

제1093조 (천 ㅈㄷ – 천 자도) : 유언집행자의 지정
연상기억 천 자도 모르는 무식한 자를 유언집행자로 지정하다.
유언자는 유언으로 유언집행자를 지정할 수 있고 그 지정을 제삼자에게 위탁할 수 있다.

제1094조 (천 ㅈㄹ – 친절) : 위탁에 의한 유언집행자의 지정
연상기억 친절한 자에게 유언집행을 위탁하다.
① 전조의 위탁을 받은 제삼자는 그 위탁있음을 안 후 지체없이 유언집행자를 지정하여 상속인에게 통지하여야 하며 그 위탁을 사퇴할 때에는 이를 상속인에게 통지하여야 한다.
② 상속인 기타 이해관계인은 상당한 기간을 정하여 그 기간내에 유언집행자를 지정할 것을 위탁 받은 자에게 최고할 수 있다. 그 기간내에 지정의 통지를 받지 못한 때에는 그 지정의 위탁을 사퇴한 것으로 본다.

제1095조 (천 ㅈㅁ – 천 점) : 지정유언집행자가 없는 경우
연상기억 상속인이 천 점으로 지정유언집행자가 없는 경우가 되다.
전2조의 규정에 의하여 지정된 유언집행자가 없는 때에는 상속인이 유언집행자가 된다.

제1096조 (천 ㅈㅂ – 천집) : 법원에 의한 유언집행자의 선임
연상기억 법원에 의하여 천집(천개의 집) 유언을 집행하다.
① 유언집행자가 없거나 사망, 결격 기타 사유로 인하여 없게 된 때에는 법원은 이해관계인의 청구에 의하여 유언집행자를 선임하여야 한다.
② 법원이 유언집행자를 선임한 경우에는 그 임무에 관하여 필요한 처분을 명할 수 있다.

제1097조 (천 ㅈㅅ – 처 조사) : 유언집행자의 승낙, 사퇴
연상기억 유언집행자가 처 조사로 승낙, 사퇴를 통지한다.
① 지정에 의한 유언집행자는 유언자의 사망후 지체없이 이를 승낙하거나 사퇴할 것을 상속인에게 통지하여야 한다.
② 선임에 의한 유언집행자는 선임의 통지를 받은 후 지체없이 이를 승낙하거나 사퇴할 것을 법원에 통지하여야 한다.
③ 상속인 기타 이해관계인은 상당한 기간을 정하여 그 기간내에 승낙여부를 확답할 것을 지정 또는 선임에 의한 유언집행자에게 최고할 수 있다. 그 기간내에 최고에 대한 확답을 받지 못한 때에는 유언집행자가 그 취임을 승낙한 것으로 본다.

제1098조 (천 ㅈㅇ – 천장) : 유언집행자의 결격사유
연상기억 제한능력자와 파산자가 천장에 숨어 결격당하다.
제한능력자와 파산선고를 받은 자는 유언집행자가 되지 못한다. [전문개정 2011.3.7.]

제1099조 (천 ㅈㅈ – 천 지주) : 유언집행자의 임무착수
연상기억 천 지주가 유언집행임무에 착수하다.
유언집행자가 그 취임을 승낙한 때에는 지체없이 그 임무를 이행하여야 한다.

 **글자공식에 의한 민법 조문 연상 암기법**

제1100조 (ㄱㄱㅊㅊ – 가구 처치) : 재산목록작성
가구를 **처치**하지 않고 재산목록에 올려 교부하다.
① 유언이 재산에 관한 것인 때에는 지정 또는 선임에 의한 유언집행자는 지체없이 그 재산목록을 작성하여 상속인에게 교부하여야 한다.
② 상속인의 청구가 있는 때에는 전항의 재산목록작성에 상속인을 참여하게 하여야 한다.

제1101조 (ㄱㄱㅊㄱ – 곡차가) : 유언집행자의 권리의무
곡차가 좋아서 유언집행자의 권리의무를 지다.
유언집행자는 유증의 목적인 재산의 관리 기타 유언의 집행에 필요한 행위를 할 권리의무가 있다.

제1102조 (ㄱㄱㅊㄴ – 꽉 찬) : 공동유언집행
과반수 이상 **꽉 찬** 가운데 공동유언집행이 이루어지다.
유언집행자가 수인인 경우에는 임무의 집행은 그 과반수의 찬성으로써 결정한다. 그러나 보존행위는 각자가 이를 할 수 있다.

제1103조 (ㄱㄱㅊㄷ – 객차도) : 유언집행자의 지위
유언집행자가 탄 **객차도** 좌석에 따라 지위를 나타내다.
① 지정 또는 선임에 의한 유언집행자는 상속인의 대리인으로 본다.
② 제681조 내지 제685조, 제687조, 제691조와 제692조의 규정은 유언집행자에 준용한다.

제1104조 (ㄱㄱㅊㄹ – 국철) : 유언집행자의 보수
정한 보수금액이 없으면 **국철**에서 법원이 정하여 유언집행자의 보수를 지급하다.
① 유언자가 유언으로 그 집행자의 보수를 정하지 아니한 경우에는 법원은 상속재산의 상황 기타 사정을 참작하여 지정 또는 선임에 의한 유언집행자의 보수를 정할 수 있다.
② 유언집행자가 보수를 받는 경우에는 제686조제2항, 제3항의 규정을 준용한다.

제1105조 (ㄱㄱㅊㅁ – 꾹 참고) : 유언집행자의 사퇴
유언집행자가 **꾹 참고** 사퇴하다.
지정 또는 선임에 의한 유언집행자는 정당한 사유있는 때에는 법원의 허가를 얻어 그 임무를 사퇴할 수 있다.

제1106조 (ㄱㄱㅊㅂ – 객 차비) : 유언집행자의 해임
객 차비를 착복해서 유언집행자가 해임되다.
지정 또는 선임에 의한 유언집행자에 그 임무를 해태하거나 적당하지 아니한 사유가 있는 때에는 법원은 상속인 기타 이해관계인의 청구에 의하여 유언집행자를 해임할 수 있다.

 **글자공식에 의한 민법 조문 연상 암기법**

제1107조 (ㄱㄱㅊㅅ - 곡차 씨) : 유언집행의 비용
> 곡차 씨 사는 비용이 유언집행의 비용과 같다.
>> 유언의 집행에 관한 비용은 상속재산 중에서 이를 지급한다.

[제5절 유언의 철회]
제1108조 (ㄱㄱㅊㅇ - 곡창) : 유언의 철회
> 곡창지대에서 유언을 철회하다.
>> ① 유언자는 언제든지 유언 또는 생전행위로써 유언의 전부나 일부를 철회할 수 있다.
>> ② 유언자는 그 유언을 철회할 권리를 포기하지 못한다.

제1109조 (ㄱㄱㅊㅈ - 꼭 차지) : 유언의 저촉
> 유언의 저촉된 부분은 꼭 차지하지 못하도록 한다.
>> 전후의 유언이 저촉되거나 유언후의 생전행위가 유언과 저촉되는 경우에는 그 저촉된 부분의 전유언은 이를 철회한 것으로 본다.

제1110조 (ㄱㄱㄱㅊ - 객기 차) : 파훼로 인한 유언의 철회
> 객기 차 파훼로 인해 유언을 철회하다.
>> 유언자가 고의로 유언증서 또는 유증의 목적물을 파훼한 때에는 그 파훼한 부분에 관한 유언은 이를 철회한 것으로 본다.

제1111조 (ㄱㄱㄱㄱ - 각각) : 부담있는 유언의 취소
> 각각 부담 있는 유언을 취소하다.
>> 부담있는 유증을 받은 자가 그 부담의무를 이행하지 아니한 때에는 상속인 또는 유언집행자는 상당한 기간을 정하여 이행할 것을 최고하고 그 기간내에 이행하지 아니한 때에는 법원에 유언의 취소를 청구할 수 있다. 그러나 제삼자의 이익을 해하지 못한다.

제3장 유류분
제1112조 (ㄱㄱㄱㄴ - 객관) : 유류분의 권리자와 유류분
> 유류분의 종류를 객관적으로 판단 권리자의 유류를 분류하다.
>> 상속인의 유류분은 다음 각호에 의한다.
>> 1. 피상속인의 직계비속은 그 법정상속의 2분의 1
>> 2. 피상속인의 배우자는 그 법정상속분의 2분의 1
>> 3. 피상속인의 직계존속은 그 법정상속분의 3분의 1
>> 4. 피상속인의 형제자매는 그 법정상속분의 3분의 1
>> [본조신설 1977.12.31.]

글자공식에 의한 민법 조문 연상 암기법

제1113조 (ㄱㄱㄱㄷ – 국기 대) : 유류분의 산정
유류분의 국기 대를 가격으로 산정하다.
① 유류분은 피상속인의 상속개시시에 있어서 가진 재산의 가액에 증여재산의 가액을 가산하고 채무의 전액을 공제하여 이를 산정한다.
② 조건부의 권리 또는 존속기간이 불확정한 권리는 가정법원이 선임한 감정인의 평가에 의하여 그 가격을 정한다.
[본조신설 1977.12.31.]

제1114조 (ㄱㄱㄱㄹ – 국거리) : 산입될 증여
국거리에 산입될 양념을 증여하다.
증여는 상속개시전의 1년간에 행한 것에 한하여 제1113조의 규정에 의하여 그 가액을 산정한다. 당사자 쌍방이 유류분권리자에 손해를 가할 것을 알고 증여를 한 때에는 1년전에 한 것도 같다.
[본조신설 1977.12.31.]

제1115조 (ㄱㄱㄱㅁ – 국감) : 유류분의 보전
국보급 유류분의 보전 상태를 국감하다.
① 유류분권리자가 피상속인의 제1114조에 규정된 증여 및 유증으로 인하여 그 유류분에 부족이 생긴 때에는 부족한 한도에서 그 재산의 반환을 청구할 수 있다.
② 제1항의 경우에 증여 및 유증을 받은 자가 수인인 때에는 각자가 얻은 유증가액의 비례로 반환하여야 한다.
[본조신설 1977.12.31.]

제1116조 (ㄱㄱㄱㅂ – 각급) : 반환의 순서
각급의 급수 순위로 반환하여 순서를 지키다.
증여에 대하여는 유증을 반환받은 후가 아니면 이것을 청구할 수 없다. [본조신설 1977.12.31.]

제1117조 (ㄱㄱㄱㅅ – 국 기수) : 소멸시효
국가 국 기수의 소멸시효는 통일까지이다.
반환의 청구권은 유류분권리자가 상속의 개시와 반환하여야 할 증여 또는 유증을 한 사실을 안 때로부터 1년내에 하지 아니하면 시효에 의하여 소멸한다. 상속이 개시한 때로부터 10년을 경과한 때도 같다.
[본조신설 1977.12.31.]

제1118조 (ㄱㄱㄱㅇ – 각광) : 준용규정
준용규정을 차게 하니 치아가 가치있게 각광을 받는다.
제1001조, 제1008조, 제1010조의 규정은 유류분에 이를 준용한다.
[본조신설 1977.12.31.]

민법

부칙

민법 부칙

제1조 (구법의 정의)
부칙에서 구법이라 함은 본법에 의하여 폐지되는 법령 또는 법령중의 조항을 말한다.

제2조 (본법의 소급효)
본법은 특별한 규정이 있는 경우외에는 본법 시행일전의 사항에 대하여도 이를 적용한다. 그러나 이미 구법에 의하여 생긴 효력에 영향을 미치지 아니한다.

제3조 (공증력있는 문서와 그 작성)
① 공증인 또는 법원서기의 확정일자인있는 사문서는 그 작성일자에 대한 공증력이 있다.
② 일자확정의 청구를 받은 공증인 또는 법원서기는 확정일자부에 청구자의 주소, 성명 및 문서명목을 기재하고 그 문서에 기부번호를 기입한 후 일자인을 찍고 장부와 문서에 계인을 하여야 한다.
③ 일자확정은 공증인에게 청구하는 자는 법무부령이, 법원서기에게 청구하는 자는 대법원규칙이 각각 정하는 바에 의하여 수수료를 납부하여야 한다. 〈개정 1970.6.18.〉
④ 공정증서에 기입한 일자 또는 공무소에서 사문서에 어느 사항을 증명하고 기입한 일자는 확정일자로 한다.

제4조 (구법에 의한 한정치산자)
① 구법에 의하여 심신모약자 또는 낭비자로 준금치산선고를 받은 자는 본법 시행일로부터 본법의 규정에 의한 한정치산자로 본다.
② 구법에 의하여 농자, 아자 또는 맹자로 준금치산선고를 받은 자는 본법 시행일로부터 능력을 회복한다.

제5조 (부의 취소권에 관한 경과규정)
구법에 의하여 처가 부의 허가를 요할 사항에 관하여 허가없이 그 행위를 한 경우에도 본법 시행일후에는 이를 취소하지 못한다.

제6조 (법인의 등기기간)
법인의 등기사항에 관한 등기기간은 본법 시행일전의 사항에 대하여도 본법의 규정에 의한다.

제7조 (벌칙에 관한 불소급)
① 구법에 의하여 과료에 처할 행위로 본법 시행당시 재판을 받지 아니한 자에 대하여는 본법에 의하여 과태료에 처할 경우에 한하여 이를 재판한다.
② 전항의 과태료는 구법의 과료액을 초과하지 못한다.

제8조 (시효에 관한 경과규정)
① 본법 시행당시에 구법의 규정에 의한 시효기간을 경과한 권리는 본법의 규정에 의하여 취득 또는 소멸한 것으로 본다.
② 본법 시행당시에 구법에 의한 소멸시효의 기간을 경과하지 아니한 권리에는 본법의 시효에 관한 규정을 적용한다.
③ 본법 시행당시에 구법에 의한 취득시효의 기간을 경과하지 아니한 권리에는 본법의 소유권취득에 관한 규정을 적용한다.
④ 제1항과 제2항의 규정은 시효기간이 아닌 법정기간에 이를 준용한다.

제9조 (효력을 상실한 물권)
구법에 의하여 규정된 물권이라도 본법에 규정한 물권이 아니면 본법 시행일로부터 물권의 효력을 잃는다. 그러나 본법 또는 다른 법률에 특별한 규정이 있는 경우에는 그러하지 아니하다.

제10조 (소유권이전에 관한 경과규정)
① 본법 시행일전의 법률행위로 인한 부동산에 관한 물권의 득실변경은 이 법 시행일로부터 6년내에 등기하지 아니하면 그 효력을 잃는다. 〈개정 1962.12.31., 1964.12.31.〉
② 본법 시행일전의 동산에 관한 물권의 양도는 본법 시행일로부터 1년내에 인도를 받지 못하면 그 효력을 잃는다.
③ 본법 시행일전의 시효완성으로 인하여 물권을 취득한 경우에도 제1항과 같다.

제11조 (구관에 의한 전세권의 등기)
본법 시행일전에 관습에 의하여 취득한 전세권은 본법 시행일로부터 1년내에 등기함으로써 물권의 효력을 갖는다.

제12조 (판결에 의한 소유권이전의 경우)
소송으로 부칙제10조의 규정에 의한 등기 또는 인도를 청구한 경우에는 그 판결확정의 날로부터 6월내에 등기를 하지 아니하거나 3월내에 인도를 받지 못하거나 강제집행의 절차를 취하지 아니한 때에는 물권변동의 효력을 잃는다.

제13조 (지상권존속기간에 관한 경과규정)
본법 시행일전에 지상권설정행위로 정한 존속기간이 본법 시행당시에 만료하지 아니한 경우에는 그 존속기간에는 본법의 규정을 적용한다. 설정행위로 지상권의 존속기간을 정하지 아니한 경우에도 같다.

부칙

제14조 (존속되는 물권)

본법 시행일전에 설정한 영소작권 또는 부동산질권에 관하여는 구법의 규정을 적용한다. 그러나 본법 시행일후에는 이를 갱신하지 못한다.

제15조 (임대차기간에 관한 경과규정)

본법 시행일전의 임대차계약에 약정기간이 있는 경우에도 그 기간이 본법 시행당시에 만료하지 아니한 때에는 그 존속기간에는 본법의 규정을 적용한다.

제16조 (선취특권의 실효)

본법 시행일전에 구법에 의하여 취득한 선취특권은 본법 시행일로부터 그 효력을 잃는다.

제17조 (처의 재산에 대한 부의 권리)

본법 시행일전의 혼인으로 인하여 부가 처의 재산을 관리, 사용 또는 수익하는 경우에도 본법 시행일로부터 부는 그 권리를 잃는다.

제18조 (혼인, 입양의 무효, 취소에 관한 경과규정)

① 본법 시행일전의 혼인 또는 입양에 본법에 의하여 무효의 원인이 되는 사유가 있는 때에는 이를 무효로 하고 취소의 원인이 되는 사유가 있는 때에는 본법의 규정에 의하여 이를 취소할 수 있다. 이 경우에 취소기간이 있는 때에는 그 기간은 본법 시행일로부터 기산한다.

② 본법 시행일전의 혼인 또는 입양에 구법에 의한 취소의 원인이 되는 사유가 있는 경우에도 본법의 규정에 의하여 취소의 원인이 되지 아니할 때에는 본법 시행일후에는 이를 취소하지 못한다.

제19조 (이혼, 파양에 관한 경과규정)

① 본법 시행일전의 혼인 또는 입양에 본법에 의하여 이혼 또는 파양의 원인이 되는 사유가 있는 때에는 본법의 규정에 의하여 재판상의 이혼 또는 파양의 청구를 할 수 있다. 이 경우에 그 청구기간이 있는 때에는 그 기간은 본법 시행일로부터 기산한다.

② 본법 시행일전의 혼인 또는 입양에 구법에 의하여 이혼 또는 파양의 원인이 되는 사유가 있는 경우에도 본법의 규정에 의하여 이혼 또는 파양의 원인이 되지 아니하는 때에는 본법 시행일후에는 재판상의 이혼 또는 파양의 청구를 하지 못한다.

제20조 (친권)

성년에 달한 자는 본법 시행일로부터 친권에 복종하지 아니한다.

제21조 (모의 친권행사에 관한 제한의 폐지)

구법에 의하여 친권자인 모가 친족회의 동의를 요할 사항에 관하여 그 동의없이 미성년자를 대리한 행위나 미성년자의 행위에 대한 동의를 한 경우에도 본법 시행일후에는 이를 취소하지 못한다.

제22조 (후견인에 관한 경과규정)
① 구법에 의하여 미성년자 또는 금치산자에 대한 후견이 개시된 경우에도 그 후견인의 순위, 선임, 임무 및 결격에 관한 사항에는 본법 시행일로부터 본법의 규정을 적용한다.
② 구법에 의하여 준금치산선고를 받은 자에 대하여도 그 후견에 관한 사항은 전항과 같다.

제23조 (보좌인등에 관한 경과규정)
구법에 의한 보좌인, 후견감독인 및 친족회원은 본법 시행일로부터 그 지위를 잃는다. 그러나 본법 시행일전에 구법의 규정에 의한 보좌인, 후견감독인 또는 친족회가 행한 동의는 그 효력을 잃지 아니한다.

제24조 (부양의무에 관한 본법적용)
구법에 의하여 부양의무가 개시된 경우에도 그 순위, 선임 및 방법에 관한 사항에는 본법 시행일로부터 본법의 규정을 적용한다.

제25조 (상속에 관한 경과규정)
① 본법 시행일전에 개시된 상속에 관하여는 본법 시행일후에도 구법의 규정을 적용한다.
② 실종선고로 인하여 호주 또는 재산상속이 개시되는 경우에 그 실종기간이 구법 시행기간중에 만료하는때에도 그 실종이 본법 시행일후에 선고된 때에는 그 상속순위, 상속분 기타 상속에 관하여는 본법의 규정을 적용한다.

제26조 (유언에 관한 경과규정)
본법 시행일전의 관습에 의한 유언이 본법에 규정한 방식에 적합하지 아니한 경우에라도 유언자가 본법 시행일로부터 유언의 효력발생일까지 그 의사표시를 할 수 없는 상태에 있는 때에는 그 효력을 잃지 아니한다.

제27조 (폐지법령)
다음 각호의 법령은 이를 폐지한다.
1. 조선민사령 제1조의 규정에 의하여 의용된 민법, 민법시행법, 연령계산에관한법률
2. 조선민사령과 동령 제1조에 의하여 의용된 법령중 본법의 규정과 저촉되는 법조
3. 군정법령중 본법의 규정과 저촉되는 법조

제28조 (시행일) 본법은 단기 4293년 1월 1일부터 시행한다.

부칙 〈제1237호, 1962.12.29.〉
본법은 1963년 3월 1일부터 시행한다.

부칙 〈제1250호, 1962.12.31.〉
본법은 1963년 1월 1일부터 시행한다.

부칙

부칙 〈제1668호, 1964.12.31.〉

이 법은 1965년 1월 1일부터 시행한다.

부칙 〈제2200호, 1970.6.18.〉

이 법은 공포한 날로부터 시행한다.

부칙 〈제3051호, 1977.12.31.〉

① 이 법은 공포후 1년이 경과한 날로부터 시행한다.
② 이 법은 종전의 법률에 의하여 생긴 효력에 대하여 영향을 미치지 아니한다.
③ 이 법 시행일전에 혼인한 자가 20세에 달한 때에는 그 혼인이 종전의 법 제808조제1항의 규정에 위반한 때에도 그 취소를 청구할 수 없다.
④ 이 법 시행일전에 혼인한 자가 미성년자인 때에는 이 법 시행일로부터 성년자로 한다.
⑤ 이 법 시행일전에 개시된 상속에 관하여는 이 법 시행일후에도 종전의 규정을 적용한다.
⑥ 실종선고로 인하여 상속이 개시되는 경우에 그 실종기간이 이 법 시행일후에 만료된 때에는 그 상속에 관하여 이 법의 규정을 적용한다.

부칙 〈제3723호, 1984.4.10.〉

① (시행일) 이 법은 1984년 9월 1일부터 시행한다.
② (경과조치의 원칙) 이 법은 특별한 규정이 있는 경우를 제외하고는 이 법 시행전에 생긴 사항에 대하여도 이를 적용한다. 그러나 종전의 규정에 의하여 생긴 효력에는 영향을 미치지 아니한다.
③ (실종선고에 관한 경과조치) 제27조제2항의 개정규정은 이 법 시행전에 사망의 원인이 될 위난이 발생한 경우에도 이를 적용한다.
④ (전세권에 관한 경과조치) 제303조제1항, 제312조제2항·제4항 및 제312조의2의 개정규정은 이 법 시행전에 성립한 전세권으로서 이 법 시행당시 존속기간이 3월이상 남아 있는 전세권과 존속기간을 정하지 아니한 전세권에도 이를 적용한다. 그러나 이 법 시행전에 전세금의 증액청구가 있은 경우에는 제312조의2 단서의 개정규정은 이를 적용하지 아니한다.

부칙 〈제4199호, 1990.1.13.〉

제1조 (시행일)

이 법은 1991년 1월 1일부터 시행한다.

제2조 (이 법의 효력의 불소급)

이 법에 특별한 규정이 있는 경우를 제외하고는 이미 구법(민법중 이 법에 의하여 개정 또는 폐지되는 종전의 조항을 말한다. 이하 같다)에 의하여 생긴 효력에 영향을 미치지 아니한다.

제3조 (친족에 관한 경과조치)

구법에 의하여 친족이었던 자가 이 법에 의하여 친족이 아닌 경우에는 이 법 시행일부터 친족으로서의 지위를 잃는다.

제4조 (모와 자기의 출생아닌 자에 관한 경과조치)
이 법 시행일전에 발생한 전처의 출생자와 계모 및 그 혈족·인척사이의 친족관계와 혼인외의 출생자와 부의 배우자 및 그 혈족·인척사이의 친족관계는 이 법 시행일부터 소멸한다.

제5조 (약혼의 해제에 관한 경과조치)
① 이 법 시행일전의 약혼에 이 법에 의하여 해제의 원인이 되는 사유가 있는 때에는 이 법의 규정에 의하여 이를 해제할 수 있다.
② 이 법 시행일전의 약혼에 구법에 의하여 해제의 원인이 되는 사유가 있는 경우에도 이 법의 규정에 의하여 해제의 원인이 되지 아니할 때에는 이 법 시행일후에는 해제를 하지 못한다.

제6조 (부부간의 재산관계에 관한 이 법의 적용)
이 법 시행일전의 혼인으로 인하여 인정되었던 부부간의 재산관계에 관하여는 이 법 시행일부터 이 법의 규정을 적용한다.

제7조 (입양의 취소에 관한 경과조치)
이 법 시행일전의 입양에 구법에 의하여 취소의 원인이 되는 사유가 있는 경우에도 이 법의 규정에 의하여 취소의 원인이 되지 아니할 때에는 이 법 시행일후에는 취소를 청구하지 못한다.

제8조 (파양에 관한 경과조치)
① 이 법 시행일전의 입양에 이 법에 의하여 파양의 원인이 되는 사유가 있는 때에는 이 법의 규정에 의하여 재판상 파양의 청구를 할 수 있다.
② 이 법 시행일전의 입양에 구법에 의하여 파양의 원인이 되는 사유가 있는 경우에도 이 법의 규정에 의하여 파양의 원인이 되지 아니할 때에는 이 법 시행일후에는 재판상 파양의 청구를 하지 못한다.

제9조 (친권에 관한 이 법의 적용)
구법에 의하여 개시된 친권에 관하여도 이 법 시행일부터 이 법의 규정을 적용한다.

제10조 (후견인에 관한 이 법의 적용)
구법에 의하여 미성년자나 한정치산자 또는 금치산자에 대한 후견이 개시된 경우에도 그 후견인의 순위 및 선임에 관한 사항에는 이 법 시행일부터 이 법의 규정을 적용한다.

제11조 (부양의무에 관한 이 법의 적용)
구법에 의하여 부양의무가 개시된 경우에도 이 법 시행일부터 이 법의 규정을 적용한다.

제12조 (상속에 관한 경과조치)

① 이 법 시행일전에 개시된 상속에 관하여는 이 법 시행일후에도 구법의 규정을 적용한다.
② 실종선고로 인하여 상속이 개시되는 경우에 그 실종기간이 구법시행기간중에 만료되는 때에도 그 실종이 이 법 시행일후에 선고된 때에는 상속에 관하여는 이 법의 규정을 적용한다.

제13조 (다른 법령과의 관계)
이 법 시행당시 다른 법령에서 호주상속 또는 호주상속인을 인용한 경우에는 호주승계 또는 호주승계인을, 재산상속 또는 재산상속인을 인용한 경우에는 상속 또는 상속인을 각 인용한 것으로 본다.

부칙 〈제5431호, 1997.12.13.〉 (국적법)
제1조 (시행일)
이 법은 공포후 6월이 경과한 날부터 시행한다.

제2조 내지 제7조 생략

제8조 (다른 법률의 개정)
민법중 다음과 같이 개정한다.
제781조제1항에 단서를 다음과 같이 신설한다.
다만, 부가 외국인인 때에는 모의 성과 본을 따를 수 있고 모가에 입적한다.

부칙 〈제5454호, 1997.12.13.〉
(정부부처명칭등의변경에따른건축법등의정비에관한법률)
이 법은 1998년 1월 1일부터 시행한다. 〈단서 생략〉

부칙 〈제6544호, 2001.12.29.〉
이 법은 2002년 7월 1일부터 시행한다.

부칙 〈제6591호, 2002.1.14.〉
① (시행일) 이 법은 공포한 날부터 시행한다.
② (이 법의 효력의 불소급) 이 법은 종전의 규정에 의하여 생긴 효력에 영향을 미치지 아니한다.
③ (한정승인에 관한 경과조치) 1998년 5월 27일부터 이 법 시행전까지 상속개시가 있음을 안 자 중 상속채무가 상속재산을 초과하는 사실을 중대한 과실없이 제1019조제1항의 기간내에 알지 못하다가 이 법 시행전에 그 사실을 알고도 한정승인 신고를 하지 아니한 자는 이 법 시행일부터 3월내에 제1019조제3항의 개정규정에 의한 한정승인을 할 수 있다. 다만, 당해 기간내에 한정승인을 하지 아니한 경우에는 단순승인을 한 것으로 본다.
[2005.12.29 법률 제7765호에 의하여 2004.1.29 헌법재판소에서 헌법불합치 결정된 제3항을 개정함.]
④ (한정승인에 관한 특례) 1998년 5월 27일 전에 상속 개시가 있음을 알았으나 상속채무가 상속재산을 초과하는 사실(이하 "상속채무 초과사실"이라 한다)을 중대한 과실 없이 제1019조제1

항의 기간 이내에 알지 못하다가 1998년 5월 27일 이후 상속채무 초과사실을 안 자는 다음 각 호의 구분에 따라 제1019조제3항의 규정에 의한 한정승인을 할 수 있다. 다만, 각 호의 기간 이내에 한정승인을 하지 아니한 경우에는 단순승인을 한 것으로 본다. 〈신설 2005.12.29〉
1. 법률 제7765호 민법 일부개정법률(이하 "개정법률"이라 한다) 시행 전에 상속채무 초과사실을 알고도 한정승인을 하지 아니한 자는 개정법률 시행일부터 3월 이내
2. 개정법률 시행 이후 상속채무 초과사실을 알게 된 자는 그 사실을 안 날부터 3월 이내

부칙 〈제7427호, 2005.3.31.〉

제1조 (시행일)

이 법은 공포한 날부터 시행한다. 다만, 제4편제2장(제778조 내지 제789조, 제791조 및 제793조 내지 제796조), 제826조제3항 및 제4항, 제908조의2 내지 제908조의8, 제963조, 제966조, 제968조, 제4편제8장(제980조 내지 제982조, 제984조 내지 제987조, 제989조 및 제991조 내지 제995조)의 개정규정과 부칙 제7조(제2항 및 제29항을 제외한다)의 규정은 2008년 1월 1일부터 시행한다.

제2조 (이 법의 효력의 불소급)

이 법은 종전의 규정에 의하여 생긴 효력에 영향을 미치지 아니한다.

제3조 (친생부인의 소에 관한 경과조치)

① 제847조제1항의 개정규정에 의한 기간이 이 법 시행일부터 30일 이내에 만료되는 경우에는 이 법 시행일부터 30일 이내에 친생부인의 소를 제기할 수 있다.
② 제847조제1항의 개정규정이 정한 기간을 계산함에 있어서는 1997년 3월 27일부터 이 법 시행일 전일까지의 기간은 이를 산입하지 아니한다.

제4조 (혼인의 무효·취소에 관한 경과조치)

이 법 시행 전의 혼인에 종전의 규정에 의하여 혼인의 무효 또는 취소의 원인이 되는 사유가 있는 경우에도 이 법의 규정에 의하여 혼인의 무효 또는 취소의 원인이 되지 아니하는 경우에는 이 법 시행 후에는 혼인의 무효를 주장하거나 취소를 청구하지 못한다.

제5조 (친양자에 관한 경과조치)

종전의 규정에 의하여 입양된 자를 친양자로 하려는 자는 제908조의2제1항제1호 내지 제4호의 요건을 갖춘 경우에는 가정법원에 친양자 입양을 청구할 수 있다.

제6조 (기간에 관한 경과조치)

이 법에 의하여 기간이 변경된 경우에 이 법 시행당시 종전의 규정에 의한 기간이 경과되지 아니한 때에는 이 법의 개정규정과 종전의 규정 중 그 기간이 장기인 규정을 적용한다.

제7조 (다른 법률의 개정)

① 가사소송법 일부를 다음과 같이 개정한다.

부칙

제2조제1항 가목(1)제7호를 삭제하고, 동항 나목(1)제4호중 "제781조제3항"을 "제781조제4항"으로 하며, 동목(1)에 제4호의2 및 제4호의3을 각각 다음과 같이 신설하고, 동목(1)25호를 삭제한다.
  4의2. 민법 제781조제5항의 규정에 의한 자의 종전의 성과 본의 계속사용허가
  4의3. 민법 제781조제6항의 규정에 의한 자의 성과 본의 변경허가
제2편제4장(제32조 및 제33조)을 삭제한다.
② 가사소송법 일부를 다음과 같이 개정한다.
  제2조제1항 나목(1)에 제5호의2 및 제7호의2를 각각 다음과 같이 신설한다.
  5의2. 민법 제869조 단서의 규정에 의한 후견인의 입양승낙에 대한 허가
  7의2. 민법 제899조제2항의 규정에 의한 후견인 또는 생가의 다른 직계존속의 파양협의에 대한 허가
  제2조제1항 나목(2)제5호를 다음과 같이 한다.
  5. 민법 제909조제4항 및 제6항(혼인의 취소를 원인으로 하는 경우를 포함한다)의 규정에 의한 친권자의 지정과 변경
③ 가정폭력범죄의처벌등에관한특례법 일부를 다음과 같이 개정한다.
  제28조제2항 본문중 "형제자매와 호주"를 "형제자매"로 한다.
  제33조제4항중 "형제자매·호주"를 "형제자매"로 한다.
④ 감사원법 일부를 다음과 같이 개정한다.
  제15조제1항제2호중 "친족·호주·가족"을 "친족"으로 한다.
⑤ 검사징계법 일부를 다음과 같이 개정한다.
  제17조제1항중 "친족·호주·가족"을 "친족"으로 한다.
⑥ 공증인법 일부를 다음과 같이 개정한다.
  제21조제1호중 "배우자, 친족 또는 동거의 호주나 가족"을 "배우자 또는 친족"으로 한다.
  제33조제3항제6호중 "친족, 동거의 호주 또는 가족"을 "친족"으로 한다.
⑦ 국가인권위원회법 일부를 다음과 같이 개정한다.
  제56조제2항중 "친족, 호주 또는 동거의 가족"을 "친족"으로 한다.
⑧ 국민투표법 일부를 다음과 같이 개정한다.
  제56조제1항중 "호주·세대주·가족"을 "세대주·가족"으로 한다.
⑨ 군사법원법 일부를 다음과 같이 개정한다.
  제48조제2호중 "친족·호주·가족"을 "친족"으로 한다.
  제59조제2항 및 제66조제1항중 "직계친족·형제자매 및 호주"를 각각 "직계친족 및 형제자매"로 한다.
  제189조제1호를 다음과 같이 한다.
  1. 친족 또는 친족관계가 있었던 자
  제238조의2제1항 전단 및 제252조제1항중 "호주·가족"을 각각 "가족"으로 한다.
  제398조제1항중 "형제자매·호주"를 "형제자매"로 한다.
⑩ 민사소송법 일부를 다음과 같이 개정한다.
  제41조제2호 및 제314조제1호중 "친족·호주·가족"을 각각 "친족"으로 한다.
⑪ 민원사무처리에관한법률 일부를 다음과 같이 개정한다.

제23조제1항제2호중 "친족·가족 또는 호주"를 "친족"으로 한다.
⑫ 밀항단속법 일부를 다음과 같이 개정한다.
제4조제4항중 "동거친족·호주·가족"을 "동거친족"으로 한다.
⑬ 범죄인인도법 일부를 다음과 같이 개정한다.
제22조제1항중 "호주·가족"을 "가족"으로 한다.
⑭ 법무사법 일부를 다음과 같이 개정한다.
제17조제1항중 "호주·가족"을 "가족"으로 한다.
⑮ 보안관찰법 일부를 다음과 같이 개정한다.
제27조제6항 단서중 "친족·호주 또는 동거의 가족"을 "친족"으로 한다.
⑯ 부재선고등에관한특별조치법 일부를 다음과 같이 개정한다.
제3조중 "호주 또는 가족"을 "가족"으로 한다.
⑰ 소송촉진등에관한특례법 일부를 다음과 같이 개정한다.
제27조제1항중 "직계혈족·형제자매 또는 호주"를 "직계혈족 또는 형제자매"로 한다.
⑱ 소액사건심판법 일부를 다음과 같이 개정한다.
제8조제1항 "직계혈족·형제자매 또는 호주"를 "직계혈족 또는 형제자매"로 한다.
⑲ 재외공관공증법 일부를 다음과 같이 개정한다.
제8조제2호중 "배우자·친족 또는 동거의 호주이거나 가족"을 "배우자·친족"으로 한다.
제19조제4항제5호중 "배우자·친족, 동거의 호주 또는 가족"을 "배우자·친족"으로 한다.
⑳ 재외국민취적·호적정정및호적정리에관한특례법 일부를 다음과 같이 개정한다.
제3조제2항 본문중 "사망·호주상속"을 "사망"으로 한다.
제4조제2항을 삭제한다.
㉑ 전염병예방법 일부를 다음과 같이 개정한다.
제5조제1호 본문 및 단서중 "호주 또는 세대주"를 각각 "세대주"로 하고, 동호 단서중 "가족"을 "세대원"으로 한다.
㉒ 지방세법 일부를 다음과 같이 개정한다.
제196조의3제2항제2호를 삭제한다.
㉓ 특정범죄신고자등보호법 일부를 다음과 같이 개정한다.
제9조제3항중 "직계친족, 형제자매와 호주"를 "직계친족과 형제자매"로 한다.
㉔ 특허법 일부를 다음과 같이 개정한다.
제148조제2호중 "친족·호주·가족"을 "친족"으로 한다.
㉕ 해양사고의조사및심판에관한법률 일부를 다음과 같이 개정한다.
제15조제1항제1호중 "친족·호주·가족관계"를 "친족관계"로 한다.
제27조제2항중 "직계친족·형제자매와 호주"를 "직계친족과 형제자매"로 한다.
㉖ 헌법재판소법 일부를 다음과 같이 개정한다.
제24조제1항제2호중 "친족·호주·가족"을 "친족"으로 한다.
㉗ 형법 일부를 다음과 같이 개정한다.
제151조제2항 및 제155조제4항중 "친족, 호주 또는 동거의 가족"을 각각 "친족 또는 동거의 가족"으로 한다.

부칙

제328조제1항중 "동거친족·호주·가족"을 "동거친족·동거가족"으로 한다.
㉘ 형사소송법 일부를 다음과 같이 개정한다.
제17조제2호중 "친족, 호주, 가족 또는 이러한 관계"를 "친족 또는 친족관계"로 한다.
제29조제1항 및 제30조제2항중 "직계친족, 형제자매와호주"를 각각 "직계친족과 형제자매"로 한다.
제148조제1호를 다음과 같이 한다.
1. 친족 또는 친족관계가 있었던 자 제201조의2제1항 전단 및 제214조의2제1항중 "형제자매, 호주, 가족이나"를 각각 "형제자매나"로 한다.
제341조제1항중 "형제자매, 호주"를 "형제자매"로 한다.
㉙ 호적법 일부를 다음과 같이 개정한다.
제60조제1항제5호를 다음과 같이 한다.
5. 민법 제909조제4항 또는 제5항의 규정에 의하여 친권자가 정하여진 때에는 그 취지와 내용 제79조제1항제6호를 다음과 같이 한다.
6. 민법 제909조제4항 또는 제5항의 규정에 의하여 친권자가 정하여진 때에는 그 취지와 내용 제82조제2항 전단중 "제909조제4항"을 "제909조제4항 내지 제6항"으로, "친권을 행사할 자"를 각각 "친권자"로 한다.

부칙 〈제7428호, 2005.3.31.〉 (채무자 회생 및 파산에 관한 법률)

제1조 (시행일)
이 법은 공포 후 1년이 경과한 날부터 시행한다.

제2조 내지 제4조 생략

제5조 (다른 법률의 개정)
① 내지 〈38〉생략
〈39〉민법 일부를 다음과 같이 개정한다.
제937조제3호 및 제1098조중 "파산자"를 각각 "파산선고를 받은 자"로 한다.
〈40〉내지 〈145〉생략

제6조 생략

부칙 〈제7765호, 2005.12.29.〉

① (시행일) 이 법은 공포한 날부터 시행한다.
② (한정승인에 관한 경과조치) 이 법의 한정승인에 관한 특례대상에 해당하는 자가 이 법 시행 전에 한정승인 신고를 하여 법원에 계속 중이거나 수리된 경우 그 신고 또는 법원의 수리결정은 효력이 있다.

부칙 〈제8435호, 2007.5.17.〉 (가족관계의 등록 등에 관한 법률)
제1조 (시행일)
　　이 법은 2008년 1월 1일부터 시행한다. 〈단서 생략〉
　　제2조부터 제7조까지 생략

제8조 (다른 법률의 개정)
　　①부터 ⑨까지 생략
　　⑩ 민법 일부를 다음과 같이 개정한다.
　　　제812조제1항 중 "호적법"을 "「가족관계의 등록 등에 관한 법률」"로 한다.
　　　제814조제2항 중 "본적지를 관할하는 호적관서"를 "등록기준지를 관할하는 가족관계등록관서"로 한다.
　　　제836조제1항·제859조제1항 및 제878조제1항 중 "호적법"을 각각 "「가족관계의 등록 등에 관한 법률」"로 한다.
　　⑪부터 〈39〉까지 생략

제9조 생략

부칙 〈제8720호, 2007.12.21.〉
제1조 (시행일)
　　이 법은 공포한 날부터 시행한다. 다만, 제97조 및 제161조의 개정규정은 공포 후 3개월이 경과한 날부터 시행하고, 제836조의2, 제837조제2항부터 제6항까지 및 제909조제4항의 개정규정은 공포 후 6개월이 경과한 날부터 시행한다.

제2조 (효력의 불소급)
　　이 법은 종전의 규정에 따라 생긴 효력에 영향을 미치지 아니한다.

제3조 (경과조치)
　　① 이 법 시행 당시 법원에 계속 중인 사건에 관하여는 이 법(제837조의 개정규정을 제외한다)을 적용하지 아니한다.
　　② 이 법 시행 전의 행위에 대한 과태료의 적용에 있어서는 종전의 규정에 따른다.
　　③ 이 법 시행 당시 만 16세가 된 여자는 제801조 및 제807조의 개정규정에도 불구하고 약혼 또는 혼인할 수 있다.

부칙 〈제9650호, 2009.5.8.〉
　　① (시행일) 이 법은 공포 후 3개월이 경과한 날부터 시행한다.
　　② (양육비부담조서 작성의 적용례) 제836조의2제5항의 개정규정은 이 법 시행 당시 계속 중인 협의이혼사건에도 적용한다.

부칙 〈제10429호, 2011.3.7.〉

제1조 (시행일)
　　이 법은 2013년 7월 1일부터 시행한다.

제2조 (금치산자 등에 관한 경과조치)
　　① 이 법 시행 당시 이미 금치산 또는 한정치산의 선고를 받은 사람에 대하여는 종전의 규정을 적용한다.
　　② 제1항의 금치산자 또는 한정치산자에 대하여 이 법에 따라 성년후견, 한정후견, 특정후견이 개시되거나 임의후견감독인이 선임된 경우 또는 이 법 시행일부터 5년이 경과한 때에는 그 금치산 또는 한정치산의 선고는 장래를 향하여 그 효력을 잃는다.

제3조 (다른 법령과의 관계)
　　이 법 시행 당시 다른 법령에서 "금치산" 또는 "한정치산"을 인용한 경우에는 성년후견 또는 한정후견을 받는 사람에 대하여 부칙 제2조제2항에 따른 5년의 기간에 한정하여 "성년후견" 또는 "한정후견"을 인용한 것으로 본다.

부칙 〈제10645호, 2011.5.19.〉

이 법은 2013년 7월 1일부터 시행한다.

부칙 〈제11300호, 2012.2.10.〉

제1조 (시행일)
　　이 법은 2013년 7월 1일부터 시행한다. 다만, 제818조, 제828조, 제843조 및 제925조의 개정규정은 공포한 날부터 시행한다.

제2조 (이 법의 효력의 불소급)
　　이 법은 종전의 규정에 따라 생긴 효력에 영향을 미치지 아니한다.

제3조 (종전의 규정에 따른 입양 및 파양에 관한 경과조치)
　　이 법 시행 전에 제878조 또는 제904조에 따라 입양 또는 파양의 신고가 접수된 입양 또는 파양에 관하여는 종전의 규정에 따른다.

제4조 (재판상 파양 원인에 관한 경과조치)
　　제905조의 개정규정에도 불구하고 이 법 시행 전에 종전의 규정에 따라 가정법원에 파양을 청구한 경우에 재판상 파양 원인에 관하여는 종전의 규정에 따른다.

제5조 (친양자 입양의 요건에 관한 경과조치)
　　제908조의2제1항 및 제2항의 개정규정에도 불구하고 이 법 시행 전에 종전의 규정에 따라 가정

법원에 친양자 입양을 청구한 경우에 친양자 입양의 요건에 관하여는 종전의 규정에 따른다.

부칙 〈제11728호, 2013.4.5.〉
이 법은 2013년 7월 1일부터 시행한다.

부칙 〈제12777호, 2014.10.15.〉
제1조 (시행일) 이 법은 공포 후 1년이 경과한 날부터 시행한다.

제2조 (친권 상실의 선고 및 친권의 상실 선고 등의 판단 기준에 관한 경과조치) 이 법 시행 당시 가정법원에 진행 중인 친권의 상실 선고 청구 사건에 대해서는 제924조 및 제925조의2의 개정규정에도 불구하고 종전의 규정에 따른다.

부칙 〈제12881호, 2014.12.30.〉
이 법은 공포한 날부터 시행한다.

부칙 〈제13124호, 2015.2.3.〉 (가족관계의 등록 등에 관한 법률)
제1조 (시행일) 이 법은 2015년 7월 1일부터 시행한다.

제2조 **생략**

제3조 (다른 법률의 개정)
① 민법 일부를 다음과 같이 개정한다.
제814조제2항 중 "등록기준지를 관할하는 가족관계등록관서"를 "재외국민 가족관계등록사무소"로 한다.
② 생략

부칙 〈법률 제13125호, 2015.2.3.〉
제1조 (시행일)
이 법은 공포 후 1년이 경과한 날부터 시행한다.

제2조 (효력의 불소급) 이 법은 종전의 규정에 따라 생긴 효력에 영향을 미치지 아니한다.

제3조 (보증의 방식 등에 관한 적용례) 제428조의2, 제428조의3 및 제436조의2의 개정규정은 이 법 시행 후 체결하거나 기간을 갱신하는 보증계약부터 적용한다.

제4조 (여행계약의 효력·해제 등에 관한 적용례) 제3편제2장제9절의2(제674조의2부터 제674조의9까지)의 개정규정은 이 법 시행 후 체결하는 여행계약부터 적용한다.

제5조 (다른 법률의 개정) 보증인 보호를 위한 특별법 일부를 다음과 같이 개정한다.

부칙

제3조를 삭제한다.

제6조 (「보증인 보호를 위한 특별법」의 개정에 따른 경과조치) 부칙 제5조에 따라 개정되는 「보증인 보호를 위한 특별법」의 개정규정에도 불구하고 이 법 시행 전에 체결되거나 기간이 갱신된 「보증인 보호를 위한 특별법」의 적용 대상인 보증계약에 대해서는 종전의 「보증인 보호를 위한 특별법」 제3조에 따른다.

부칙 〈제13710호, 2016.1.6.〉 이 법은 공포한 날부터 시행한다.